Bolen Krankheit und die Suche nach dem Sinn

Jean Shinoda
Bolen

Krankheit
und die
Suche
nach dem
Sinn

Aus dem
Amerikanischen von
Annette Charpentier

Die Originalausgabe erschien 1996 unter dem Titel
Close to the Bone
bei Scribner, New York.
© Jean Shinoda Bolen 1996

Die Deutsche Bibliothek – CIP-Einheitsaufnahmᵉ
Bolen, Jean Shinoda:
Krankheit und die Suche nach dem Sinn / Jean Shinoda Bolen.
Aus dem Amerikan. von Annette Charpentier. – München :
Hugendubel, 1998
(Sphinx)
Einheitssacht.: Close to the bone <dt.>
ISBN 3-89631-186-7

© der deutschen Ausgabe Heinrich Hugendubel Verlag, München 1998
Alle Rechte vorbehalten

Lektorat: Claudia Göbel, München
Umschlaggestaltung: Zembsch' Werkstatt, München
Produktion: Tillmann Roeder, München
Satz: SatzTeam Berger, Ellenberg
Druck und Bindung: Huber, Dießen
Printed in Germany

ISBN 3-89631-186-7

Inhalt

11. Rituale als Seelenereignisse

12. Anderen helfen – sich selbst helfen

13. Überlegungen 229

Einführung

Das chinesische Schriftzeichen für »Krise« besteht aus den Zeichen für »Gefahr« und »Zeitpunkt«. Jede lebensbedrohliche Krankheit ist für einen Menschen eine größere Krise, die die Grundlagen aller vorherigen Annahmen erschüttert. Diese Krise beschränkt sich aber nicht nur auf den Erkrankten, und sie ist mehr als das bloße Schicksal des Körpers. Ein lebensbedrohlicher Zustand bringt sämtliche Lebensaspekte des Patienten und all seiner wichtigen Beziehungen durcheinander und versetzt sie in eine Art Übergangsphase. Zudem ist eine lebensbedrohliche Krankheit eine Krise für die Seele. Wenn sich Tod und Behinderung nähern, bedeutet das tatsächlich eine Zeit der Gefahr, aber auch der Gelegenheit, die Fragen über den Sinn des Lebens aufwirft und alle Bindungen und Beziehungen auf die Probe stellt.

Dieses Buch entstand aus einer Reihe von Vorlesungen und Workshops über Krankheit als den Abstieg der Seele in die Unterwelt und die daraus erfolgende Heilung. Deren Zentralbotschaft, daß Krankheit eine Seelenerfahrung darstellt, war unter anderem Anregung für mehrere Konferenzen für Frauen, die Krebs überlebt haben. Diese Veranstaltungen trugen den Titel: »Heilsame Reisen – Krebs als Wendepunkt«. Der zweite Teil des Titels war nach Lawrence LeShans gleichnamigem bahn-brechenden Buch gewählt. Krebs als Wendepunkt – dies war die Perspektive der vier Organisatorinnen, von denen drei Brustkrebs hatten und sich noch in Behandlung befanden. Ich habe Angehörige, Freunde und Patienten durch Krank-heit und Krankenhausaufenthalte begleitet, die Abstiege in die Unterwelt darstellten. Die psychologischen Zugänge, die Men-schen auf einem Seelenpfad in die Jungsche Analyse zu mir bringen, sind mir sehr vertraut.

Gleich, ob die lebensbedrohliche Krankheit seelischer oder körperlicher Natur ist, wenn Depressionen Gedanken und Handlungen trüben, geben Menschen sich selbst und die Zu-kunft oft einfach auf. Wenn dieses Aufgeben eines Lebenssinns das unterschwellige Thema ist und es um Leben oder Tod geht, dann reicht es nicht, die Krankheit mit Medikamenten zu be-handeln oder nur auf ihre körperlichen Anzeichen und Symp-tome zu achten.

Die Parallelen zwischen seelischen und körperlichen lebens-bedrohlichen Krankheiten sind für mich leicht zu erkennen, weil ich mich in beiden Welten auskenne. Ehe ich Psychiaterin wurde und auch jetzt noch als Analytikerin war und bin ich stets im Grunde Allgemeinärztin. Das Medizinstudium und das Praktikum in einem großen Landkrankenhaus stellten für mich eine Initiation dar, nicht bloß einen Teil der Ausbildung. Ein Arzt des Körpers oder der Seele zu sein bedeutet, an einer jener Grenzen zwischen dem gewöhnlichen Leben und einem Leben danach zu stehen. Eine lebensbedrohliche Krankheit be-endet eine Lebensphase, womöglich aber auch das Leben selbst. Der Arzt des Körpers oder der Seele ist dabei Zeuge und direkt am Ergebnis beteiligt.

Eine lebensbedrohliche Krankheit hat die gleiche Wirkung wie ein Stein, der auf die stille Oberfläche eines Sees trifft und konzentrische Ringe aussendet, wenn sie Gefühle, Gedanken und Reaktionen vom Zentrum aus störend in alle Richtungen ausstrahlen läßt. Sie beeinträchtigt Beziehungen, berührt die tiefen Gefühle anderer und bringt den Patienten und die mit ihm Betroffenen an ihre inneren Grenzen – dichter an die Seele heran. Wenn der Verstand erkrankt oder der Körper leidet, tauchen Seelenfragen über den Sinn des Lebens auf. Heilung und Genesung hängen zumindest ebenso stark von einer Vertiefung des Kontakts zur eigenen Seele und Spiritualität ab wie von medizinischer oder psychiatrischer Expertise.

Immer wieder habe ich erfahren, daß eine lebensbedrohliche Krankheit alle Beteiligten in der tiefsten Seele erschüttert, daß sie uns aber auch eine Gelegenheit bietet, Ahnungen und Einsichten zu gewinnen, warum wir hier sind und was uns wirklich wichtig ist. Diese Erfahrung und die archetypischen Fundamente, die uns die Mythologien bieten, stellen den Kern dieses Buches dar.

Ich hoffe, dieses Buch wird Ihnen in einer Zeit des Abstiegs oder einer schwierigen Phase ein innerer Begleiter sein. Vielleicht erhalten Sie dadurch eine Bestätigung dessen, was Sie schon intuitiv wußten, vielleicht unterstützt es Sie darin, das zu tun, was Sie heilen wird. Ich hoffe, daß es den Weg zu sinnstiftenden Gesprächen mit anderen eröffnet und zu ausführlichen inneren Dialogen mit dem Selbst führt.

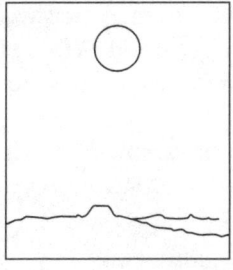

1.
Krankheit und die Suche
nach dem Sinn

Ob in stickigen Wartezimmern überbelegter Krankenhäuser, eleganten Aufenthaltsräumen von Privatkliniken, in Untersuchungszimmern oder Büros – überall, wo sich Patienten aufhalten, gibt es lange Momente des Schweigens, Pausen, denen manchmal ein Seufzer vorangeht – eine plötzlich eintretende Stille, wenn die Luft sich mit einem Mal schwerer anfühlt: Wenn die Blicke von Patienten oder anderen Anwesenden sich nach innen wenden, wenn sich jemand in sich selbst zurückzieht, während andere plaudern. Wenn jemand woanders zu sein scheint, während die Ärztin oder der Arzt gerade etwas sehr Wichtiges erklärt. Ich habe diesen Blick mit dem ihn begleitenden Schweigen auch oft auf dem Gesicht von Ärzten und Krankenschwestern gesehen. Manchmal, wenn ein ganzer Raum unvermittelt und vollständig auf die gleiche tiefgehende Weise in Schweigen verfällt, hätten die alten Griechen dazu gesagt: »Hermes ist eingetreten.« Hermes war der Götterbote und Führer der Seelen in die Unterwelt; Träume und Visionen erlangte man unter seiner Leitung. Wenn sich heute ein solches Schweigen senkt, unterbricht es häufig jemand mit dem Satz: »Ein Engel ist eingetreten.« Es vollzieht sich eine nicht zu erklärende, kaum wahrnehmbare Veränderung in der

Luft, die die Menschen in alten Zeiten wie heute der Anwesenheit eines unsichtbaren geflügelten Boten aus der Ewigen Welt zuschreiben. In diesen Momenten scheint die Persona oder Maske, die wir in der Alltagswelt tragen, fortzufallen, die Gedanken sind entleert von allen Beschäftigungen und Verantwortlichkeiten: Wir sind in Kontakt mit unserer Seele.

Im Reich der Seele

Die Möglichkeit und die Realität einer schweren Krankheit rufen schon im ersten Moment, wenn die Erkenntnis dämmert, die Seele auf den Plan: Vielleicht, nachdem man den Bericht bekommen hat, daß etwas Ungewöhnliches auf dem Röntgenbild oder auf Aufnahmen komplizierterer Durchleuchtungsapparate gefunden wurde, wenn der Laborbefund eintrifft oder wenn sich die Krankheit selbst mit akuten Schmerzen, Ohnmacht oder Blutungen ankündigt, wenn man einen verdächtigen Knoten oder eine verfärbte Stelle entdeckt, wenn man einen Selbstmordversuch oder eine schwere Verletzung überlebt hat. Immer wenn die Grenzlinie von Gesundheit zu Krankheit überquert wird, betreten wir das Reich der Seele. Eine Krankheit ist für den Patienten und alle anderen, denen der Patient am Herzen liegt, gleichzeitig seelenerschütternd und seelenfördernd. Wir verlieren unsere Unschuld, wir erkennen unsere Verletzlichkeit, wir sind nicht mehr das, was wir vor diesem Ereignis waren. Wir befinden uns auf unbekanntem Terrain, und es gibt keine Rückkehr. Eine Krankheit ist ein elementares Seelenereignis, aber das wird praktisch ignoriert und nicht angesprochen. Statt dessen scheint sich alles auf den Körperteil zu konzentrieren, der krank und beschädigt ist, der versagt oder außer Kontrolle geraten ist.

Ein Krankenhaus hat vieles mit einer Autoreparaturwerkstatt gemeinsam. Es hat sein Personal an Spezialisten, um das am menschlichen Körper zu diagnostizieren, zu reparieren oder zu ersetzen, was möglich ist, und ihn wieder in Gang zu bringen. Der Patient und diejenigen, die ihn durch diese Krise begleiten, müssen sich zusammennehmen, wenn sie nicht behindern wollen, was die Ärzte mit dem versagenden Körper vorhaben. Schwierige Patienten (oder ihre schwierigen verwandten oder befreundeten Begleiter) stellen Fragen, wollen verstehen, was nicht stimmt und warum eine bestimmte Behandlung und keine andere ausgewählt wurde. Sie nerven die Ärzte mit ihren Bitten oder reagieren »unangemessen«. Die Welt der Medizin hat sehr klare Autoritätsgrenzen: Der Arzt hat die Kontrolle, und andere sind dafür verantwortlich, seine Befehle auszuführen. Ein guter Patient ist wie ein guter Soldat, jemand, der kooperiert oder Befehlen gehorcht. Besonders bei der Diagnose Krebs, aber auch bei vielen anderen Zuständen, ähnelt die Perspektive des Arztes oft der eines Generals im Krieg: Die Krankheit ist der zu bekämpfende Feind und der Körper des Patienten das Schlachtfeld.

Die Schwelle zwischen Leben und Tod

Wenn etwas mit unserem Körper nicht stimmt, wollen wir repariert bekommen, was »defekt« ist. Wenn in unserem Körper etwas Zerstörerisches vor sich geht, wollen wir, daß man die Krankheit zum Stillstand bringt. Wir gehen zum Arzt oder ins Krankenhaus und erwarten, daß man sich unseres Körpers annimmt. Daß die Seele auch daran beteiligt ist, entspricht nicht unserer Erwartung. Doch eine lebensbedrohliche Krankheit ruft auch die Seele an, macht sich alle spirituellen Ressourcen zunutze und kann eine Initiierung in das Seelenreich des Patienten und aller anderen sein, die von dem Mysterium angerührt sind, das einen möglichen Tod umgibt. Wenn das Leben auf der Kippe steht – im Grenzreich zwischen Leben und Tod –, befinden wir uns in einem Liminalzustand von Zeit und Raum. *Liminal* stammt vom lateinischen Wort für »Schwelle« – es ist kein Alltagswort, sondern vielmehr eines, das ich aus der erinnerten Erfahrung meiner Leserinnen und Leser und der kollektiven Erinnerung der Menschheit hervorrufen will, zu der wir alle Zugang haben. Immer wenn wir an etwas teilha-

ben, das uns und das Verhalten anderer zu uns verändert –
wenn wir etwa heiraten, eine Ausbildung abschließen und in
den Berufsstand aufgenommen werden oder eine schwere
Prüfung bestehen –, handelt es sich um eine liminale Erfahrung. Immer wenn wir zu einer neuen Erkenntnis initiiert werden, zu etwas, das wir auf der körperlichen Ebene zuvor nicht
kannten – zum Beispiel beim ersten Sexualverkehr oder einer
Schwangerschaft –, übertreten wir eine Schwelle. Hier jedoch
bestimmt das mystische, spirituelle oder psychische Bewußtsein die Bedeutung des Geschehenden als Seelenerfahrung.
Bei einer lebensbedrohlichen Krankheit ist es ebenso, denn sie
geschieht auf ähnliche Weise im und mit dem Körper, beeinträchtigt aber auf elementare Weise auch die Seele.

Eine Krankheit macht uns – insbesondere wenn sie tödlich
sein kann – aufs Schärfste bewußt, wie kostbar das Leben ist,
wie kostbar jedes einzelne Leben ist. Alle Prioritäten verändern sich. Wir erkennen vielleicht die Wahrheit dessen, was
wichtig ist, wer für uns wirklich eine Rolle spielt und was wir
bisher mit unserem Leben getan haben. Und wir müssen be-
schließen, was wir weiterhin damit anfangen – jetzt, da wir es
wissen. Wichtige Beziehungen werden auf die Probe gestellt
und überstehen dies entweder gestärkt – oder sie scheitern.
Schmerz und Angst zwingen uns zum Gebet auf die Knie. Unsere spirituellen oder religiösen Überzeugungen – oder deren
Fehlen – werden in Frage gestellt. Eine Krankheit ist eine
schwere Prüfung für den Körper wie für die Seele, aber auch
eine Zeit, in der daraus die Heilung des einen oder anderen
oder beider erfolgen kann.

Es gab einmal eine Zeit, so scheint es uns zumindest, als eine
potentiell tödliche Krankheit wie ein unerwartetes, tragisches
Ereignis betrachtet wurde, das kleinen Kindern zustieß, während die klar unheilbaren Krankheiten vorwiegend in chronischen Zuständen älterer Menschen bestanden. Diagnostische
Tests und Biopsien ermöglichen es uns heute, eine lebensbedrohliche Krankheit früher festzustellen und aggressiv zu behandeln. Dies geschieht in einem Ausmaß, daß die invasiven
Behandlungsformen an sich entweder die Heilung erbringen

oder selbst das Leben bedrohen. Die Lebensmitte bedeutet heute für viel zu viele Menschen eine Phase, die von Tod und Behinderung gekennzeichnet ist. Aids und Krebs töten so viele Menschen in der Blüte ihres Lebens, daß man dieses Lebensstadium fast als ein medizinisches Schlachtfeld betrachten kann, auf dem rings um einen vertraute Menschen zu Boden sinken. Angehörige der heilenden Berufe empfinden dies noch stärker. Lebensbedrohliche Krankheiten sind uns stets gegenwärtig. Sie bedrohen vielleicht den Partner oder die Partnerin, den Liebhaber, Sohn oder Tochter, Eltern und Freunde – oder uns selbst.

Ein passiver, gehorsamer Patient in einem Terrain zu sein, auf dem der Medizinerstand eine Schlacht austrägt, geht den meisten Menschen gegen den Strich, denn sie stellen Autoritäten in Frage, schätzen eine zweite Meinung und haben begriffen, daß Körper und Seele miteinander verwandt sind. Ob als Patient oder als Person mit Liebe und Verantwortung für den Patienten – es stellen sich Entscheidungen über Leben und Tod, die wir entweder treffen oder an andere abgeben müssen. Aus Angst oder Vertrauen zu handeln, der Intuition zu folgen oder nicht, zu tun, was uns richtig erscheint, auch wenn es andere Menschen stört – solche Themen werden um so bedeutsamer, wenn von genau diesen Entscheidungen Tod oder Heilung abhängen. Wenn der Kampf um den medizinischen Sieg verloren ist, verlassen zudem die Ärzte oft das Feld und meiden den Patienten, der sie dann nur an ihre Niederlage erinnert.

Krankheit als seelische Prüfung

Die Mühsal, Patient zu sein, stellt zusätzlich zu der körperlichen Krankheit eine Prüfung dar, die auf die Seele transformierend wirken kann. Ein Hauptfaktor bei dieser Prüfung, der sich die Seele unterziehen muß, ist psychischer Streß. Wenn bei einer Routineuntersuchung unerwartet die Möglichkeit einer schweren Krankheit auftaucht, wenn sich Krankheitssymptome zeigen oder man ins Krankenhaus muß, werden wir unmittelbar von Ängsten heimgesucht und fühlen uns sehr verletzlich. Wir fürchten – ob berechtigt oder nicht –, daß wir nie wieder zu unserem früheren, gesunden Selbst werden, nie wieder. Diejenigen, die dem Patienten nahestehen, machen sich vermutlich ähnliche Sorgen, vielleicht sogar schon zu einem Zeitpunkt, an dem der Patient noch gar nicht beunruhigt ist. Unsere Wahrnehmung dessen, was mit uns oder einem nahestehenden Menschen geschieht, prägt unsere Gedanken, und zwar im gleichen Maß und manchmal noch stärker als objektive Informationen. Je nach unserer seelischen Konstitution neigen wir unter solchen Umständen dazu, entweder in der Gegenwart zu leben oder in der Zukunft, so wie wir sie sehen.

Wenn eine schwerwiegende Krankheit droht, deren Vorliegen aber erst nach der Biopsie oder nach der Grunduntersuchung bestätigt oder ausgeschlossen werden kann, ermöglicht dies einem gegenwartsbezogenen Menschen, die schlimmen Aussichten ganz leicht zu verdrängen. Eine Haltung gemäß der Devise »Warum sich heute schon Sorgen machen?« entwickelt sich dann wie von selbst. Ein zukunftsorientierter Mensch hingegen, besonders einer, der sich schnell beunruhigt und um die Möglichkeiten der Situation sorgt, sieht den Patienten bereits tot und begraben, noch ehe die Resultate eintreffen. Wenn sich jemand in Schmerzen windet, unter Behinderungen, Schwäche und Übelkeit leidet, sieht er nicht nur in diesem Moment ausschließlich Unangenehmes, sondern betrachtet auch seine Zukunft so, während ein anderer Mensch mit den gleichen Symptomen dies vielleicht als eine schwierige Phase betrachtet, die vorübergehen wird. Doch wenn die Schmerzen nicht gelindert werden, wenn zwanghafte, negative Gedanken den Verstand bedrängen, bleibt nur wenig Raum, um sich um die Belange der Seele zu kümmern.

Wenn die Seele spricht

Wenn man die Seele hören will, muß der Verstand schweigen. Dann können Gedanken und Gefühle wie aus einem tiefen Brunnen zu uns hochsteigen. Oft werden diese Gedanken und

Gefühle anderer nicht mitgeteilt. Doch wenn das geschieht, blickt die Seele einen Moment lang nach außen, und wir hoffen, daß wir wahrhaftig die Tiefe erkennen können, in die die Krankheit uns wirft. Wir fragen uns, ob wir sterben, ob unser Leben etwas wert gewesen ist. Was bedauern wir, was hätten wir gern getan? Wozu haben wir jetzt noch Zeit? Sind wir wichtig? Wieviel bedeuten uns die Menschen in unserem Leben? Gibt es einen Gott? Ein Leben nach dem Tod? Welche unerledigten Aufgaben nagen noch an uns? Welche lange vergrabenen Gedanken und Erinnerungen drängen sich nun wieder in den Vordergrund? Was sagen uns unsere Träume?

Wenn wir Sorgen und Fragen wie diese äußern, entblößen wir unsere Seele. In solchen Augenblicken sind wir wie nackt, und allzuoft besteht die Reaktion anderer auf die Erwähnung solcher Dinge darin, rasch unsere Worte mit einer dünnen Schicht der Beruhigung zu überdecken – worauf wir mit Rückzug reagieren. Das Freilegen von Seelenfragen ist vielen Menschen unangenehm. Seelensuchende Fragen werden von Personen, die süchtig nach Arbeit, Alkohol oder oberflächlichen Aktivitäten sind, oft genau durch diese Sucht abgewehrt. Sie wollen nicht den eigenen tiefen Fragen ausgesetzt werden.

Manchmal ertappt man uns, wenn wir nach innen blicken und spüren, wie sich etwas in unseren Tiefen regt – ein Gedanke, eine Erinnerung, ein Gefühl, eine Intuition, eine Weisheit –, und dann sagt jemand: »Was du jetzt wohl gerade denkst?«, und wir ziehen uns scheu zurück. Manchmal aber sprechen wir aus, was uns berührt, und wenn man dann einen Seelenfreund findet, entsteht große Freude. Ein Freund auf der Seelenebene ist wie eine Zuflucht, ein Mensch, dem wir die Wahrheit über das sagen können, was wir fühlen, wissen oder wahrnehmen. Wenn etwas auf der Seelenebene ausgedrückt wird, braucht der andere dies nicht zu beschönigen, abzustreiten oder persönlich zu nehmen; was gesagt und empfunden wurde, muß vielmehr empfangen, gehört, akzeptiert und behalten werden – wie in einem Schoß, wo die Einsichten in unser Selbst und in das, was uns wichtig ist, reifen, wachsen und sich zu vollem Bewußtsein entwickeln können.

Solche Momente der Stille, wenn sich der Blick nach innen zu wenden scheint, sind ein schwangeres Schweigen, eine Phase, in der wir mit unseren tieferen Gedanken und Wahrnehmungen kommunizieren oder ein Gefühl oder Bild halten, das sonst viel zu flüchtig wäre; die Stimmung ändert sich, und das, was wir vor einem Moment noch fest im Griff hatten, ist verschwunden wie ein Traumfragment.

Die Grundthese dieses Buches besteht darin, daß Krankheit seelenfördernd sein kann und daß das Reich der Seele dem des Traums oder der Träumerei ähnelt, einer Quelle für persönlichen Sinn und Weisheit, die unser Leben verändern und uns heilen kann. Damit will ich nicht sagen, daß eine Krankheit stets willkommen sein soll. Sie kann nur rückblickend von jenen geschätzt werden, für die sie eine Seelenerfahrung darstellte. Aber wenn man eine solche Perspektive einnimmt, vergrößert man die Chance, daß eine Krankheit zu einer Seelenerfahrung wird.

Die Erholung der Seele und die Wiedererlangung der körperlichen Gesundheit können zusammen erfolgen oder nicht: Die Heilung findet statt, aber der Körper überlebt sie vielleicht nicht. Das Leben ist immer ein Zustand, der mit dem Tod endet. Die Frage lautet, wann und wie wir sterben, und nicht, ob dies geschieht. Eine Krankheit reißt uns aus dem normalen Leben mit seinen üblichen Sorgen heraus und stellt uns vor große Fragen, vor die Gelegenheit, uns das Seelenwissen zugänglich zu machen, das uns und die Situation verwandeln kann. Gebete und Rituale helfen uns, uns zu konzentrieren und unsere spirituellen Energien zu nutzen.

Auf der Seelenebene erkennen wir deutlich, was wichtig ist, und begreifen die Wahrheit über unsere persönliche Situation. Wir wissen, daß wir spirituelle Wesen auf einem menschlichen Weg sind, statt Menschen, die sich vielleicht auf einem spirituellen Weg befinden. Auf der Seelenebene erkennen wir, was heilig und was ewig ist. Auf der Seelenebene ist eine Krankheit, auch eine tödliche, ein potentieller Neuanfang, eine Schwelle zwischen der gewöhnlichen Welt und der unsichtbaren.

20

Seelenfragen

Bei jeder besonderen Krankheit sind die Seelenfragen die gleichen wie im normalen Leben auch: *Was ist hier unsere Aufgabe? Was wollen wir hier lernen? Was wollen wir heilen? Was und wen wollen wir lieben? Wozu sind wir hier?* – Fragen, die mit der Essenz unseres Seins zu tun haben. Ich glaube, daß eine Krankheit einen Appell an das Bewußtsein darstellen kann, einen Weckruf sozusagen, daß uns eine Krankheit den Weg weist, in unsere Tiefen hinabzusteigen und uns unseren Ängsten zu stellen. Ich habe miterlebt, wie eine Krankheit Liebe ausgegraben und Charakterstärke enthüllt hat. Und ich weiß, daß Krankheiten eine echte Gelegenheit für das Seelenwachstum bieten – die genutzt werden kann oder nicht. Ich glaube, daß Geschichten und Mythen, Träume und mystische Erfahrungen während einer Krankheit lebendiger werden. Ich bin weiterhin der Meinung, daß die Integration des Seelenwissens aus solchen Quellen in den Alltag das Leben wie den Tod sinnvoll macht.

Die Konfrontation mit unserem Innersten

Ich war Ende Zwanzig, als ich das erste Mal erkannte, daß eine Krankheit sowohl eine Seelen- als auch eine Körpererfahrung ist. Ich hatte gerade mit dem Praktikum als Psychiaterin begonnen, als ich ein halbes Jahr Urlaub nahm, um bei meinen Eltern zu sein, weil mein Vater zum Sterben nach Hause entlassen worden war. Er hatte einen langen, heroischen Kampf gegen den Krebs verloren, der seinen Körper belagert hatte, und als ihm die Medizin nichts weiter bieten konnte als Linderung, hielt ihn sein Wille noch mehrere Monate am Leben. Doch als er starb, sah ich, wie er die Augen weit aufriß und sein Gesicht vor Freude strahlte. Ich bin überzeugt, daß er etwas sah, das ich nicht sehen konnte, und ich vertraue dieser Wahrnehmung und freue mich über meine Fähigkeit, dies gesehen zu haben. In dem einen Moment war er noch da, im nächsten nicht mehr.

Nur ein leerer Körper blieb zurück. Sein Körper war warm, und ein paar Zellen funktionierten noch sekundenlang weiter, aber er – seine Seele – war gegangen. Sein Leiden war beendet, und der Körper, den er zurückließ, war zwar vertraut – wie abgelegte Kleider, die abgetragen und fadenscheinig geworden sind –, aber nicht mehr nützlich für ihn. Sein Gesicht sagte mir, daß man sich im Tod auf etwas Wunderbares freuen kann, und die Phase davor, in der das Sterben so lange brauchte, überzeugte mich, daß auch dieses Stadium wichtig ist. Das Sprechen war ihm schwierig geworden, weil er intubiert war, und in seinen letzten Monaten schien immer stärker seine innere Welt von ihm Besitz zu ergreifen. Es ist gut möglich, daß er starb, nachdem er so lange geblieben war, wie er mußte, um das zu tun, was er auf der Schwelle zwischen dieser Welt und der nächsten noch zu erledigen hatte. Sterbende verbringen ihre Tage wie Neugeborene: Sie schlafen und träumen, und andere übernehmen die Versorgung ihrer elementarsten Bedürfnisse. Das Träumen, das Den-Gedanken-Nachhängen und die Momente der Klarheit und der Gespräche mit anderen erleichtern nicht nur den Übergang, sondern heilen vielleicht auch die Seele.

In den Jahren seitdem haben mein Sohn, meine Mutter und enge Freunde medizinische Krisen und Operationen durchgestanden. Ich habe festgestellt, daß, wird ein Kind einer größeren Operation unterzogen, die Mutter die eigene Verletzlichkeit ebenso spürt wie die des Kindes, vielleicht wie in keiner anderen Beziehung. Für meinen Sohn auf der Schwelle zum Erwachsensein war es eine schwere Prüfung, die Elemente einer Initiation zum Mann beinhaltete und eindeutig eine Seelenreise darstellte. Die Perspektive, die ich ihm gab, veränderte für ihn, wie er das Durchzustehende empfand. Als meine 85jährige Mutter zu krank wurde, um weiterzuleben, schien es wie der Anfang vom Ende – das genau dachten wir beide –, bis sie sich vollständig wieder erholte und ihr unabhängiges Privat- und Arbeitsleben wieder aufnahm. Ich glaube, daß das, was ich sagte und tat, die Waage zum Ausschlagen brachte und den entscheidenden Unterschied bewirkte, obwohl sie es war, die – auf der Seelenebene – die Entscheidung traf weiterzuleben. Ihr Körper war danach in der Lage zu heilen. Die gesundheitlichen Krisen, die meine engsten Freunde durchmachten, betrafen mich auf eine Weise, wie man es nur bei Zeitgenossen erlebt, die man liebt. Sie bringen einem das Wissen nahe, wie flüchtig unser eigenes Leben sein kann.

Alle Menschen, die zu mir zur Analyse oder Konsultation kommen, bringen mir ihre Sorgen dar, die sie an ihre innersten Grenzen führen. Angesichts der Tiefe und Breite dieser Erfahrungen bin ich davon überzeugt, daß es in einem Menschenleben unmöglich ist, nicht direkt oder indirekt von einer potentiell behindernden oder tödlichen Krankheit betroffen zu werden. Sie können und werden uns und unseren Mitmenschen zustoßen. Ob wir sie als Patient oder als Zeuge miterleben – wenn Krankheit in unseren Kreis eindringt, berührt uns das zutiefst. Lebensbedrohliche Krankheiten führen den Patienten, diejenigen, die ihn lieben und jene, die ihn behandeln, ins Reich der Seele.

Solche Krankheiten überraschen uns häufig. Der Wechsel zwischen Gesundheit und Krankheit kann manchmal so unvermittelt eintreten, daß wir benommen und sprachlos vor den Tiefen stehen, in die wir gestürzt werden. Worte von Menschen, denen dieses Gebiet vertraut ist, bieten uns vielleicht eine Orientierungshilfe. Bilder und Metaphern, die spiegeln, was wir tief in uns wissen, können zum Ausgangspunkt für innere Reflexionen und Seelengespräche mit anderen werden. Ob plötzlich oder allmählich, eine lebensbedrohliche Krankheit hat die Macht, den Schleier unserer Illusionen zu zerreißen und uns in aller Klarheit mit unserem Innersten zu konfrontieren – vielleicht zum ersten Mal in unserem Leben.

Wenn wir durch das Unglück einer Krankheit, durch Todesnähe und die Erkenntnis, daß wir die Situation nicht mehr im Griff haben, an unsere Grenzen getrieben werden, nähern wir uns auch der Essenz dessen, was wir sind – sowohl als einzigartiges Individuum wie auch als Mensch schlechthin. Wie bei einem Röntgenfilm, auf dem die Knochen am deutlichsten hervortreten, weil sie die stärksten und haltbarsten Elemente des menschlichen Körpers sind, enthüllt ein Unglück die ewigen und daher unzerstörbaren Eigenschaften der Seele.

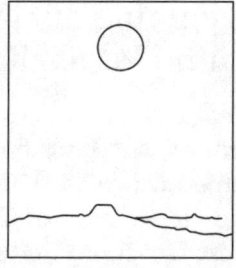

2.
Wenn der Boden
unter den Füßen nachgibt

Wenn ein bestimmtes Ereignis, z.B. die Eröffnung einer Diagnose, den Augenblick bezeichnet, in dem das normale Leben endet, hat die eintretende Veränderung die Gewalt eines Naturereignisses, eines persönlichen Erdbebens, das uns den Boden unter den Füßen wegreißt. Vor der Diagnose, vor der Operation, vor der Entdeckung, daß etwas nicht stimmt, leben wir in aller Unschuld – oder Verdrängung. Dann ändert sich alles, und wir haben das Gefühl, daß nichts jemals wieder so sein wird wie vorher.

Hierbei empfinden wir so wie Persephone, die Jungfrau aus der griechischen Mythologie, die auf einer Wiese Blumen pflückte, als sich der Boden vor ihr auftat und aus dem tiefsten, dunkelsten Schlund der Erde Hades aufstieg, der Herr der Unterwelt. In seiner schwarzen, von Rappen gezogenen Kutsche wollte er Persephone entführen und riß sie an sich. Sie schrie vor Angst, als sie das Feld umfuhren. Dann stürzte die Kutsche mitsamt den Pferden, Hades und der entsetzten Persephone wieder dorthin zurück, wo sie hergekommen war, und die Erde schloß sich über ihnen, als sei nichts geschehen.

Die Begegnung mit Hades:
Verlust und Verletzlichkeit

In dem einen Moment hatte Persephone nichts anderes im Sinn als die schönen Blumen, die sie pflücken wollte. Der Himmel war blau, die Sonne schien warm, und alles war gut. Im nächsten Augenblick befand sie sich in der Unterwelt, und nichts war mehr wie zuvor. Ihre Unschuld und ihre Sicherheit waren geschändet worden, sie war hilflos und den Kräften ausgeliefert, von denen sie vorher nicht einmal etwas geahnt hatte.

Dieser Mythos spricht jeden an. Persephone ist der unschuldige Teil in Männern und Frauen, in Jungen und Alten, die dem Täter Hades begegnen: bei Inzest, Vergewaltigung, Raubüberfall und Verrat, bei jedem unerwarteten und unvorgesehenen Akt, der uns schlagartig ins Bewußtsein ruft, wie verletzlich wir körperlich und emotional sind. Die Begegnung mit Hades ist darüber hinaus das symbolische Ereignis, das unser ganz spezifisches Bewußtsein von Gut und Böse freilegt. Vor Hades fühlten wir uns beschützt, nach Hades wissen wir, daß wir das nicht sind. Ob der Laborbefund »HIV-positiv« zurückkommt oder eine Biopsie Krebs ergibt – egal, wie wir von einer lebensbedrohlichen Krankheit erfahren, die Wirkung ist die gleiche: Persephone, die Sicherheit von Jugend und Gesundheit, von Schutz und Immunität vor Krankheiten und Tod, wurde angegriffen und in die Unterwelt verschleppt.

Für viele drücken poetische Metaphern Gefühle aus; sie sind ein Mittel, um unsere Wahrnehmung und unser Verständnis vom Sinn einer Erfahrung mitzuteilen. Krankheit als Abstieg der Seele in die Unterwelt ist eine Metapher, die in unserem intuitiven Verstand und unserem wissenden Herzen ein so tiefes Begreifen herbeiführt, wie es anders nicht möglich ist: Es ist die Sprache der Seele.

Die Unterwelt der Angst

Wenn sich die Möglichkeit oder Realität einer schweren Krankheit vor uns auftut, wenn wir selbst oder jemand, den wir lieben, zur Beobachtung, Diagnose oder Behandlung ins Krankenhaus eingewiesen werden, ist das metaphorisch gesprochen so, als würde man in die Unterwelt entführt – in jenes unterbewußte oder unbewußte Reich, wo wir von Ängsten und Verletzlichkeit heimgesucht werden, die wir normalerweise eben dort vergraben und in Schach halten: Vielleicht belagert uns die Angst vor dem Tod, die Angst vor Schmerzen, Verstümmelung, Abhängigkeit, Entstellung, Schwachsinn oder Depressionen. Die Möglichkeit, ernsthaft krank oder behindert zu werden, setzt uns Ängsten und Tatsachen aus, die mit dem Verlust von Beziehungen, des Arbeitsplatzes, unserer Weiblichkeit oder Männlichkeit oder von Chancen und Träumen zu tun haben. Wir haben Angst, zur Last zu werden, ob in finanzieller oder anderer Hinsicht, haben Angst um unsere Kinder oder andere Abhängige und fürchten, daß wir nie mehr wir selbst sein werden. Solche Ängste werden manchmal durch die Art verstärkt, wie andere uns behandeln oder wie wir reagieren, wenn sich in der Kindheit entstandene Unsicherheiten in die gegenwärtigen Erwachsenenängste mischen. Wir können unsere besten Züge in einem Abgrund aus Selbstmitleid verlieren oder uns wie besessen mit der Frage quälen: »Warum gerade ich?«

Kranke oder potentiell kranke Menschen werden oft infantilisiert, besonders Frauen. Ärzte reden oft über uns hinweg, als seien wir gar nicht da. Wenn wir schwierig sind, hält man uns für schlechte Patienten. Alle kümmern sich nur um die medizinischen Probleme, nicht um die Seele. Die Botschaft an den Patienten lautet, seine Ängste für sich zu behalten und zu allem gute Miene zu machen. »Sei ein braves Mädchen oder ein tapferer Junge. Und tu, was der Arzt dir sagt.« Das bedeutet: Wütend dürfen Sie nicht werden. Auch die Autorität sollten Sie nicht in Frage stellen. Sie sind jetzt in der Unterwelt. Ihre Ängste dürfen Sie aber keineswegs erwähnen. Wenn Sie Wut oder

Selbstmitleid empfinden, wenn Sie emotional werden, sind Sie ein Problem. Wenn Sie wollen, daß sich Ärzte und Pflegepersonal Ihren Gefühlen widmen, sind Sie ein Problem. Sich Gefühlen zu widmen kostet Zeit, und wenn man nur wenig davon für die tägliche Visite hat, nur soundsoviele Minuten für jeden Kranken, dann wird ein Patient oder dessen Verwandter, der Beruhigung verlangt oder braucht, der weitere Erklärungen wünscht, oft als anspruchsvoll betrachtet oder sogar als Fall für die Psychiatrie.

Die Unterwelt der Depression

Die Unterwelt kann aber auch eine Stimmung sein, die dem Hadesreich ähnelt, in dem die entführte Persephone wie eine Gefangene gehalten wurde. Es war eine dämmrige Welt, bewohnt von den gerade noch erkennbaren Schatten der Toten: substanzlose, blutlose Bilder, wie Hologramme oder Erinnerungen ohne jegliches Gefühl. Es ist das Reich der Depression, wo wir von unseren Gefühlen abgeschnitten sind und in das wir durch die Krankheit und die Bemühung geraten, sämtliche Gefühle und Ängste zu unterdrücken. Dann verhalten wir uns so, als seien wir leblose, gehorsame, kooperative Objekte. Die Diagnose einer lebensbedrohlichen Krankheit und das Bedürfnis, dem ärztlichen Rat unmittelbar zu folgen, lassen uns unsere Gefühle abspalten. Ob aufgrund von Depression oder Abspaltung, das Ergebnis ist oft das gleiche. Abgeschnitten von seinen Gefühlen kann ein Mensch nach außen hin das Bild eines guten Patienten bieten, der das Krankenhaus wie eine Reparaturwerkstatt betritt.

Die Unterwelt der Seele

Die Unterwelt ist auch ein Seelenreich, ein Ort der großen inneren Reichtümer. Es ist das Reich Plutos – des Gottes des Reichtums aus der griechischen Mythologie, der mit Hades identifiziert wird. Gemeint ist die Seelenschicht, die das Potential enthält, das wir noch nicht entwickelt haben, jene Talente und Neigungen, die uns einst wichtig waren, die Emotionen, die wir vor allen Blicken versteckten und zu denen wir dann den Kontakt verloren. Jenseits dieser persönlichen Ebene liegt die Fülle der archetypischen oder symbolischen Schichten des kollektiven Unbewußten, wo Muster und Instinkte und all das liegen, was menschlich ist, ein tiefer Sinnkern. Hier ist der Quellbrunnen der Seele, der spirituelle Instinkt, der uns zur Göttlichkeit weist, auf die gleiche unbewußte Weise, wie eine Blume ihr Gesicht der Sonne entgegenstreckt. Hier beginnt die psychologische Suche nach Ganzheit und Sinn. Hier, im Reich der Archetypen, sind Tod und Wiedergeburt Metaphern, hier wird der Realität des körperlichen Todes, der für das Ich erschreckend ist, mit Träumen begegnet, die eine völlig andere Perspektive haben.

Wir können dieses Seelenreich betreten, indem wir über Symbole, Themen und mögliche Bedeutungen von Träumen nachdenken, die wir aufzeichnen und an die wir uns erinnern. Oder wir verschaffen uns den Zugang dorthin, indem wir dem Impuls folgen, Musik zu spielen, zu singen oder zu hören, zu tanzen, zu malen oder zu zeichnen, all das zu achten und auszudrücken, was hochsteigt, wenn wir uns dem Fluß der eigenen Gefühle öffnen, wenn wir Tagebuch führen und Gedichte schreiben, wenn wir uns mittels Gebet und Meditation, Schweigen oder Unterhaltungen auf der Seelenebene befinden. Wenn diese Tore zum Seelenreich vertraut sind, ist der Zugang nicht mehr schwierig.

Die innere Welt der Seele ist für viele ein fremdes Land. Extrovertierte Menschen, die darauf stolz sind, praktisch und logisch zu sein, die Versorger, die sich stets auf die Bedürfnisse anderer konzentrieren, die Arbeitstiere, für die produktiv zu sein ein Maßstab für ihren »Wert« ist, haben noch nicht oft Ausflüge in ihre innere Welt unternommen. Man muß aber lernen, die Reserven der inneren Welt anzuzapfen, die helfen, Körper und Seele zu heilen – dazu später mehr. Zunächst ist es wichtig, die potentiellen Reichtümer dieses Aspekts der Unterwelt kennenzulernen und bereit zu sein, Kenntnisse aus erster Hand zu gewinnen und Energie und Zeit aufzuwenden, um dorthin zu gelangen. Das Führen eines Tagebuchs – auf Papier oder in der Erinnerung – stellt den nächsten Schritt dar, aus dem man lernt, wie wertvoll es ist, sich den Bildern, Phrasen, Gefühlen und Gedanken zu widmen, die aus den eigenen Tiefen aufsteigen. Einem deutlichen Traum muß man sich widmen, indem man ihn aufschreibt, sonst wird man sich womöglich nicht lange an ihn erinnern, und selbst wenn er im Gedächtnis bleibt, gehen Einzelheiten verloren. Das Betrachten der Details eines Traums führt vielleicht dazu, über Teile davon nachzudenken, was zu weiteren Erinnerungen und Assoziationen führt. Das kann Menschen, die ein mehr oder minder verschwommenes Unbehagen empfinden, die zwanghaft von etwas besessen sind, anregen, sich in die Kommunikation mit der träumenden Psyche zu versenken.

Nachdenken bedeutet, eine meditative Haltung einzunehmen, mit offenem, empfänglichem Verstand und Herzen. Genau das wird von vielen Menschen durch Abgeschiedenheit, Meditation oder Öffnung im Gebet erreicht, bei anderen durch Wandern, Joggen, Angeln, Gartenarbeit oder Nähen. Gleich, was wir brauchen, um die leise Stimme in unserem Innern zu vernehmen oder den stillen Kern im Zentrum zu erreichen, es geht dabei immer auch um die Wege zur inneren Welt unserer Seele. Wenn diese Welt ein unbekanntes Gebiet ist, wenn Krankheit die Wege versperrt, die wir einst benutzten, können wir Pfade ausprobieren, die andere gegangen sind, und wir können von anderen lernen. Genauso wie man sich bei der Überweisung an einen Arzt um dessen Ruf, seine Erfahrung und Ausrichtung kümmert, ist es möglich, sich therapeutisch beraten zu lassen oder sich in Kursen über die verschiedenen Formen von Meditation und spiritueller Entwicklung, über Traum- und Tagebucharbeit und über Ausdruckstherapien zu informieren.

Die Unterwelt der Geister

Lebensbedrohliche Krankheiten lassen die Schleier zwischen dieser Welt und der Anderswelt der Geister dünner werden. Mir haben Schwerkranke von lebhaften, genau erinnerten Unterhaltungen mit Personen berichtet, die sie deutlich sahen, obwohl ihnen klar war, daß diese nicht zu ihrer gewöhnlichen Realität gehörten. Manche spürten die tröstende Gegenwart von Verstorbenen, die sie aber weder sahen noch hörten, oder berichteten von telepathischer Kommunikation mit andersweltlichen Gestalten.

Seltener und dramatischer sind die Geschichten von Menschen, die, dem Tod nahe, andersweltliche Gestalten trafen, die ihnen sagten, ihre Zeit sei noch nicht gekommen. Zweimal erzählten mir Frauen, wie ihnen eine alte Frau, offensichtlich eine amerikanische Ureinwohnerin, erschienen war, als eine medizinische Behandlung bei ihnen versagt hatte und sie offensichtlich im Sterben lagen. Das Erscheinen der Alten war die Intervention, die den Verlauf ihrer Krankheit änderte. Eine von ihnen hatte ein Fieber unbekannten Ursprungs, das sich daraufhin legte, die andere wußte aufgrund der Erscheinung oder Vision, daß man bei ihr eine falsche Diagnose gestellt hatte; ihre Initiative führte zur korrekten Diagnose der Lymeschen Krankheit und zur richtigen Behandlung. Beide Frauen wurden wieder gesund und setzten sich jeweils auf ihre Weise dafür ein, alternative Heilmittel ins breitere Bewußtsein zu bringen. Die Krankheit brachte sie dem Tod und einer ungewöhnlichen Realität näher, die Todesnähe stellte gleichzeitig einen Wendepunkt im Krankheitsverlauf dar und gab ihnen die Inspiration, anderen dabei zu helfen, gesund zu werden.

Bei der Trauerfeier für Gary Walsh, einen Therapeuten und Aktivisten der Aids-Selbsthilfebewegung in San Francisco, wurde ein Videofilm gezeigt. Er erzählte darin ein paar Tage vor seinem Tod, er sei zweimal von einem Mann besucht worden, den viele in der Trauergemeinde gekannt hatten und der vor kurzem verstorben war. Gary sah im Film zwar körperlich sehr mitgenommen aus, doch er wirkte zuversichtlich, klar und völlig überzeugend. Er bestätigte, er habe nicht geschlafen und nicht halluziniert, als dieser Mann in seinem Zimmer erschienen sei und ihm gesagt habe, er solle sich keine Sorgen machen, er werde da sein, wenn Gary sterben und die Schwelle überschreiten würde. Er, Gary, habe in ungläubigem Tonfall verlangt, der Mann solle ihm noch einmal erscheinen. Ein paar Tage später, als er wiederum wach und bei völlig klarem Verstand gewesen sei, sei dieser Mann erneut zu ihm gekommen und habe sehr knapp und ungeduldig wiederholt, er werde bei Garys Tod da sein. Er habe verärgert gewirkt, weil er diesen erneuten Besuch unternehmen mußte, denn er hätte »anderes zu tun gehabt«.

Das schrittweise Hinabsteigen in die Unterwelt: Der Inanna-Mythos

Der Abstieg der Seele in die Unterwelt, den eine Krankheit auslösen kann, wirkt nicht immer wie eine schockierende, unvermittelte und unerwartete Entführung oder wie eine totale Wesensvernichtung im Zentrum eines größeren Erdbebens. Der Mythos von Persephone spricht von dieser Art, aber es gibt einen zweiten Mythos: Er gleicht der Erfahrung von Menschen, deren Krankheit und Abstieg sich in Stadien vollziehen und denen von Phase zu Phase immer weniger Boden in der Normalwelt der Gesundheit verbleibt: Entweder haben sie eine Krankheit, die sich allmählich immer weiter verschlechtert, oder sie halten die Illusion aufrecht, alles sei unter Kontrolle, und verharmlosen die emotionale Wirkung, die ein schweres Gesundheitsproblem mit sich bringt. Der Mythos, der dieser Reise ähnelt, reicht mindestens fünftausend Jahre zurück bis zur sumerischen Göttin Inanna.

Inanna war die Königin von Himmel und Erde. Als sie die Nachricht vernahm, ihre Schwester, die Göttin Ereshkigal der Unterwelt, leide große Schmerzen, beschloß sie, diese zu besuchen. Inanna nahm irrtümlich an, der Abstieg dorthin sei leicht. Sie mußte jedoch feststellen, daß die Macht und Autorität, die sie in der Oberwelt besaß, nichts damit zu tun hatten, wie sie in der Unterwelt behandelt wurde.

Inanna klopfte herrisch ans Tor zur Unterwelt und forderte Einlaß. Der Wächter fragte sie, wer sie sei, und gab dann zurück, sie müsse einen Preis zahlen, wenn sie eintreten wolle. Es würde nicht nur ein Tor zu passieren sein, sondern sieben. Bei jedem, so der Wächter, müsse sie etwas ablegen, das sie am Körper trug. Jedesmal reagierte Inanna beleidigt und schockiert: »Was soll das?« Jedesmal sagte man zu ihr: »Still, Inanna, alles, was in der Unterwelt passiert, ist richtig so. Es darf nicht in Frage gestellt werden.«

Ihr prächtiger Kopfschmuck, die Krone, Zeichen ihrer Autorität, wurde ihr schon am ersten Tor abgenommen, die Halskette aus Lapislazuli am zweiten Tor, die Doppelkette aus großen Perlen am dritten Tor, der Brustpanzer am vierten, das Goldarmband am fünften, Meßstab und Meßschnur aus Lapis am sechsten Tor, und am siebten Tor mußte sie die königliche Robe ablegen. Nackt und tief gebeugt betrat sie die Unterwelt.

Immer wieder, an jedem Tor, mußte sie sich von Symbolen der Macht, des Prestiges, des Reichtums und des Amtes trennen. Immer wieder, bei jedem Tor, traf sie jeder neue Verlust unvorbereitet. Immer wieder fragte sie: »Was soll das?«, und stets folgte die Antwort: »Still, Inanna, die Regeln der Unterwelt sind gerecht. Man darf sie nicht in Frage stellen.«

Immer wenn jemand zum Patienten wird und ins Krankenhaus kommt, ähnelt diese Erfahrung derjenigen Inannas. Metaphorisch gesehen gibt es auch dort eine Reihe von Toren, die man durchschreiten muß, und bei jedem wird einem etwas fortgenommen. An der Pforte durchquert man unwissentlich das erste dieser Tore. Danach wird es einschneidender, und man nimmt dem Patienten seine Würde, seine Entscheidungsfreiheit und Autorität. Egal, wie wichtig der Kranke in der Welt draußen ist, gleich, wie bedeutend er für jemanden sein mag, das alles spielt hier keine Rolle.

Das zweite Tor ist der Empfangsschalter, wo man eine Reihe von Formularen unterzeichnen muß, um aufgenommen, »registriert« zu werden, und wo man vielleicht eine Quittung für Wertgegenstände erhält, die man dort zur Aufbewahrung abgibt.

Das dritte Tor ist gewöhnlich das Krankenzimmer. Hier zieht der Patient seine Straßenkleider aus, die seine Individualität und seinen Status spiegeln, und legt ein Krankenhausnachthemd an, das oft nicht paßt und am Rücken offen ist. Dann folgen weitere Tore, durch die der Kranke auf einem Rollbett oder in einem Rollstuhl befördert wird, zum Beispiel zum Röntgen, zu komplizierten Tests, in besondere Räume zur Blutabnahme, oder auch um verschiedene Instrumente in Körperöffnungen oder durch die Haut eingeführt zu bekommen, damit der Arzt auch das Körperinnere betrachten kann.

Wenn eine Operation nötig ist, durchquert der Patient noch weitere Tore: in die Operationsvorbereitung, den Operationssaal, anschließend auf die Nachsorge- oder Intensivstation, und beim Durchqueren dieser Tore verliert er nicht nur das Bewußtsein, sondern manchmal auch ganze Teile seines Körpers.

Bei der Bewältigung einer lebensbedrohlichen Krankheit wird der Mensch oftmals auch sämtlicher emotionaler Abwehrmechanismen beraubt. Verleugnung, Intellektualisierung und Rationalisierung verschwinden womöglich und enthüllen vor dem Kranken die schmerzhafte Realität seines Lebens wie auch der Krankheit. Menschen, die Arbeit und Aktivität, Alkohol oder andere Drogen benutzen, um ihre Gefühle abzustumpfen oder nicht wahrzunehmen, sind dazu nicht mehr in der Lage (obwohl der Fernseher, eines der verbreitetsten Suchtmittel unserer Zeit, meist direkt neben dem Bett steht).

Wenn sich im Kontext einer lebensbedrohlichen Krankheit die psychologischen Abwehrmechanismen auflösen, kann es zu einem Abstieg in die Unterwelt der Depression und Ängste kommen. Die Auflösung der Verteidigungsbarrieren gegen die Erkenntnis der Wahrheit gibt vielleicht ein emotional und spirituell »ausgetrocknetes« Leben preis, eine hohle Ehe oder eine unbefriedigende Arbeit, aber auch die Realität, wie problematisch der körperliche Zustand und die diesen begleitenden Ängste sind.

Metaphorisch und tatsächlich rauben uns Krankheit und Krankenhausaufenthalte alles, was uns auf vielfältige Weise bedeckte und schützte. Man wird vielleicht ärgerlich, aber der protestierenden Frage: »Was soll das?« begegnet das Krankenhauspersonal vielleicht mit Worten und Einstellungen, die denjenigen ähneln, die Inanna zu hören bekam: »Still, Patient, die Anordnungen des Arztes sind so richtig. Man darf sie nicht in Frage stellen.« Selbst wenn unsere Ärzte Heiler sind, denen wir vertrauen, und sie und alle anderen uns vermitteln, was vorgenommen wird und warum, selbst wenn wir an den Entscheidungen beteiligt werden, die Reise ähnelt immer noch der Inannas. Es gibt immer noch Tore, die wir durchschreiten müssen, die uns unserer Identität und aller Schutzmaßnahmen berauben; wir werden nackt ausgezogen, und unsere Seele wird entblößt.

Diese Enthüllung ermöglicht es uns aber andererseits, Tiefen in uns zu entdecken, die wir andernfalls nicht erreichen würden, wo alles, was wir dorthin verbannt haben, dort verließen oder vergaßen, unter dem Schmerz leidet, nicht erinnert oder nicht in die bewußte Persönlichkeit integriert zu werden, und dem kein Ausdruck zugestanden wird. Bei der Erinnerung daran nehmen wir erneut Verbindung zu unserer Seele auf. Was in einer Tiefenanalyse aktiv gesucht wird, könnte unfreiwillig als Folge einer behindernden körperlichen Krankheit oder eines Krankenhausaufenthaltes in jenem Zustand enthüllt werden, der den Patienten über einen schwierigen, unsicheren Weg führt: zum Abstieg in die Unterwelt. Psychologische Tiefen – und der Tod – gehören zum Reich Ereshkigals. Wenn der Tod zur Realität wird und näherkommt, tauchen Seelenfragen auf.

Die Unterwelt der Schatten und der Tiefe: Ereshkigals Reich

Genau wie Inanna unsere obere, äußere Persönlichkeit dar-stellt, den Teil von uns, der in der Welt etwas darstellt, so kann Ereshkigal unsere unsichtbaren Aspekte und Erinnerungen re-präsentieren, die wir in unseren Schatten oder der Innenwelt verbergen. Ereshkigal kann ein Symbol für den Grund unserer Leiden sein, das wir ignoriert oder verharmlost haben und dem man sich nur durch Leid gedemütigt und verletzlich ge-worden nähern kann. Wenn wir verleugnen, was für uns per-sönlich sinnvoll, authentisch und wahr ist, wenn wir von der *gnosis*, dem Gefühlswissen, abgeschirmt sind, wird Ereshkigal verleugnet. Wir durchschreiten Tore der Gefühle und Ängste, und stoßen durch zahlreiche Schichten des Widerstandes vor, um die Realität der Krankheit zu akzeptieren.

Man vollzieht diesen Abstieg mit Inanna auch, wenn man an einer sich allmählich verschlechternden Krankheit leidet oder an einem chronisch sich verschlimmernden geistigen oder kör-perlichen Zustand, einer Krankheit, die in das diagnostische Nirgendwo zwischen Körper und Seele fällt: Umweltallergien, chronische Erschöpfung und psychosomatische Krankheiten – oder wenn man an Infektions- und Erbkrankheiten leidet, die mehrere Organe betreffen und sich fortschreitend verschlech-tern. Der Abstieg kann Jahre dauern, und jedes Auftauchen neuer Symptome, Folgetests, Rezepte und Behandlungen wirkt dann wie ein weiteres Tor, das man durchschreiten muß.

Patienten, die mit Chemotherapie und Bestrahlungen be-handelt werden, vollziehen ebenfalls den Inanna-Abstieg. Jede Behandlung ist ein weiteres Tor. Nach der zweiten oder dritten chemotherapeutischen Behandlung fällt einem das Haar bü-schelweise aus. Bei dem Abstieg zu diesem Tor gibt man seinen Haarschopf ab, und auch wenn man damit gerechnet hat, trifft es einen wie ein Schock. Besonders für Frauen ist der Haarver-lust ein Schlag, der die Identität und die Weiblichkeit trifft. Das bildet oft einen Tiefpunkt, eine sehr deprimierende Phase. Das eigene Gesicht im Spiegel ist einem nicht mehr vertraut: »Wer ist das?«

Nackt und tief gebeugt betrat Inanna die Unterwelt: Sie war bei ihrem Abstieg gedemütigt und entkleidet worden, aber die Prüfung war noch nicht vorbei. Als Inanna sich Ereshkigal näherte, freute sich die Göttin der Unterwelt ganz und gar nicht, die Schwester zu sehen. Voller Zorn und Verachtung blickte Ereshkigal Inanna mit bösen Augen an und schlug sie tot. Dann wurde Inannas Körper an einem Haken aufgehängt, wo er nach drei Tagen verfiel und sich in einen Klumpen aus grünlichem Fleisch verwandelte.

Inanna und Jesus: Transformation durch Leiden

Inannas Schicksal in dieser Phase erinnert uns an Jesus und die Abfolge von Verrat, Demütigung und Strafe, die er auf dem Weg zum Kreuz zu erleiden hatte, bis zu seinem Tod. Sein Körper wurde ins Grab gelegt, Inannas Leichnam drei Tage lang an einem Haken aufgehängt. Bei Ausbruch einer Krankheit fühlt man sich oft vom Körper verraten und gedemütigt, und Schmerz bleibt Schmerz, ob von einer Peitsche verursacht, einer Kreuzigung oder von etwas im eigenen Körper. Mitten in ihrem Leiden fühlen sich viele Menschen wie Jesus, der allein und voller Schmerzen am Kreuz aufschrie: »Mein Gott, mein Gott, warum hast du mich verlassen?«

Doch genau wie die Kreuzigung nicht das Ende von Jesu Geschichte bedeutet, ist das Hängen ihres Körpers am Haken nicht das Ende Inannas und ihres Mythos. Auch sie wurde wieder ins Leben zurückgebracht, und zwar bedeutsam verwandelt. In der Sprache der Seele ist der Tod eine wichtige, immer wieder auftretende Metapher. Auf der spirituellen Reise muß die alte Persönlichkeit sterben, um zu Wiedergeburt und Auferstehung initiiert und transformiert zu werden. Auf dem Weg durch die Medizin fühlen sich die Patienten oft wie Inanna: Das Krankenhaus ist für sie die Unterwelt, in der sie entblößt und gedemütigt werden, dann werden sie in der Narkose bewußtlos und buchstäblich zum Fleischklumpen auf dem Operationstisch. Nach einer Reihe von Tests und Behandlungen, von denen jede einzelne einen tiefer in eine unbekannte, angstvolle Welt führt, fühlt sich der Patient metaphorisch wie an einem Haken aufgehängt und wartet auf die Nachricht, daß er zurück ins Leben kann.

In den Eingeweiden des Krankenhauses, in der geschrumpften Welt, die eine Krankheit herstellt, oder im angstvollen Halblicht der psychologischen Unterwelt betreten die Patienten das Reich Ereshkigals, wenn sie an den Punkt der Erkenntnis gelangen, daß ihr altes Selbst und ihr altes Leben tot sind, zumindest vorübergehend, vielleicht aber auf immer. Für die Seele kann dies der Wendepunkt sein: Die Möglichkeit von Behinderung oder Tod kann eine Neuorientierung bedeuten, kann eine radikale Änderung der Prioritäten herbeiführen und Fragen nach dem Sinn oder der Sinnlosigkeit in den Vordergrund rücken, wie wir unser Leben führen, was wirklich wichtig ist und ob wir wichtig sind. Für das Ego, das die Illusion von Kontrolle über das Schicksal aufrechterhalten hat, bedeutet dies oft den Tiefstpunkt. Die Person, deren Ego sich an die Seele wendet, damit sie ihm den Weg durch die Unterwelt zeigt, trifft auf unerwartete Entdeckungen. Denn nicht, was mit uns geschieht, sondern wie wir darauf reagieren, ist letztendlich wichtig und prägt unser Sein von innen heraus.

Die Reaktion auf aufgezwungene Umstände

Seit ich Viktor Frankls Buch »…trotzdem Ja zum Leben sagen« gelesen habe, weiß ich, wie wichtig eine spirituelle und psychologische Realität ist: Egal, wie wenig Kontrolle wir über die äußeren Umstände haben, selbst in den furchtbarsten Situationen haben wir eine Wahl, wie wir auf sie reagieren. Diese Einsicht ist sehr ermächtigend.

Frankl und seine Familie wurden in ein Konzentrationslager geschafft, wo alle seine Angehörigen umkamen. In dieser

Situation herrschten weder Freiheit noch die freie Wahl darüber, was man aß oder arbeitete – oder ob man am nächsten Tag in die Gaskammer geschickt wurde. Die Gefangenen waren halb verhungert und wurden geprügelt, man raubte ihnen die Identität, reduzierte sie zu einer Nummer und verweigerte ihnen auch noch die grundsätzlichste menschliche Würde. Und dennoch gab es auf der Seelenebene Entscheidungen zu treffen. Einige gaben einfach auf; andere verhielten sich gegenüber den schwächeren Insassen auf die gleiche unmenschliche Weise wie die Wärter, und wiederum andere teilten, was sie hatten, blieben loyal und opferten sich sogar, damit andere Gefangene länger leben konnten. In dieser scheinbar sinnlosen, unmenschlichen Existenz erkannte Frankl, daß ihm die Wahl der Einstellung blieb. Er betont, grundwichtig sei die Suche nach Sinn, von ihr hänge der Lebenswille ab. Wenn die Situation Leiden oder Sterben diktiert, dann besteht die Wahl darin, dies gut oder schlecht zu tun.

Vor einigen Jahren kam ich mit dem Pflegepersonal einer Krankenhausstation zusammen, weil dort innerhalb weniger Tage zwei Todesfälle vorgekommen waren. Alle trauerten und fühlten sich schuldig und brauchten Hilfe im Umgang mit ihren Gefühlen, die durch die Todesfälle aufgewühlt waren. Die beiden männlichen Patienten waren an Aids gestorben. Einen hatte das Personal bei mehrfachen Krankenhausaufenthalten über Jahre hinweg schätzen und lieben gelernt. Sie bewunderten seine Tapferkeit, wenn sie ihn bei seinen Rückfällen pflegten, und behielten auch den Kontakt zu ihm, wenn er zwischenzeitlich entlassen wurde. Sie nahmen emotional wie fachlich an seinem Kampf teil. Sein Tod war gnädigerweise friedlich, stellte aber für die meisten von ihnen einen persönlichen Verlust dar. Ihre Reaktion auf ihn erwuchs aus der Reaktion des Verstorbenen auf die Krankheit Aids; wie jemand, der mit einem schlechten Blatt gut spielt, hatte er seine Energie in das Leben gesteckt, um es so ausgiebig und so lange wie möglich zu leben.

Der andere betroffene Mann wurde von allen als der unbeliebteste Patient bezeichnet, an den sie sich erinnern konnten.

Allen Bemühungen, ihm zu helfen, begegnete er mit Verachtung; Freundlichkeit traf bei ihm auf Spott. Er war unkooperativ, unfreundlich und voller Haß und reagierte verbittert und wütend auf die Krankheit Aids. Andere Patienten fühlten sich von ihm gestört und bedroht. Er machte es dem Personal so schwer wie möglich, ihm Blut abzunehmen, weil er andere mit seiner Krankheit infizieren wollte. Und es bestand ein erschreckend hohes Risiko, sich an seinem Blut anzustecken. Die Schwestern begannen ihn zu hassen und fürchteten schon den nächsten Vorfall, den er provozieren würde. Manche wünschten bald, er würde sterben. Ihre negativen Gefühle standen in solchem Widerspruch zu ihrem intellektuellen Verständnis der Gründe für sein Verhalten und ihrem Selbstgefühl als gute Menschen und Helfer, daß sie voller Schuldgefühle und Scham waren, als er allein und ohne von irgend jemandem betrauert zu werden starb. Beide Männer prägten den letzten Teil ihres Lebens, indem sie auf ihre spezifische Weise auf die Krankheit Aids reagierten und durch die Art, wie sie die Menschen ihrer Umgebung behandelten. Das Erbe an Gefühlen, das sie hinterließen, entstammte direkt dieser Entscheidung.

Es bleibt uns die Entscheidung, *wie* wir auf etwas reagieren, das mit uns geschieht – egal wie schwer der Weg auch ist. Wann wir diese Wahlmöglichkeit verlieren, ist schwer zu bestimmen, weil selbst bei geistiger Verwirrung der Charakter zu bleiben scheint, um die Reaktion zu bestimmen. Nicht nur die Umstände prägen uns. Erwachsene, die die Fähigkeit zu Liebe, Hoffnung und Vertrauen behalten haben und nicht so wie die Menschen wurden, die sie in der Kindheit mißbrauchten, machen sich eine innere Weisheit zunutze und entscheiden für sich, anderen das nicht anzutun, was ihnen angetan wurde. Sie entscheiden sich weder, Menschen aufzugeben oder sich in Hoffnungslosigkeit, Zynismus und Selbstmitleid zu ergehen, Entscheidungen, die andere unter ähnlichen Umständen trafen, die aber die Seele und den Geist verstümmeln. Variationen dieser gleichen Entscheidung – wie reagieren wir und wie werden wir dadurch – bieten sich uns immer wieder im Leben. Wenn wir unseren Charakter und unsere Seele im Laufe der

Zeit und Entwicklung so prägen, wie man Ton durcharbeitet, ehe er gebrannt wird, dann sind wir gleichzeitig Künstler und Werk. Bis zum letzten Schliff sind wir ein Werkstück. Wenn wir ungerecht leiden, ist es unsere Reaktion, die uns prägt, und wenn wir wissen, daß wir sterben, bewirkt das, was wir tun, einen Unterschied – solange wir echte spirituelle Wesen auf einem menschlichen Weg sind.

Das Leben im Schatten des Todes

Die Epidemien von Aids und Krebs, besonders Brustkrebs bei Frauen, sind mitunter als Holocaust bezeichnet worden. Wir hören, daß eine von acht Frauen an Brustkrebs erkrankt, daß einer von drei Menschen im Laufe seines Lebens an Krebs leiden wird. Für Schwule sind die Zahlen noch erschreckender – und persönliche, nicht bloß statistische Realität. Einen Freundeskreis zu haben, eine Gemeinde, die durch Aids mehr als nur »dezimiert« ist, und im Adreßbuch auf jeder Seite Namen von Menschen durchstreichen zu müssen, die an Aids gestorben sind, das Bewußtsein, daß die noch Lebenden, die HIV-positiv sind, ebenfalls sterben werden, heißt tatsächlich, in einem persönlichen Holocaust zu leben.

Das Aussehen macht die Parallelen deutlicher: Patienten mit progressiv verlaufenden Krankheiten oder jene in den Fängen aggressiver Chemotherapie verlieren oft den Appetit, und sie nehmen stark an Körpergewicht ab. Sie ähneln bald Insassen eines Konzentrationslagers, des Ortes, wo Viktor Frankl, mitten in Leid und Mangel, Unterernährung und Schmerzen, etwas über Entscheidungen und das Überleben des Geistes lernte. Zwischen der Krankheit selbst und ihrer Behandlung herrschen stets Schmerzen und Leid. Es gibt Zeiten, in denen man kein Essen bei sich behalten und nichts verdauen kann. Unterernährung ist verbreitet. Es gibt zwar keine Stacheldrahtzäune, doch für einen Menschen ist die Notwendigkeit, im Krankenhaus zu liegen und an einen Tropf angeschlossen zu sein, ebenso begrenzend. Im Krankenhaus wie im Konzentrationslager leben die Menschen in einem Tal unter den Schatten des Todes, sind Gefühlen von Machtlosigkeit ausgeliefert und stehen in Gefahr aufzugeben.

Auf Aids-Stationen und in den Warteräumen der Bestrahlungstherapie wird den Patienten klar, daß sie mit ihrem Leiden nicht allein sind. Phil Head, ein Betroffener, hat über seine Beobachtungen derjenigen geschrieben, die traurig aufgeben. Sie beträten nicht einfach ein Zimmer mit den Worten: »Ich gebe auf, ich habe Krebs«, sondern man wisse aufgrund dessen, wie sie die Behandlungen über sich ergehen lassen und sich mit anderen Menschen unterhalten, daß sie aufgegeben haben. Und dann gebe es diejenigen, die sich alle Mühe geben, ein wenig Kameradschaft und Humor zu verbreiten. Von Anfang an sei Humor für ihn eine große Hilfe gewesen, berichtet Head. Solange er über sich selbst, seine Behandlungen und seine Umstände lachen konnte, bestand für ihn noch Hoffnung.

Humor ist auch beim Abstieg in die Unterwelt ein Ausdruck des menschlichen Überlebenswillens und der Verbundenheit, eine Methode, Beobachtungen über die Realität zu machen und Phasen des Risikos, der Unsicherheit und des Leidens zu überstehen. Frankl beschrieb den Humor in Auschwitz und Dachau als eine »Seelenwaffe« im Kampf um die Selbsterhaltung. Wenn einem alle äußeren Zeichen der Menschenwürde geraubt wurden und es keinen erkennbaren Weg in die Sicherheit mehr gibt, kommt ein Humor aus der Seelenperspektive zum Vorschein, und Lachen verändert unsere Biochemie und unsere Psychologie. Humor erscheint uns zwar angesichts eines fünftausend Jahre alten Göttinnenmythos oder der zweitausend Jahre alten Ostergeschichte respektlos und unangemessen, aber Mythologie und Humor haben vieles gemeinsam, wenn sie uns durch eine Phase der Unterwelt helfen sollen. Beide nähren den Geist und sind Ausdrucksweisen des unbesiegbaren Teils in uns. Humor und Mythos bieten uns eine Perspektive für unsere Leiden und machen den Schmerz erträglicher. Beide sagen auch etwas darüber aus, daß an den Ereignissen mehr ist, als das bloße Auge sieht.

Bereit zum Abstieg in die Unterwelt?

Es gibt viele gute Gründe für eine unmittelbare Aufnahme ins Krankenhaus, wie etwa traumatische Verletzungen nach einem Unfall oder einer Gewalttat, schwere Verbrennungen, ein Verdacht auf Herzinfarkt, Blutungen, Ohnmacht, hohes Fieber – letztlich jeder Zustand, bei dem sofortiger ärztlicher Beistand den Unterschied zwischen Leben und Tod ausmachen kann. In dem Krankenhaus in Los Angeles, in dem ich mein Praktikum absolvierte, wurden alle, die in einem kritischen Zustand dort eingeliefert wurden, »rote Decke« genannt. Solche Patienten wurden sofort auf einen Wagen geschnallt, mit einer roten Decke (eigentlich bloß ein rotes Laken) bedeckt, und ein Helfer schob diesen Wagen in den Paternoster zur Aufnahme. Wenn eine »rote Decke« auf dem Flur ankam, wurde dieser Patient sofort versorgt.

Im Gegensatz dazu gehen die meisten Menschen in die Praxis ihres Hausarztes und weisen Symptome vor, die sie schon länger haben, und oft mußten sie Tage oder sogar Wochen auf diesen Termin warten. Dann sagt man ihnen, sie sollen sich sofort von der Praxis aus ins Krankenhaus begeben. In dieser Atmosphäre von Angst und Dringlichkeit bleibt keine Zeit, nahestehende Mitmenschen darauf vorzubereiten, dringliche Angelegenheiten zu erledigen, ein Zweitgutachten einzuholen, sich nach Alternativen zu erkundigen oder sich psychisch oder spirituell Unterstützung für ein Unterfangen zu suchen, das Körper und Seele auf die äußerste Probe stellt. Ärzte, die einem Angst einjagen und die auch in nichtkritischen Situationen sofort die Kontrolle übernehmen, diskutieren keine weiteren Möglichkeiten und machen den Patienten oder die Patientin zu hilflos, als daß sie ihren jeweils eigenen Kurs weiterverfolgen könnten. Die Angst vor einer Klage wegen eines Kunstfehlers, Unvertrautheit mit dem Patienten als Person und die Ökonomie der Krankenversicherungen lassen für den Arzt den einmal eingeschlagenen Weg der Behandlung oft als einzig möglichen erscheinen, und dagegen kann der Patient sich nur sehr schwer auflehnen.

Dies ist ein kritischer Moment. Die Entscheidung, sofort ins Krankenhaus zu gehen, ist möglicherweise die richtige, und so ist man vielleicht auch erleichtert, weil man das Gefühl hat, daß sich bislang um ein ernstes Problem nicht genügend gekümmert wurde – nun geschieht endlich etwas. Man vertraut dem Arzt und seiner Entscheidung vielleicht instinktiv. Manchmal aber gibt es auch einen inneren Widerstand, eine Intuition oder ein Gefühl dahingehend, daß man mehr Informationen braucht, die Lage erst klären muß oder sich um andere Dinge kümmern sollte, ehe man sich einweisen läßt. Denn für die Seele und möglicherweise auch für den Körper ist es wichtig, ob ein Mensch bereit ist oder nicht. Man wird nämlich nicht nur ins Krankenhaus eingewiesen – man begibt sich auf eine Seelenreise in die Unterwelt.

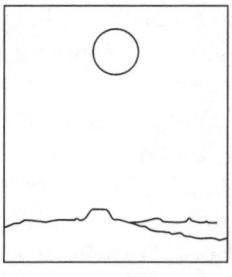

3.
Boten der Wahrheit

Eine schwerwiegende Krankheit stürzt uns in einen Zustand, der wohl auf fast jeden Menschen unwirklich und beängstigend wirkt. Sie verändert das Leben grundlegend und führt uns die Möglichkeit von Tod und Behinderung vor Augen. »Bring ihm die Kugel«, lautete ein Ausdruck im Wilden Westen. Er bedeutete, daß man sich einer unvermeidlichen Operation ohne Narkose unterziehen mußte und lieber eine Kugel zerbiß, als laut zu schreien. Das gleiche brauchen wir im metaphorischen Sinn. Es bedeutet, den Mut aufzubringen, sich der Realität zu stellen oder der Möglichkeit, eine Krankheit zu haben, die einen vielleicht umbringt. Es bedeutet, die mit der Krankheit verbundenen Schmerzen oder die Angst davor zu erleiden. Es bedeutet, die Behandlungen auszuhalten. Was den Körper plagt, steht unmittelbar im Vordergrund, aber oft folgt dicht dahinter, was die Seele quält und was im Leben nicht stimmt. Jedes ernsthafte medizinische Problem – ob Herzinfarkt, ein Magengeschwür, ein krankhaft hoher Blutdruck oder ein bösartiger Tumor – kann eine Wirkung auf die Seele haben, wenn es die Schichten der Verleugnung durchstößt. Eine Krankheit zeigt uns vielleicht, was wir tief in unserem Körper über unser Unglücklichsein oder unsere Selbstzerstörung wis-

sen, aber bislang verleugnet oder mißachtet haben. Das »Auf-
die-Kugel-Beißen« bezieht sich dann auf mehr als nur das ärztliche Problem. Es bedeutet, sich denjenigen Aspekten unseres
Lebens zu stellen, die nicht stimmig sind, und der Frage, was
für ihre »Heilung« geschehen muß. Wenn wir einer ärztlichen
Wahrheit ins Auge blicken und uns den notwendigen Maßnahmen unterziehen, damit wir überleben, fallen oft auch die
Scheuklappen vor anderen Wahrheiten. Damit kündigen sich
Veränderungen auf der Seelenebene an.

Wenn eine Krankheit unser Leben bedroht, erkennen wir gewöhnlich rasch, wie unbedeutend und unwichtig unsere All-
tagssorgen sind. Wir stellen vielleicht fest, daß wir zum ersten
Mal keine neurotischen Gedanken haben; im Vordergrund
steht diesmal, was *wirklich* wichtig ist. »Krebs kann die Spontanheilung einer Neurose bedeuten«, meinten mehrere Frauen
bei einer Konferenz von Brustkrebs-Überlebenden.

In der gleichen Versammlung saßen Frauen, die als Folge der
Krebsdiagnose größere Veränderungen in ihrem Leben vorgenommen hatten und dadurch regelrecht aufgeblüht waren. Sie
meinten, die Krankheit sei zwar das Schlimmste, das ihnen je
zugestoßen sei, aber auch das beste. Das wird von Männern bestätigt, die arbeitsbesessen, aggressiv und ehrgeizig gewesen
waren, ehe sie von einem Herzinfarkt niedergeworfen wurden, anschließend alles langsamer gehen ließen und sich auf
andere Dinge konzentrierten. Diese Männer und Frauen betrachteten zum ersten Mal lange und ausgiebig, was in ihrem
Leben nicht stimmte, trafen die klare Entscheidung, zu beenden, was körperlich und seelisch schlecht für sie war und
strebten Dinge an, die sie auf diesen beiden Ebenen nährten
und unterstützten.

Vielleicht beendeten sie (endlich) gestörte, seelenlose Beziehungen mit narzißtischen, kontrollierenden, anspruchsvollen
oder chronisch wütenden Menschen, die auf die Nachricht von
der lebensbedrohlichen Krankheit auf die für sie übliche ego-
zentrische Art reagierten. Oder sie gaben (endlich) ihr selbst-
zerstörerisches Suchtverhalten mit Zigaretten, Alkohol oder
auch Arbeit auf. Gewöhnlich handelten sie (endlich) in ihrem

eigenen, besten Interesse, weil sie wußten, daß ihr Leben davon abhing. Darin wirkte die Krankheit wie ein Alarmruf, der es ihnen ermöglichte, sich dem zu stellen, was sie schon so lange abgewehrt hatten.

Das Ausagieren des Psyche-Mythos: Krankheit und Seelenwachstum

Im griechischen Mythos von Eros und Psyche (Liebe und Seele) geht es in Psyches Geschichte um den Reifeprozeß der Seele, der mit ihrer Entscheidung beginnt, sich der Wahrheit zu stellen, und dazu führt, daß sie allein vor der Herausforderung steht, Aufgaben zu lösen, die eigentlich über ihre Kräfte hinausgehen. In der Geschichte kommt ihr Bräutigam nachts zu ihr, ohne daß sie ihn zu Gesicht bekommt, und ist morgens wieder verschwunden. Metaphorisch gesehen lebt sie in einer unbewußten Beziehung. Aus Angst, er könne ein Ungeheuer sein, folgt Psyche dem Rat ihrer Schwester, verbirgt eine Lampe und einen Dolch und wartet, bis der Bräutigam eingeschlafen ist. Die Lampe braucht sie, um ihn zu sehen, und den Dolch, um ihn zu enthaupten, falls er wirklich ein Ungeheuer ist.

Lampe und Dolch

Beide Symbole, die Lampe und der Dolch, sind für die Seele nötig, um entschieden zu handeln, wenn wir die Wahrheit wissen wollen. Die Lampe ist ein Symbol der Erleuchtung, des Bewußtseins, sie läßt uns eine Situation deutlich erkennen. Der Dolch ist wie das Schwert ein Symbol für entschiedene Taten, für die Fähigkeit, Verwirrung zu durchstoßen und, falls nötig, Bindungen zu lösen. Die Lampe ohne den Dolch reicht nicht. Sonst hätten wir Einsicht in eine Situation ohne die Fähigkeit, aufgrund dieser Wahrnehmung auch zu handeln. Wenn wir aufgrund unserer Erkenntnis nicht handeln können, ist sie uns eher unangenehm. Anpassung, Rationalisierung und Verleugnung verhindern dann, daß wir das Erkannte im Bewußtsein halten.

Einer Frau wurde bei der Mitteilung ihrer Krebsdiagnose klar, daß ihr Leben davon abhängen konnte, ob sie die Bindung zu mehreren Menschen abbrach, die sie ausnutzten. Sie traf sich mit jedem einzelnen und teilte ihm taktvoll, aber unmißverständlich mit, daß sie nun keine Zeit mehr für Telefongespräche oder Treffen haben werde. Für eine andere Frau mit der Diagnose Krebs wurde es möglich, sich von der narzißtistischen Mutter zu distanzieren und die damit verbundenen Schuldgefühle und Vorwürfe auszuhalten. Daß ihr Leben davon abhing, sich von ihrem Mann scheiden zu lassen, wurde einer dritten Frau klar, die zum allerersten Mal in ihrem Leben eine entschiedene Stimme in sich hörte, die sagte: »Du mußt dich jetzt scheiden lassen.« Das geschah, als sie im Sprechzimmer ihres Arztes saß und erfuhr, daß ihre Biopsie die Krebsdiagnose bestätigt hatte.

Einsichten, denen entschiedene Handlungen folgen – Lampe und Schwert – sind für Menschen wichtig, die schwierige, schädliche oder destruktive Beziehungen ändern oder beenden wollen. Vor der Diagnose hatten viele Frauen die Lampe, aber nicht das Schwert; sie wußten, daß ihre Beziehung ihnen einen hohen Preis abverlangte, aber sie fühlten sich nicht in der Lage, dieses Wissen umzusetzen. Frauen werden oft von den emotionalen Bedürfnissen oder den einschüchternden Ansprüchen anderer gefangengehalten und leiden gleichzeitig an der Unfähigkeit, nein zu sagen. Manche Menschen rauben anderen sämtliche Energie; sie nehmen sie ständig in Anspruch. Das kostet Zeit und Energie, und man leidet emotional wie körperlich. Es staut sich Groll an, wenn wir so etwas erkennen, aber nichts dagegen sagen oder tun, um die Beziehung zu ändern oder zu beenden. Trotzdem zu bleiben wirkt deprimierend auf Stimmung und Wohlbefinden, was wiederum das Immunsystem schwächen und den Widerstand gegenüber Krankheiten mindern kann.

Symbole und innere Weisheit

Es gibt kritische Zeiten, in denen die Waage von Leben und Tod ein fragiles Gleichgewicht aufweist und sich leicht in die eine oder andere Richtung neigen kann. Wenn wir dann darauf achten, was die Seele weiß oder der Körper braucht, macht das einen großen Unterschied aus. Es gibt eine innere Weisheit, die sich in solchen Dingen auskennt und sich uns in einer ausgeprägten Intuition zu erkennen gibt, als *gnosis* oder Gefühlswissen, als eine Innenwelt, die über die Logik hinausgeht – oder vielleicht sogar als hörbare Stimme. Es sind Dinge, die wir im Körper wissen.

Mythen und Symbole sind in der Sprache der Seele verfaßt. Ein Mythos hilft uns, uns eine Situation zu Herzen zu nehmen und zu erkennen, was wir tun müssen. Wenn wir die Wahrheit erkennen und danach handeln wollen, bietet uns das Bild von Psyche mit der Lampe und dem Dolch eine mythische Perspektive. Ein symbolisches Objekt kann zum Talisman werden, das uns dabei hilft, zu tun, was wir tun müssen. Ich habe zum Beispiel ein niedliches Schwert mit einem silbernen Knauf und einer kristallklaren Schneide, das nur ein paar Zentimeter groß ist. Ich kann es in meine Handfläche legen und mir vor Augen halten, was es symbolisiert, um es dann mitzunehmen in eine Situation, in der ich genau diese Eigenschaften aufweisen muß. Als ich einer Freundin ein ähnliches Schwert schenkte, das sie bei sich tragen sollte, war das ein Ausdruck meiner Unterstützung für das, was sie tun mußte. Wenn ein Symbol mit Worten überreicht wird, die die Absicht des Geschenks klarmachen, werden der Augenblick und das Objekt mit ritueller Bedeutung umkleidet. Dies sind, wie das sprichwörtliche Überreichen einer Fackel, Rituale, die uns ermächtigen, indem sie einem Akt tiefere Bedeutung beimessen. So zu denken und zu handeln ist magisch und metaphorisch und kann die Eigenschaften erzeugen, die wir von innen heraus brauchen; man kann so auch Hilfsquellen anrufen, die außerhalb unserer Reichweite liegen, etwa durch ein Gebet.

49

Die Notwendigkeit, nein zu sagen

Psyches letzte Aufgabe besteht in ihrer Geschichte darin, in die Unterwelt hinabzusteigen und von dort wiederzukehren. Sie hält in jeder Hand einen Kuchen für Zerberus, den schrecklichen dreiköpfigen Bluthund – den einen, damit er sie durch das Tor ins Reich von Hades läßt, den zweiten, damit sie wieder hinausgehen kann. Sie hat Münzen für Charon, den Fährmann, dabei, der sie mit seinem Kahn hin und zurück über den Styx bringen wird. Außerdem hatte man ihr gesagt, sie würde um Hilfe gebeten, dürfe sie aber nicht erteilen. Statt dessen müsse sie ihr Herz gegenüber Mitleid verhärten, nein sagen und weitergehen. Dreimal hört sie Hilferufe: Ein lahmer alter Mann mit einem lahmen Esel bittet sie, ein paar Äste aufzuheben, die ihm aus dem Bündel, das der Esel trägt, auf den Boden gefallen sind; dann streckt ein Toter, der keine Münze für den Fährmann hat und im Styx treibt, ihr die Arme entgegen, um sie zu umschlingen, und fleht sie an, ihm bei der Überquerung zu helfen. Und schließlich bitten sie drei halbblinde alte Frauen, stehenzubleiben und ihnen beim Weben zu helfen. Wir können uns denken, daß sie sich dreimal bewegt fühlt zu helfen, aber jedesmal denkt sie an den erteilten Rat, verhärtet ihr Herz gegenüber allem Mitleid, sagt nein und geht weiter.

Wäre sie stehengeblieben, um zu helfen, hätte sie einen der Kuchen loslassen müssen. Das erscheint zwar wie eine Kleinigkeit, aber ohne ihn hätte sie nie wieder das Licht des Tages erblickt. Ohne den zweiten Kuchen hätte sie den schrecklichen dreiköpfigen Hund nicht besänftigen und die Unterwelt nicht mehr verlassen können. Wenn sie es nicht geschafft hätte, nein zu sagen, hätte sie verloren, was sie für den Rückweg brauchte.

Wenn wir schwerkrank sind oder uns von einer Operation, einer Bestrahlung, Chemotherapie oder einem anderen lebensbedrohlichen oder kranken Zustand erholen, befinden wir uns in der Unterwelt. Vielleicht begleiten wir aber auch jemanden durch die Unterwelt und brauchen alle Kräfte, die wir haben, für die Person und uns selbst. Es ist notwendig, unsere Energie zu bewahren, und uns zu solchen Zeiten nicht anderweitig zu verausgaben. Der Psyche-Mythos erhellt dies auf tiefere Weise als eine rationale Erklärung und hilft uns besonders, wenn Menschen uns ausnutzen, schwächen, durch Schuldgefühle in einer Beziehung fesseln und den Anspruch vertreten, daß wir für sie veranwortlich sind.

Momente der Wahrheit

Wenn wir eine Unterweltphase durchmachen, besteht die Möglichkeit, daß wir nicht mehr zurückkehren – sofern wir uns nicht an das klammern, was wir brauchen. Wenn dieser Teil des Psyche-Mythos uns anspricht, wissen wir, daß die Sicherung unseres Rückweges zu körperlicher, psychologischer oder spiritueller Gesundheit möglicherweise von einer Kleinigkeit abhängt. Wie Psyche werden wir vielleicht um etwas gebeten, das oberflächlich betrachtet nur wenig an Zeit und Energie kostet. Wir fühlen uns vielleicht verleitet, aus Mitleid zu helfen und weil wir uns gemein, egoistisch oder schuldig fühlten, wenn wir nein sagten. Doch es ist keine Kleinigkeit, es ist ein Moment der Wahrheit. Vielleicht ist es möglich, sich an den Kern dieses Mythos zu erinnern, wenn man weiß, daß er wahr ist (aber Probleme hat, dies anderen gegenüber zu rechtfertigen), wenn wir uns vorstellen, daß wir Psyche auf ihrem Abstieg in die Unterwelt sind und unsere Rückkehr davon abhängt, ob wir unser Herz Mitleid gegenüber verschließen und nein sagen können, wenn Bekannte uns deprimieren und uns die Energie und den Optimismus rauben, die zu verlieren wir uns nicht leisten können.

Psyches Geschichte als Leitfaden

Ich habe die Geschichte von Psyche in der Unterwelt viele Male erzählt und weiß, wie beeindruckend sie ist, wenn die Zuhörer dabei ein Aha-Erlebnis von persönlicher Bedeutung haben. Dreimal wird Psyche – deren Name »Seele« bedeutet –

auf die Probe gestellt. Wird sie nein sagen und das festhalten, was sie zum Überstehen dieser Phase braucht, wenn ihr weiteres Lebens davon abhängt? Viele Zuhörer, besonders Frauen mit sehr egoistischen Eltern, Partnern oder anderen Bekannten, identifizieren sich sofort mit diesem Teil des Mythos, der viel mit ihrem gegenwärtigen Leben zu tun hat.

Wenn wir erkennen, daß solche symbolischen Gestalten auch repräsentieren, zu wem in uns selbst wir nein sagen müssen, bringt uns Psyches Geschichte noch auf eine tiefere Ebene. Müssen wir zu den Teilen unseres Selbst nein sagen, die in irgendeiner Weise lahm oder halbblind sind oder eine Last für uns darstellen? Eine lebensbedrohliche Krankheit zieht uns in die Unterwelt hinab, wo sowohl unser Leben wie auch unsere Seele in Gefahr sind. Einsichten können hier lebenswichtig sein. Betrachten wir diesen Mythos genauer: Das Überleben hängt vielleicht davon ab, nein zu sagen zu Selbstmitleid, zu einer Neigung, sich immer das Schlimmste vorzustellen oder sich Lasten aufzubürden, die eigentlich andere tragen müßten.

Ich habe festgestellt, daß wir, wenn wir klar erkennen, was für uns richtig ist und was falsch, unweigerlich auf die Probe gestellt werden, um zu sehen, ob wir die Lektion tatsächlich begriffen haben. Umstände und Individuen stellen sich uns immer wieder neu dar: Werden wir erkennen, daß dies nur andere Versionen der gleichen Muster oder der gleichen Personen sind, die für uns zuvor destruktiv waren? Werden wir uns diesmal aufrichten und nein sagen? Wenn wir dieser Versuchung so oft widerstanden haben, wie wir es zu brauchen scheinen, um nicht mehr Gefahr zu laufen, nachzugeben, treten grundlegende Veränderungen ein: Wir befinden uns in einer neuen Lebensphase und können aus ganzem Herzen auch ja sagen, oft zum ersten Mal, weil wir erkannt haben, was wir fühlen, unseren Wahrnehmungen trauen und uns auf uns selbst verlassen können. Während unsere Taten bis dahin von Gefügigkeit, Konformität oder Angst vor der Reaktion anderer geprägt waren, haben wir nun das Bedürfnis, nein zu sagen, worauf bald ein echtes Ja folgt.

Wenn man sich die Geschichte Psyches zu Herzen nimmt, kann man sich als Protagonistin oder Protagonist einer anderen Version derselben sehen. Sich durch einen Mythos den Weg weisen zu lassen, kann zu Veränderungen anspornen: Man erkennt, was mit einem geschieht, orientiert sich neu und gewinnt Kraft zum Handeln. Die Macht eines Mythos liegt darin, daß man ihn auf das wirkliche Leben anwenden kann. Geschichten von anderen Menschen betreffen uns mit ähnlicher Wirkung, wenn wir uns mit der Situation und der Person identifizieren können.

Diskriminierungen

Wir können uns die Botschaft dieses Mythos zu Herzen nehmen und sie auf diejenigen anwenden, die uns während der kräftezehrenden Genesungsphase im Krankenhaus oder zu Hause besuchen. Wenn ich an die Besuchszeiten im Krankenhaus denke, fällt mir Anne Morrow Lindbergh ein, die in ihrem Buch »Muscheln in meiner Hand« schrieb, das Anstrengendste im Leben sei Unehrlichkeit. Für Besucher wie Patienten sind Krankenhausbesuche extrem ermüdend und anstrengend. Die Patienten fühlen sich oft unter Druck, den gesunden Besuchern immer wieder versichern zu müssen, es ginge ihnen gut oder bald wieder besser, während sie eigentlich Zweifel und Ängste empfinden. Sie hören womöglich, wie gut sie aussehen, obwohl sie genau wissen, daß das nicht stimmt. Patienten geben oft geduldige Zuhörer ab, wenn die Besucher vor sich hinplaudern, ihnen medizinische Greuelgeschichten erzählen oder viel zu lange bleiben. Dann gibt es noch die Verwandten, die dem Kranken den neuesten Klatsch erzählen, sie sind oft nicht von den Überbringern schlechter Nachrichten zu unterscheiden. Pflichtbesuche von wohlerzogenen Menschen sind eine ganz besondere Kategorie. Mitten in einer lebensbedrohlichen Krankheit, wenn die Patientin sich vielleicht gerade in ihrer persönlichen Unterwelt befindet, muß sie auch noch die Rolle der charmanten Gastgeberin spielen.

In dieser Situation wie Psyche zu handeln bedeutet, nein auf vielen verschiedenen Ebenen zu sagen und die Bedeutung dessen zu erkennen – wieder die symbolische Lampe und den Dolch zu halten, um klar sehen und angemessen handeln zu können. Ein Telefon am Bett kann abgestellt werden, wenn man schlafen oder überhaupt keine Gespräche entgegennehmen möchte. Die Station kann kundtun, daß man keine Besuche wünscht oder daß die Besuchszeit knapp bemessen ist. Außerdem kann man sich die Besucher aussuchen und ihre Zahl begrenzen. Doch bei Genesung, Rehabilitation und weitergehender Behandlung muß man weitere Entscheidungen treffen, weil Besucher die Bemühungen, gesund zu werden, unterstützen, aber auch schwächen können.

Dazu fällt mir eine Pastorin ein, die sich wegen ihrer Krebserkrankung einer Chemotherapie unterziehen mußte. Da sie viele Freunde und eine große Gemeinde hatte, wurde sie von vielen Menschen besucht. Sie war es als Pastorin gewöhnt zu trösten, und obwohl sie nun die Patientin war, fiel sie, wie viele andere, in die alten Rollenmuster: Sie befaßte sich mit den Sorgen der Besucher und hörte sich an, was in deren Leben vorging. Dies strengte sie sehr an. Sie wollte nicht gern über sich selbst sprechen, sich aber auch nicht isolieren, indem sie nein zu Besuchern sagte, doch etwas mußte geschehen. Was sie tat, entstammte ihrem kritischem Herzen, das wußte, was heilend und nützlich für sie war und was nicht. Das Ergebnis war wunderbar.

Ihr Einfall dazu paßte großartig zu ihrer Persönlichkeit und ihrer Situation. Sie schätzte es sehr, morgens ungestört zu sein, und hatte kein Talent für jenes lockere Geplauder, das andere bei guter Laune halten soll. Die Mitglieder ihrer Gemeinde kannte sie gut, sie hatte sie oft beraten und in schwierigen Zeiten mit ihnen gebetet. Obwohl sie mit diesen Menschen nicht über sich selbst sprechen wollte, wußte sie, daß mit ihnen zu beten oder auf der Seelenebene zu kommunizieren beide Seiten stärken würde. Ein weiterer Gesichtspunkt war der Umgang mit ihrer Energie. Mehrere Besucher gleichzeitig, lange Visiten und oberflächliches Geplauder erschöpften sie am stärksten. Aufgrund dieser Überlegungen gab sie zu erkennen, was sie brauchte, und die Menschen, die sie umsorgten, waren damit zufrieden.

Auf ihre ausdrückliche Bitte hin hatte sie den Morgen nun für sich. Niemand kam vorbei. Nachmittags kamen Besucher auf höchstens eine halbe Stunde, begrüßten sie mit einer Umarmung, tranken einen Tee und beteten schweigend mit ihr. Sie betraten einen friedvollen Raum, die Kranke war auf sie eingestellt, und es war für beide Seiten eine liebevolle, heilige Zeit. Es war möglich, daß jeden Tag zwei Besucher kamen, gewöhnlich nacheinander und angekündigt, denn die Zeiteinteilung gehörte auch zu ihrem Lösungvorschlag.

Wenn man eine solche Geschichte hört, denkt man gleich an seine eigenen Handlungsmöglichkeiten: Wenn sie das konnte, was würde man selbst tun? Ihre Geschichte ließ mich darüber nachdenken, wie ich mich während einer anstrengenden Behandlung oder während der Genesung verhalten würde. Die Vorstellung, sich auch als Kranke Besuchern gegenüber unehrlich zu verhalten, wäre mehr, als ich ertragen wollte. Statt zu plaudern, was mich stets völlig erschöpft, könnte ich meine Besucher bitten, mir aus einem Buch vorzulesen, das ich immer schon gern hatte. Ich könnte andere bitten, meine Hand zu halten oder stumm mit mir zu meditieren oder zu beten. Wie die Pastorin weiß auch ich, wie tröstend und heilend es ist, schweigend miteinander zu beten oder zu meditieren. Wenn ein bestimmter Teil meines Körpers Heilung bräuchte, würde ich Besucher bitten, ihre Hände auf diese Stelle zu legen, denn ich weiß, wie heilend Liebe ist. Menschen, Tiere und Pflanzen wachsen und heilen, wenn sie berührt werden. Ich würde mich gern mit Schönheit umgeben und stets Raum lassen für Humor, Lachen, Berührungen, Musik und Gebete – für die Seele.

Was würden Sie sich wünschen? Was könnte Ihnen bei Ihrer Heilung helfen? Können Sie darum bitten? Darauf bestehen? Könnten Sie nein zu dem sagen, was Sie erschöpft, und das in Ihr Leben einbringen, was Sie brauchen? Könnte Ihr Leben und dessen Qualität tatsächlich von der Entscheidung abhängen, was Ihre Seele nährt und was Sie mit Ihrer Zeit und Energie anfangen? Wenn Sie sich in der Unterwelt einer Krankheit aufhalten, befinden Sie sich auf jenem Teil der Reise, auf dem man nein zu allem sagen muß, was man nicht will und was einem zuviel von den begrenzten Kräften abverlangt, nein sagen zu allem, was man instinktiv als falsch erkennt oder was zum falschen Zeitpunkt erfolgt. Hier müssen Sie Entscheidungen darüber treffen, welche Ärzte welche Behandlungen bei Ihnen durchführen. Die Fähigkeit, sich wie eine Kriegerin für das Selbst einzusetzen, beginnt vielleicht mit der Entscheidung über Art und Häufigkeit der Besuche und beeinflußt von da aus das ganze weitere Leben.

Kriegermale

Meine Vorstellung von einer Heldin oder einem Helden und der Bedeutung von Heldentum hat sich verändert, als ich miterlebte, wie ganz normale Menschen sich durch die Prüfungen quälen, die eine Krankheit und ärztliche Prozeduren ihnen abverlangen. Als ich vor einer großen Gruppe von weiblichen Krebsüberlebenden sprach, empfand ich eine große Demut vor ihnen. Viele trugen einen Turban auf dem kahlen Kopf, auf einem Schädel, der nach der Chemotherapie von einem weichen Flaum überzogen war, und ich wußte, daß die meisten von Ihnen durch Narben von Operationen, Strahlungsverbrennungen oder Knochenmarksübertragungen gezeichnet waren, und daß alle den Abstieg in die Unterwelt durchgemacht hatten oder noch dabei waren. Da saßen Veteraninnen, Überlebende, unerkannte Heldinnen, und alle anderen waren im Vergleich zu ihnen Zivilisten.

Die einzige Ähnlichkeit mit meinem Leben bestand darin, wie ich mich während des Medizinstudiums und in den Praktikumsjahren gefühlt hatte. Mit unseren 36-Stunden-Schichten, die nur von zwölf Stunden Pause unterbrochen waren, fühlten wir uns, als stünden wir an der Front zwischen Leben und Tod, während der Rest der Welt zivil blieb. Doch wir liefen nicht Gefahr, zu Opfern zu werden, zu einer statistischen Zahl von Gefallenen.

Krebs- und Aids-Patienten sind wie die Soldaten in Vietnam: Sie leben mit Unsicherheit und Risiken, sie verlieren ihre Freunde an den Feind und halten sie beim Sterben vielleicht in den Armen, sie begegnen unerwarteten Komplikationen; das Auftauchen neuer Symptome ist für sie wie ein Hinterhalt, eine Minenexplosion oder der Treffer eines Heckenschützen. Der Feind ist immer in der Nähe, tödlich und meist unsichtbar. Patienten werden wie Soldaten in einen Krieg verwickelt, der Jahre dauert, während die Zeitgenossen ihr Leben wie gewöhnlich weiterführen.

Die weiblichen Patienten kämpfen gewöhnlich auch an der Heimatfront noch weiter. Und genau wie die Männer in den Schützengräben Abschiedsbriefe von ihren Frauen oder Freundinnen bekommen, werden viele Frauen mit Krebs von ihren Männern oder Liebhabern emotional verlassen. Sie müssen nicht nur den Krebs bewältigen, sondern auch noch mit den Nachwehen einer Scheidung oder Trennung fertig werden.

Oft werden sie schon vor Auftreten des Krebses verlassen, und Depressionen und die mangelnde »Daseinsberechtigung« schwächen das Immunsystem. Wenn der Krebs auftaucht, sieht sich die Patientin, die sich vielleicht schon gewünscht hatte, tot zu sein, mit der Realität konfrontiert, daß sie tatsächlich sterben kann. Bei vielen wird daraufhin eine innere Kriegerin mobilisiert, die den Wunsch nach Leben wieder weckt. Dann dient der Krebs als ein Alarmruf, ein Appell, der deutlich macht, wie wichtig das Leben ist. Im Prozeß der Krankheitsbewältigung entdeckt die Patientin Kräfte in sich, von denen sie vorher nichts geahnt hat.

Diese Geschichten von Krebspatientinnen ähneln jener von Psyche, der mythischen Gestalt. Psyche war eine verlassene Frau, als sie sich auf die Reise begab, bei der sie vier Aufgaben zu bewältigen hatte, von denen jede über das hinausging, was sie jemals zuvor bewältigt hatte. Psyche brach nicht auf einen »Ruf des Abenteuers« hin auf, wie Joseph Campbell es bei den

Reisen seiner Helden beobachtete. Noch ähnelte sie dem archetypischen Helden, der gewöhnlich stärker und begünstigter ist als normale Sterbliche. Jede neue Aufgabe erschien anfangs unmöglich. Zunächst war Psyche von den Schwierigkeiten überwältigt, doch im entscheidenden Moment kam ihr ein Wesen oder Ding zu Hilfe (Ameisen, ein Schilfrohr, ein Adler und ein sprechender Turm – Symbole für die Art von innerer Stärke oder innerem Wissen, die sie brauchte) oder gab ihr einen Rat. Dies befähigte sie, die Aufgabe zu bewältigen und stärker daraus hervorzugehen.

Wenn das Unglück als eine lebensbedrohliche Krankheit auftritt oder jemanden ins Krankenhaus zu einer größeren Operation ruft, steht man vor einer heroischen Reise. Sie wird aber nicht als solche respektiert – genauso wie die potentiell lebensbedrohlichen und immer lebensverändernden Erfahrungen von Schwangerschaft und Geburt, die ebenfalls heldenhaft sind, ungeachtet bleiben. Unter beiden Bedingungen finden die Menschen Tapferkeit, Mut, die Fähigkeit, Schmerzen auszuhalten und Kräfte in sich, von denen sie vorher nicht einmal geträumt haben.

Als mein Sohn Andy eine Reihe größerer und kleinerer Operationen durchmachen mußte, sah ich, wie sich in ihm Mut, Charakterstärke und stille Kraft ausbildeten. Die Umstände – sein Schicksal – erforderten, daß er einen medizinischen Abstieg in die Unterwelt vornahm, wo er Risiken, Schmerzen und Unsicherheiten begegnete. In dem Monat, als er 21 wurde, stand Andy vor der riskantesten und schwierigsten Operation. Dabei sollte ein gutartiger Tumor entfernt werden, der aber leider an einer sehr gefährlichen Stelle saß. Er drückte auf die Nackenwirbelsäule und hatte diese bereits leicht verschoben. Wenn der Tumor nicht entfernt worden wäre, hätte er Druck auf das Rückenmark ausgeübt. Doch ein kleiner Ausrutscher bei der Operation konnte schwere Schäden an der Wirbelsäule oder den Nervenbahnen zur Folge haben, die von dort abzweigen. Um an die betreffende Stelle zu gelangen, mußten die Chirurgen die Wirbel, die Rückenmarkhaut und andere schützende Häute durchtrennen. Unter diesen Umständen war die

Operation nicht bloß riskant, sie würde zudem sehr lange dauern; die Erholung von Narkose und Operation würde ebenfalls langwierig und unangenehm sein. Da dieser Eingriff auf seinen 21. Geburtstag fiel, dachte ich an die Übergangsrituale, die manche Stammeskulturen einem jungen Mann auferlegen, ehe er als Erwachsener anerkannt wird. Anthropologen beschreiben diese Initiationen als körperliche, psychologische und spirituelle Prüfungen, die Mut und Ausdauer auf die Probe stellen. Bei solchen Übergangsritualen ist der Erfolg gewöhnlich mit einem Risiko für Leben, Gesundheit und die Seele verbunden, und genau das traf auch auf Andys Operation zu. Der Eingriff war erfolgreich, und der Mut, mit dem mein Sohn diesen Übergang vollzog, war bewundernswert. Von Alice Walkers Buch mit dem gleichen Originaltitel angeregt, halte ich seine Operationsnarben immer für »Kriegermale«.

Schwierigkeiten prägen stets die Seele. Sie können Lektionen darstellen, die uns zu der Erkenntnis führen, wer wir sind, und sie können uns so fordern, daß unsere Seelen daran wachsen und wir zu authentischeren Menschen werden. Wie wir auf ungewollte und unerwünschte Umstände reagieren, wenn sie zu einer ärztlichen Diagnose oder auch zu einer Operation führen, kann uns ebensosehr prägen wie das Leid selbst.

Wir begeben uns auf die gleiche Reise wie Psyche und nehmen Lampe und Messer mit, um uns dem zu stellen, was »nicht stimmt«. Wie Psyche gibt es für uns, wenn wir uns einmal entschlossen haben, die Wahrheit kennenzulernen und entschieden zu handeln, keine Rückkehr, auch nicht, wenn wir von Schwierigkeiten und Zweifeln überwältigt werden. Mitten in der Krankheit, der Behandlung, dem Krankenhausaufenthalt, die einen Abstieg in die Unterwelt darstellen, finden wir, wie Psyche, vielleicht unerwartete innere Quellen der Kraft, der Tapferkeit und der Weisheit – genau zum richtigen Zeitpunkt. Wenn man eine lebensbedrohliche Krankheit überlebt, findet man neue Eigenschaften in sich, zieht neue Lehren und verändert Einstellungen. Dies prägt das ganze weitere Leben eines Menschen.

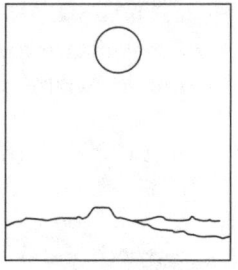

4.
Wie ein Stück Fleisch am Haken

Inanna, die stolze Göttin, stieg durch sieben Tore hinab in die Unterwelt, kam dort nackt und tiefgebeugt an, blickte in die bösen Augen des Todes und wurde niedergeschlagen. Ihr Leichnam wurde an einen Haken gehängt, wo er verrotten sollte. Sie wurde zu einem Stück Fleisch am Haken. Das ist ein gutes Bild dafür, wie man sich fühlt, wenn man gedemütigt und fertiggemacht wird, wenn man machtlos, ohne Illusionen und verletzlich ist und abgelehnt wird – wenn man am Ende ist. Dies entspricht den Phasen einer Krankheit, in denen man sich fühlt wie Inanna am Haken, weil der infizierte, ungesunde oder bösartige Zellzustand des Seins die Seele durchdringt: Man fühlt sich, als wäre man bereits tot und verfault. So empfinden auch diejenigen das Leiden, die einen psychologischen Abstieg in die Unterwelt vornehmen, um die Ursachen einer chronischen Depression oder Ängstlichkeit in der Tiefenarbeit aufzuspüren, wie ich sie als Jungsche Analytikerin leite.

Es ähnelt aber auch auf beeindruckende Weise dem, was Frauen und einige Männer in einer gewalttätigen Beziehung erleben, die ihnen die Selbstachtung und alle psychologischen Abwehrmechanismen geraubt hat. In gewaltsamen Beziehungen hagelt es körperliche, emotionale und spirituelle Schläge, von denen die schlimmsten lebensbedrohlich sind. Die Notwendigkeit, der Beziehung zu entkommen, die damit verbundenen Schwierigkeiten und die Anstrengungen, die körperliche Gesundheit wiederzuerlangen und nicht zurückzukehren, haben große Ähnlichkeit mit dem Genesungsweg nach einer schlimmen Krankheit. Mit einer chronischen Krankheit wie Diabetes oder Bluthochdruck zu leben, wenn das Leiden außer Kontrolle gerät und zu lebensbedrohlichen Krisen und wiederholten Notaufnahmen im Krankenhaus eskaliert, hat – auf der Seelenebene – Ähnlichkeit mit den immer wiederkehrenden und sich verstärkenden Ausfällen aufgrund von Alkohol.

Menschen mit einem bösartigen Tumor, einer chronischen Krankheit, einem Drogen- oder Alkoholproblem, mit Geisteskrankheit oder Trauma können sich mit Inanna auf diesem Tiefpunkt ihres Mythos identifizieren. Man war vielleicht schon vor der Erkrankung depressiv und ängstlich. Vielleicht war man seelisch bereits nackt und gebeugt, und die Symptome der Krankheit haben die Stimmung weiter gedrückt. Nun ist man körperlich krank und fühlt sich, als würde jede einzelne Zelle im Körper langsam verrotten. Die Krankheit schafft zudem, was die seelische Verstörung nicht schaffte: Sie kann bewirken, daß man tief in die psychologischen Abgründe hineinsinkt, um den Schmerz, die Verletztheit und die Wut zu spüren, die dort unten toben – an jenem Ort der Seele, an dem Frauen und Männer sowohl die leidende Inanna wie auch die leidende Ereshkigal sind.

Warum aber unternahm Inanna überhaupt diesen Abstieg? Was veranlaßte sie, die großartige Oberwelt zu verlassen, wo sie Königin des Himmels und der Erde war, um in die Unterwelt hinabzusteigen? Als sie laut an das Tor zur großen Unterwelt pochte und verlangte, daß man ihr öffnete, fragte der Wächter »Wer bist du?« und bekam zur Antwort: »Ich bin Inanna, Königin des Himmels, unterwegs in den Osten.« Als er fragte »Was hat dein Herz auf den Weg geführt, von dem kein Reisender jemals zurückkehrt?«, erwiderte Inanna: »Meine

Schwester, Ereshkigal.« Als sie gehört hatte, daß ihre Schwestergöttin Ereshkigal litt und trauerte, war Inanna gezwungen, hinabzusteigen, um zu ihrer Zeugin zu werden.

Im medizinischen Kontext steht Inannas Grund des unfreiwilligen Abstiegs für die Nachricht, daß etwas körperlich nicht stimmt: »Ereshkigal leidet« kann man als verdächtiges Testergebnis bei einer Routineuntersuchung deuten. Oder man hat selbst etwas bei sich bemerkt, das nicht ignoriert werden darf und weshalb man durch die Tore des Krankenhauses, der Tagesklinik oder der Praxis eines Spezialisten gehen muß, um alles zu tun, was zu Diagnose und Behandlung erforderlich ist.

Inannas Grund für den Abstieg steht metaphorisch für die Motivation, aus der heraus jemand das Sprechzimmer eines Psychotherapeuten betritt: Es ist das Bedürfnis, zu erfahren, was unterhalb der normalen Bewußtseinsebene liegt, um herauszufinden, was oder welcher Aspekt des Selbst leidet, und tief in den Schmerz und die Trauer einzutauchen, die dort unten liegen. Wenn jemand an meiner Praxistür klopft, um einen tiefgehenden psychologischen Prozeß zu beginnen, ist das wie ein Pochen an ein Tor zur Unterwelt. Alpträume, Wiederholungsträume, unerwünschte Gedanken, Bilder und Impulse, durchdringende Angst, Depression, die Unfähigkeit, zu erkennen, was man wirklich fühlt, oder tiefes Unglücklichsein sind nur einige Gründe, den Abstieg zu wagen. Doch es kann auch möglich sein, daß man zur Zeugin oder zum Zeugen werden will, um zu fühlen, zu wissen, zu erinnern und zu betrauern, was da unten liegt. Gleich wie zwingend die psychologischen Gründe für den Abstieg sind, viele Menschen weigern sich, ihn anzugehen und schieben ihre Arbeitssucht, ihre Beziehungen oder Aktivitäten wie Fernsehen, den Alkohol oder andere realitätsverzerrende Substanzen vor. All diese Mittel dienen dazu, den Schmerz in Schach zu halten. Erst wenn die psychischen Symptome so einschränkend werden, daß der Mensch nicht mehr funktioniert, ist Verleugnung nicht mehr möglich. Eine lebensbedrohliche Krankheit reißt uns jedoch aus dem normalen Alltag heraus und schleudert uns in die Unterwelt. Der

Abstieg ist dann keine Prozedur mehr, für die man sich freiwillig entscheiden kann.

Inanna beschrieb sich dem Wächter als unterwegs in den Osten – eine seltsame Bemerkung, wenn sie Zugang zur Unterwelt suchte; symbolisch gesehen ergibt sie jedoch einen Sinn. Wenn die Sonne im Osten aufgeht, zieht die Dämmerung herauf; daher stellt der Osten die Wiedergeburt, das neue Leben, Verletzlichkeit, Unschuld und Hoffnung dar. Der Abstieg in die Unterwelt bringt den Menschen ins Reich des Todes, der Transformation, der Wiedergeburt. Beim Abstieg vollziehen sich symbolische Tode: Der Tod eines Teils der alten Persönlichkeit oder ehemaligen Identität, das Ende einer bestimmten Hoffnung oder Illusion. Beim Abstieg kann aber auch etwas enthüllt, erinnert und zum Leben zurückgebracht werden, das in der Seele vergraben war. Es besteht die Möglichkeit zu einer spirituellen oder psychologischen Wiederauferstehung.

Frauen, die in der Gesellschaft und im Beruf gut funktionieren, ähneln Inanna; sie sind erfolgreich in der materiellen Welt und haben gute Verbindungen zum Patriarchat, oft als Frauen und Töchter traditioneller Männer. Ereshkigal hingegen leidet in der Unterwelt. Ereshkigal – ein zeitgenössischer Archetypus – stellt den inneren, zurückgewiesenen oder verdrängten Aspekt der Inannafrauen und der Frauen im allgemeinen dar. Eine Frau, die mehr Ereshkigal ist als Inanna, hat Eigenschaften und Bedürfnisse, die verinnerlicht und unverbunden sind und abgewertet und verleugnet werden. Sie ist verletzt und wütend, oft auch depressiv, kann krank sein und ist nicht mit Männern in Machtpositionen verbündet. Ereshkigal ist in der Unterwelt verborgen, gesellschaftlich unsichtbar und minderwertig und manifestiert sich in der Öffentlichkeit oft als verrückte oder wütende Frau, die vor sich hinmurmelt. Genau wie wir den Blick von den Frauen abwenden, die wie Ereshkigal sind, wenden »nette« Frauen den Blick von der Ereshkigal in sich selbst ab. Sie ist in der depressiven Stimmung vergraben, verbirgt sich hinter körperlichen Symptomen, aber auch hinter »guten Taten«, die einem zweifelhaften Grund entstammen. »Nette« Frauen versuchen, ihre inakzeptabel feindseligen Gefühle, Gedanken und Impulse zu unterdrücken. Wenn ihnen das gelingt, werden diese »bösen« Gefühle verborgen und aus dem Bewußtsein gerückt. Vage Schuld bleibt zurück, und die Frau endet oft damit, daß sie zu den Menschen, denen gegenüber sie Feindseligkeit empfindet, besonders freundlich ist.

»Nette« Frauen lernen von früh an, ihre Wut zu unterdrücken, besonders, wenn es um sie selbst geht, wenn sie abgelehnt und zur Scham gezwungen werden, weil sie solche Gefühle haben. Aufgrund dessen tragen sie seelische Scheuklappen, die verhindern, daß sie die Herabwürdigung von Frauen im allgemeinen oder von sich selbst im besonderen bemerken. Statt dessen nehmen sie die gleiche negative Haltung ein. Daher halten »nette« Frauen nicht viel von anderen Frauen und betrachten diese als kaum so wertvoll wie Männer. Trotz ihres Status haben solche Frauen eine niedrige Selbstachtung und leiden oft unter Angstanfällen und Depressionen. Dieses Vorurteil gegenüber Frauen und damit gegenüber sich selbst stammt in dieser Gesellschaft ebensosehr von den Müttern wie von den Vätern. Eine Mutter mit einem inneren Gefühl von Wertlosigkeit überträgt dies auf ihre Tochter; die Entwertung wird von einer Generation an die nächste weitergereicht.

Der Schmerz und die Wut, nicht um ihrer selbst geliebt und geschätzt zu werden, wird aus dem Bewußtsein verdrängt – zusammen mit den Gefühlen, Talenten, dem Ehrgeiz und den Träumen, die zu haben für sie nicht akzeptabel war. Doch alles, was in der Seele abgelehnt und verdrängt wird, bleibt in der großen Unterwelt lebendig – in der symbolischen Gestalt der leidenden Ereshkigal.

Ershkigal hegt großen Haß auf Inanna, eine Metapher für den Selbsthaß, der unter der Oberfläche von Inannafrauen lauert, die von dem Bedürfnis geprägt wurden, in der Welt voranzukommen, um akzeptabel zu sein. Wir wollen alle geliebt werden, wenn wir in diese Welt kommen, und wenn das nicht geschieht, geben wir uns mit weniger zufrieden: Männer befassen sich eher mit Macht und Kontrolle über andere, Frauen ringen um die Anerkennung anderer.

Die Inanna-Ereshkigal-Konstellation entsteht in Kindheiten, in denen Leistung, Erscheinen und gesellschaftliche Anerkennung etwas zählen und erreichbar sind. Solche Frauen finden einen Weg, Anerkennung zu erringen – indem sie auf eine bestimmte Weise aussehen, sich kleiden, gesellschaftlich akzeptiert werden und reich heiraten, oder aber durch ihre Arbeit, von guten Noten bis zu beruflichem Erfolg. Die Anerkennung erfolgt, weil sie Inanna sind. Aber die Erfahrung des Ungeliebtseins dieser Frauen (die auch auf Männer zutreffen kann), wenn sie von den Eltern vernachlässigt oder mißhandelt oder nicht um ihrer selbst willen geliebt wurden, kann zur symbolischen Gestalt Ereshkigals kondensiert werden. Oberflächlich betrachtet sehen sie ebenso gut aus wie Inanna, aber ihr Unglück hält sie als Ereshkigal in der Unterwelt versteckt. Erst wenn diese Frauen den Abstieg wagen, wird Ereshkigal für die Welt und sie selbst erkennbar.

Die Krankheit macht es Inanna unmöglich, so weiterzuleben. Wenn sie durch die Tore geht und alle Machtattribute ablegt, ist es nicht mehr möglich, die Persona, die Illusionen und den Schutz aufrechtzuerhalten, den ihre Position und ihre Leistungen ihr boten: nackt, gebeugt und mit dem Gefühl, bloß ein Stück Fleisch am Haken zu sein, stellt die Frau, die nicht länger Inanna sein kann, fest, daß sie zu Ereshkigal wird. Nun entdeckt sie den Selbsthaß, die Wertlosigkeit, die Feindseligkeit, den Schmerz und die Wut, die zu empfinden und zu erkennen sie bisher vermieden hat. Ereshkigal wehrt sich wütend gegen die Situation: Wut, Entsetzen und Trauer steigen wie Wellen in ihr hoch und durchspülen sie. Die Wut tobt: »Das habe ich nicht verdient!« und »Das habe ich nur mir selbst zuzuschreiben!« Es ist Wut über die Ungerechtigkeit – gegen sich selbst und die anderen, die ihr normales Leben weiterleben. Es herrschen Entsetzen vor dem Tod, Angst vor Schmerzen oder potentieller Entstellung und die Trauer, daß sich ihr Leben unwiderruflich ändern wird. Ereshkigal stöhnt vor Schmerzen. Ehemalige »nette« Frauen spüren, wie in ihnen die Galle hochsteigt und die Scheuklappen wegfallen; sie sehen, wie unbesorgt oder selbstbezogen andere sind und werden wütend. Aber Wut und Zorn sind für sie unbehagliche Gefühle, die sie kaum ausdrücken können; sie passen einfach nicht zu ihrem »Nettsein«. Sie fürchten zudem, Menschen zu entfremden, von denen sie abhängig sind, besonders jetzt, da sie krank und verängstigt sind. Als Folge dessen wird die neugefundene Wut auf unberechenbare Weise ausgedrückt oder unterdrückt: In einem Moment ist die Frau wütend, im nächsten schluckt sie sie herunter oder richtet sie gegen sich selbst, wird depressiv und fühlt sich wertlos. Dazu kommen die Termine beim Arzt, Prozeduren, notwendige Entscheidungen, das Leben, das weitergehen muß, und die Nachwehen der Bewältigung von Diagnose und Behandlung. Sie kann nicht länger Inanna sein, und eine wütende, leidende Ereshkigal ist ihr Tiefpunkt – im Leben von Frauen mit einer lebensbedrohlichen Krankheit ebenso wie in dem Mythos.

Aids stellt eine Hauptinitiation in die Geschichte von Inanna und Ereshkigal dar. Die erste Diagnose führt Aids-Kranke durch das erste Tor. Jede darauffolgende neue körperliche Krise ist demütigender, jede neue Krankheit, für die man anfällig wird, bedeutet ein neues Tor, einen weiteren Raub körperlicher Widerstandskraft und körperlicher Verleugnung. Wenn durch Aids körperliche Behinderung entsteht, ist Inannas Abstieg schon eine vertraute Geschichte. Schwule Männer mit Aids wissen auch einiges über Ereshkigal: In einer homophoben Gesellschaft gehören der Schmerz und die Angst, abgelehnt, gefürchtet, gehaßt und beleidigt zu werden, in den gleichen Bereich und werden ebenso häufig nach innen gerichtet. Es besteht auch größere Vertrautheit mit den inneren weiblichen Gestalten, und »Königinnen« gehören ebenfalls zu dieser Kultur, was die Vorstellung von diesem Mythos und das anschließende Akzeptieren der Wahrheit für schwule Männer leichter macht als für Männer im allgemeinen.

Wenn es allerdings möglich ist, mit metaphorischem Blick über die Gestalten von Inanna und Ereshkigal auf das hinauszublicken, was sie darstellen, fällt bei beiden die Ähnlichkeit mit der psychologischen Oberwelt/Unterwelt-Spaltung vieler traditioneller Männer auf.

Als Inanna sich auf den Weg in die Unterwelt machte, begleitete ihre treue Freundin Ninshubur sie bis zum ersten Tor und
nahm dann Inannas Anweisungen entgegen. Sie wollte dort
bis zu Inannas Rückkehr warten, und wenn diese nach drei Tagen und Nächten nicht zurück sein sollte, würde Inannas
Überleben von Ninshubur abhängen. Ninshubur, die dritte
Frau in der Geschichte vom Abstieg, wird als Inannas treue
Dienerin bezeichnet, als vertrauenswürdige, fähige Ministerin,
Kriegerin, Botin, Generalin und Beraterin. Ninshubur stellt die
dritte Gestalt des Seelenlebens dar. Wie in dem Mythos muß
sich Ninshubur aktiv für jemanden einsetzen, der sich auf dem
Abstieg in die Unterwelt befindet.

Trotz der emotionalen Vernichtung und des Durcheinan-
ders, in die eine lebensbedrohliche Diagnose und Behandlung
Menschen stürzen, müssen Entscheidungen getroffen und
Dinge erledigt werden, was von uns verlangt, daß wir uns
beim Abstieg auch wie Ninshubur verhalten. Ninshuburs
Loyalität gilt ihrer Freundin, und Kompetenz und Ergebenheit
sind ihre Haupteigenschaften. Ninshubur muß als verinner-
lichte Gestalt zu unserem Charakter gehören, die sich für uns
selbst einsetzt: Wenn *ich* die Situation erkenne, in der ich
stecke, und entsprechend handeln, Hilfe suchen und für mich
empfinden kann, sind es die Ninshubur-Eigenschaften, die mir
dies ermöglichen. Wenn jemand von einer Situation überwältigt ist oder niemals eine innere Ninshubur entwickelte, müssen andere wie Ninshubur für uns funktionieren, indem sie
uns helfen, klar zu sehen und uns in allem unterstützen, was
wir tun müssen. Das kann eine loyale Freundin sein, ein Partner, ein Therapeut – ob männlich oder weiblich – oder eine
Selbsthilfegruppe.

Als drei Tage und drei Nächte vergingen und Inanna nicht
zurückkehrte – denn sie hing inzwischen an einem Haken in
der Unterwelt –, befolgte die treue Ninshubur ihre Anweisungen genauestens. Ninshubur sollte ihre Herrin laut beklagen,
die Trommel im Rat schlagen, damit alle es erfuhren, und Hilfe
bei den Vatergöttern suchen. Sie flehte jeden einzelnen an, indem sie sagte: »Laßt eure Tochter Inanna nicht in der Unter-

welt zu Tode kommen.« Die ersten beiden Götter, bei denen sie vorstellig wurde, scherten sich nicht um Inannas Notlage und reagierten wütend, weil sie um Hilfe gebeten wurden. Der dritte Gott aber machte sich Sorgen und war bekümmert; er wollte hören, was mit Inanna geschehen war und handelte sofort – aber auf seltsame Weise. Er säuberte sich die Fingernägel, sammelte den Schmutz und die Flusen oder was immer sich dort fand und formte daraus zwei kleine Wesen. Sie waren weder weiblich noch männlich und konnten unbeobachtet durch die kleinsten Ritzen in den sieben Toren fliegen, klein genug, um von niemandem bemerkt zu werden, Fliegen ähnlich. Dem einen Wesen gab er Tropfen vom Nektar des Lebens, dem anderen Krumen vom Brot des Lebens. Er sagte ihnen, daß sie Ereshkigal vor Schmerzen stöhnend vorfinden würden, »schreiend wie eine Frau, die gerade gebärt«. Sie würde nackt sein, mit unbedeckten Brüsten und wirrem Haar. Die kleinen Wesen sollten auf ihre Schreie mitleidig reagieren.

Jedesmal, wenn Ereshkigal vor Schmerzen schrie:»Oh, mein Inneres!« sollten sie stöhnen:»Oh, dein Inneres!« Jedesmal, wenn Ereshkigal stöhnte»Oh, mein Äußeres!«, sollten sie ebenfalls stöhnen:»Oh, dein Äußeres!«

Als Ereshkigal schrie »Oh, mein Bauch!« und »Oh, oh, mein Rücken!« und »Ah, mein Herz!« und »Ah, ah, meine Brüste!«, reagierten sie empathisch stöhnend, keuchend und mit ihr seufzend, und damit teilten und bezeugten sie ihren Schmerz, bis dieser endlich verschwand. Nun war sie nicht mehr die wütende, todbringende, bösartige Gottheit. Statt dessen war sie großzügig und dankbar. Sie bot ihnen zahlreiche prächtige Geschenke an – und jedesmal antworteten sie »Wir wollen das nicht«, bis sie es aufgab und sagte:»So sprecht. Was wünscht ihr?« Da antworteten sie, daß sie den »Leichnam, der da am Haken an der Wand hängt« wollten. Die dankbare Ereshkigal gab ihnen den fauligen Leichnam, der Inanna gewesen war. Das eine Wesen spritzte das Wasser des Lebens auf die toten Lippen Inannas, das andere gab ihr Krumen vom Brot des Lebens. So stieg Inanna von den Toten auf, bereit, die Unterwelt zu verlassen und zur Oberwelt zurückzukehren.

Wenn Sie sich gerade mitten in einem Abstieg befinden, könnte Ihnen dieser Mythos als eine Initiationsgeschichte dienen, als metaphorische Landkarte für die Reise, über die Sie tief in ihrem Innersten bereits Bescheid wissen. Es ist eine Geschichte, die man sich zu Herzen nehmen kann – lange, ehe man mit dem Verstand weiß, warum. Das war bei mir vor mehreren Jahren der Fall, als ich Helene Smith die Geschichte von Inanna und Ereshkigal erzählte. Helene war Leiterin eines Krebsforschungsinstituts, und man hatte wenige Wochen zuvor bei ihr Brustkrebs diagnostiziert. Als ich sie besuchte, erholte sie sich gerade von der Operation. Helenes Forschungsgebiet war Brustkrebs, und diese Wendung der Dinge hätte vielleicht bei ihr als bittere Ironie wirken können, wie eine Verhöhnung und Herabsetzung ihres Lebenswerks – wenn sie die Krankheit nicht als Übergangsritual hätte sehen können.

Helene schilderte ihre Erfahrungen als »Geschichte zweier Schwestern« in einer Fachpublikation: Als sie die Geschichte von Inannas Abstieg hörte, »weinte ich zum allerersten Mal, und das war der eigentliche Beginn meiner Heilung«, sagte sie.

Weiter heißt es in ihrem Artikel: »Ich habe Jahre gebraucht, um die Bedeutung dieses Mythos zu begreifen. Ich hatte eine Schwester, die an Krebs gestorben war, und unsere Beziehung war sehr schwierig gewesen (diese Schwester war eine Ereshkigal gegenüber Helenes Inanna gewesen, ein Kontrast zu Helenes Leben und deren beruflichen und persönlichen Leistungen und Erfolgen), daher mußte die Heilung bei mir auf einer symbolischen Ebene stattfinden. Allerdings sind wir alle irgendwie auch Ereshkigal.«

Helene erkannte, daß die beiden Schwestern im Mythos »eigentlich die zwei Seiten unseres Selbst sind«, die wir zusammenbringen, mit denen wir Frieden schließen müssen, und für die wir Mitleid empfinden sollten. »Es ist die negative Seite, die unsere positive Seite zerstört, wenn man nicht bereit ist, sich selbst als aus beiden bestehend zu erkennen. Von da an begann ich zu meditieren und erlebte dabei Fliegenschwärme (jene mitleidigen Wesen im Mythos, die das Leiden mitempfanden), um mich aus der Unterwelt herauszubringen. Das wurde für mich zur echten Heilung.«

Der Abstieg im Inanna-Mythos – das Durchschreiten der Tore, das Aufgeben der Symbole von Identität und Person, der Abwehrmechanismen, das Auskleiden, die Demütigung, das Niederschlagen und das Hängen an einem Haken, wo man sich wie ein totes Stück Fleisch fühlt – bildet den Teil der Geschichte, der leicht zu begreifen ist. Mit unserem Leiden und unseren Verlusten sind wir alle schon einmal Inanna gewesen. Viel schwerer akzeptieren wir aber, daß wir auch Ereshkigal sind, weil sie eine Kombination aus abgelehnten, inakzeptablen oder unentwickelten Eigenschaften ist, die erst beim Abstieg erkannt werden und durch die wir Illusionen aufgeben, die Wahrheit nicht mehr verleugnen und unser ehemaliges (oftmals einseitiges) Selbstbild ändern. Wir haben diese Eigenschaften vielleicht auf andere projiziert, sie dort verurteilt, abgelehnt, sie zum Sündenbock gemacht oder uns von allen distanziert, die Ereshkigal darstellten.

Ereshkigal ist zornig, ihr böser Blick kann töten, und sie kann einem tödliche Hiebe versetzen. Sie ist auch ein Symbol für unsere Angst vor dem Tod und die Furcht vor Ablehnung. Wenn wir in die eigene Unterwelt absteigen und sie in uns finden, muß unser vormaliges Bild von uns selbst und unserer Realität sterben. Nur durch den Ego-Persona-Abstieg als Inanna und die Begegnung mit dem Schatten, der Ereshkigal ist, kann es eine Möglichkeit für die symbolische Auferstehung oder Wiedergeburt geben, die eine Seelenreise darstellt. Es besteht ein hohes Risiko, daß Ereshkigal in ihrem nackten Schmerz und ihrer Vernichtungswut nicht einfach nur erkannt und vorübergehend als Bestandteil des Abstiegsprozesses empfunden wird, sondern daß die Patientin mit der lebensbedrohlichen Krankheit bitter, wütend, isoliert, ablehnend und entfremdet wird – von der eigenen Seelenreise und von einer Menschlichkeit, die uns eigentlich verbindet.

Die kleinen androgynen Wesen, die durch die Tore gelangten wie Fliegen, drangen zu Ereshkigal vor und erkannten sie an ihren Leiden, weil sie wie eine Frau in den Wehen wirkte; sie sahen und hörten ihren Schmerz und verharmlosten ihn nicht, sie demütigten sie weder, noch stellten sie sie in Frage oder machten ihr Vorwürfe. Sie drückten nur ihr Mitgefühl aus und blieben bei ihr. Angesichts von Akzeptanz und Mitgefühl wurden Ereshkigals Schmerz und Wut in Dankbarkeit verwandelt – woraufhin Inanna zurück ins Leben gerufen werden konnte.

Doch die Richter der Unterwelt hatten sie gewarnt: »Niemand kommt ohne Narben aus der Unterwelt heraus.«

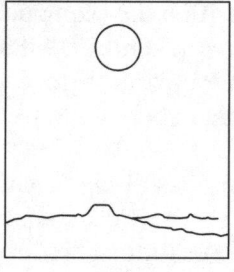

5.

Das Prokrustesbett der Zerstückelung

Manchmal frage ich mich, ob eine lebensbedrohliche Krankheit vielleicht der letzte Versuch ist, die Aufmerksamkeit auf unsere Seelenbedürfnisse nach echtem Ausdruck zu lenken, nach Kreativität, Intimität, Abgeschiedenheit, nach innerem Rückzug oder danach, daß etwas Bedeutsames geschieht. Wenn alles andere dabei versagt hat, die Aufmerksamkeit auf den seelischen Schmerz zu lenken, kann eine Krankheit womöglich nicht nur entstehen, sondern auch zum Mittel werden, durch das wir uns nach innen wenden, um vergrabene Gefühle und abgeschnittene oder zerstückelte Aspekte unseres Selbst zu finden.

Die griechische Sage vom Prokrustesbett ist eine eindrucksvolle Metapher dafür, was mit uns geschieht – besonders in der ersten Hälfte des Lebens, wenn das Zurechtkommen in der Berufswelt und in Beziehungen unsere Hauptaufgabe darstellt. Der Mythos vom Prokrustesbett ist kurz und schlicht: Auf allen Wegen nach Athen kommt man an Prokrustes und seinem Bett vorbei. Prokrustes legt einen auf dieses Lager, um zu sehen, ob es paßt. Alles, was nicht hineinpaßt, wird abgehackt. Wenn man zu klein für sein Bett ist, streckt er einen wie auf einer mittelalterlichen Folterbank.

Athen war in der Antike das Zentrum von Handel, Kunst, Politik und Zivilisation schlechthin. Athen ist für uns ein symbolisches Ziel auf dem Weg zum Erfolg. Athen müssen wir erreichen, wenn wir Erfolg haben wollen, ein Ziel, das die Erwartung anderer uns setzt.

Bestimmte Familien, gesellschaftliche Klassen, ethnische oder religiöse Gruppen und Kulturen haben jeweils ihre eigene Version von Athen, und es unterscheidet sich gewöhnlich auch stark, je nachdem, ob man als Frau oder Mann auf die Welt gekommen ist. Der Weg der kollektiven Erwartung beginnt mit der Annahme darüber, wie sich ein kleines Mädchen zu benehmen hat, wie ein Junge reagiert, was angemessen und akzeptiert ist und was nicht. Schon lange, ehe wir in die Vorschule gehen, befinden wir uns auf dem Weg zu unserem bestimmten Athen. Zu dem Zeitpunkt sind wir bereits durch Scham und Angst vor Strafe geprägt: Wir haben gelernt, was uns Lob einbringt und was Wut und Ablehnung nach sich zieht. Schule und Spielplatz setzen den Prozeß fort, uns an die Maßstäbe für Verhalten und Leistung anzupassen. Wir werden von unserem Bedürfnis nach Anerkennung und von unseren Ängsten geprägt, von den Bedürfnissen und Ängsten unserer Eltern wie auch von den Maßstäben aller Gruppen, zu denen wir gehören oder gehören wollen. Alle Wege zu Erfolg oder Anerkennung sind Straßen, auf denen Prokrustes uns seinen Zoll abverlangt, indem er uns von den Teilen und Stücken unseres Selbst trennt, die nicht passen. Und manchmal stellt sich das als ein sehr hoher Preis heraus.

Einem solchen Zerstückelungsprozeß werden wir unterworfen, wenn ein Aspekt unseres Selbst von der Familie abgelehnt wird, denn dann lehnen wir ihn ebenfalls ab. Wenn ein Bestandteil unserer Persönlickeit mit Scham und Demütigung verbunden ist, lernen wir, ihn zu unterdrücken. Wenn wir von Liebesentzug bedroht oder damit bestraft werden, opfern wir einen Teil unseres Selbst, damit wir nicht verlassen werden. Wenn wir Dinge bemerkten und unschuldige Fragen stellten, die Wut auslösten, wenn wir klar aussprachen, was wir fühlten, und man uns immer wieder sagte, wir »könnten« das nicht empfinden, wenn wir Probleme bekamen, weil wir die Wahrheit sagten, wenn es allen egal war, wie wir uns fühlten, dann wurden uns ganze Bereiche der Wahrnehmung und der Ausdrucksfähigkeit abgeschnitten – oder wir trennten uns freiwillig von ihnen. Wir lernen, uns von allem in unserem Selbst zu distanzieren, was mit Leid und Schamgefühlen verbunden ist. Wie tief wir dies in uns verbergen und welches Bewußtsein uns von den verborgenen Teilen bleibt, hängt davon ab, wie genau wir uns kennen. Dieser Prokrustes-Prozeß findet bei Erinnerungen statt, die wir lieber ganz bewußt vergessen. Er trifft auf ganze Teile unseres Selbst zu, die wir nicht zeigen oder entwickeln durften und die bis heute nicht akzeptiert werden. Alles, was wir auf diese Weise abgeschnitten haben, liegt in der Unterwelt vergraben und ist wie alles Seelische noch lebendig. Wenn wir in die Unterwelt hinabsteigen und Teile und Stücke unseres Selbst finden, die wir aufgaben oder vergaßen, beginnen wir einen Prozeß der Wiedererinnerung, in dem es um Heilung und Ganzheit geht.

Die meisten im konventionellen Sinn erfolgreichen Menschen passen in das Prokrustesbett der familiären und kulturellen Erwartungen – oder sie werden so lange gestreckt, bis sie hineinpassen. Das bedeutet gewöhnlich, daß alle Pflichten der ersten Lebenshälfte, bei denen es um gesellschaftliche Anerkennung und Kompetenzen geht, angemessen erfüllt wurden. Es besteht die Möglichkeit und damit die Wahrscheinlichkeit, daß das Ich mit der Persona identifiziert wird, das heißt, mit der Rolle und/oder der Arbeit, und oft ist das Resultat ein einseitiger Mensch ohne ausreichenden Zugang zu seiner Innenwelt. Um mit anderen Menschen auf einer tieferen Ebene statt innerhalb dieser Rolle in Kontakt zu treten, muß man seine eigenen Tiefen kennen, denn nur die Seele erkennt eine andere Seele. Wenn jemand allzuviel aufgeben mußte, um bequem in das Prokrustesbett zu passen, verstellt die erfolgreiche Anpassung vielleicht die Individuation, was bedeutet, ein persönliches, authentisches individuelles Leben zu haben, das aus der Tiefe dessen erwächst, wer wir sind, was wir lieben und schätzen und von innen heraus als wahr erkennen.

Die Zurückgewinnung unserer abgespaltenen Anteile

Wenn eine lebensbedrohliche Krankheit vermutet oder diagnostiziert wird, besteht die Möglichkeit, daß nichts jemals wieder so sein wird wie vorher. Uns dämmert, daß wir vielleicht nichts von dem, was wir auf dem Weg nach Athen aufgeschoben haben, jemals werden ausleben können. Die Versprechen, die wir uns selbst und anderen gegeben haben, werden wir vielleicht nie einhalten können. Absichten haben keine Bedeutung mehr, wenn wir in absehbarer Zukunft nicht mehr gesund sein werden oder sogar unser Leben verlieren. In den Wartezimmern und Krankenstationen, in den langen Nächten gestörten Schlafs suchen uns Erinnerungen und Bilder, Gedanken und Gefühle heim. Vielleicht melden sich Reue, Bedauern und Wut darüber, wie wir gelebt oder nicht gelebt haben. Wir empfinden Trauer um Menschen und Leidenschaften, die wir aus unserem Leben »entfernt« haben, weil sie nicht zu uns paßten, die wir unterwegs hinter uns ließen, weil sie nicht unseren Zielen entsprachen, und die beim persönlichen oder beruflichen Fortkommen vernachlässigt und vergessen wurden. Vielleicht wurden sie auch geopfert, um den Frieden zu wahren, um Eifersucht, Neid und Angst abzuwehren oder um die Vorwürfe eines Partners oder der Eltern zu vermeiden.

Eine lebensbedrohliche Krankheit kann die abgetrennten Teile unseres Selbst aufdecken, die abgeschnitten und im Unbewußten vergraben wurden. Für viele Frauen, besonders diejenigen, die depressiv, überängstlich oder nach Aktivität, Alkohol oder allem süchtig sind, was ihre Gefühle betäubt, ist die Begegnung mit Ereshkigal potentiell umwandelnd. Ereshkigal ist weder nett noch gastfreundlich. Sie leidet Schmerzen. Sie ist wütend und kann jemanden totschlagen – Kennzeichen und Gefühle, die viele nette Frauen und gutmütige Männer verdrängen und vor sich und anderen verborgen halten. Als ihr Leiden bezeugt wurde, als man sie mitfühlsam anhörte und auf sie einging, änderte sich Ereshkigal. Sie wurde großzügig und dankbar und konnte großartige Geschenke machen.

Ereshkigal ist stark. Die Integration ihrer Kraft ermächtigt einen Menschen, entschieden zu handeln und Belohnungen und Strafen auszuteilen.

Die Integration Ereshkigals

Eine Frau, die ihrer inneren Ereshkigal begegnet und die Gefühle und die Macht integriert, die bis dahin verdrängt und vergraben in ihr lagen, taucht wie Inanna aus der Unterwelt als eine veränderte Person wieder auf. Die wiederbelebte, wiederauferstandene Inanna stieg in die Oberwelt, doch es klammerten sich Dämonen an sie, die bereit waren, von ihr abzuspringen und denjenigen heimzusuchen, den sie dazu bestimmen würde, statt ihrer mit den Dämonen zurück in die Unterwelt hinabzusteigen.

Der erste Mensch, dem sie begegneten, war die treue Ninshubur, die in Sack und Asche ging. Die Dämonen sagten: »Geh weiter, Inanna, wir nehmen statt deiner Ninshubur mit.« Inanna antwortete: »Nein, Ninshubur ist meine treue Stütze.« Dann beschrieb sie Ninshuburs Weisheit und ihre kämpferische Natur; sie zählte auf, was Ninshubur für sie getan hatte, und schließlich sagte sie zu den Dämonen: »Sie hat mir das Leben gerettet, daher werde ich euch Ninshubur niemals überlassen.«

Anschließend begegneten Inanna und die Dämonen Inannas Sohn Shara und danach ihrem Sohn Lulal. Beide gingen aus Trauer um Inanna in Sack und Asche. Die Dämonen wollten den ersten Sohn, dann den zweiten mitnehmen, doch Inanna sagte ihnen, was die beiden für sie bedeuteten und wollte sie nicht aufgeben. Schließlich betraten Inanna und die Dämonen ihre Stadt, und da sah sie ihren Gatten Dumazi in seinen prachtvollen Gewändern auf dem Thron sitzend – offensichtlich trauerte er nicht um Inanna. Da richtete Inanna ihr Auge des Todes auf Dumazi. Sie sprach mit zornigen Worten zu ihm und stieß den Schrei aus: »Schuldig! Nehmt ihn! Nehmt Dumazi mit euch!«

Für jeden Menschen werden angesichts der Möglichkeit des Sterbens alle persönlichen Beziehungen auf die Probe gestellt. Wer wird mit uns leiden? Wer ist wahrhaftig von der Möglichkeit betroffen, daß wir nicht von dem Abstieg wiederkehren, daß wir diese Prüfung vielleicht nicht bestehen können und nie wieder gesund werden? Freunde, Angehörige, Partner? Für wen sind wir wirklich wichtig? Inanna handelt in uns mit der Fähigkeit, zu unterscheiden, was andere für uns empfinden, und der Erkenntnis, was andere uns selbst bedeuten. Sie übt die Macht aus, die sie in der Unterwelt gewonnen hat: Sie empfindet Zorn, setzt Dämonen frei und entscheidet, wer aus ihrem Leben verbannt wird und wer darin bleiben soll.

Ungewöhnliche Patientinnen und Patienten

Wenn man diesen Mythos ins Alltagsleben überträgt, kann eine lebensbedrohliche Krankheit das Mittel bedeuten, durch das wir uns unserer Urteilsfähigkeit und unseres Zorns bewußt werden. Wenn die von Ereshkigal verkörperten Eigenschaften nicht mehr aus dem Bewußtsein verdrängt und statt dessen akzeptiert und ausgedrückt werden, hat eine Umwandlung stattgefunden. Die Wut wird nicht mehr unterdrückt und in Depressionen verwandelt, noch werden schmerzhafte Erkenntnisse hinter Süchten versteckt, die die Gefühle betäuben. Das Resultat ist eine Person, die Gefühle ausdrücken und für sich selbst eintreten kann.

Diese Eigenschaften sind erforderlich, um zu dem »ungewöhnlichen« Patienten zu werden, wie ihn Bernie Siegel beschreibt: Einem Menschen, der Chancen hat, seine lebensbedrohliche Krankheit zu überstehen. Hierbei handelt es sich um Patienten, die von den Ärzten gewöhnlich als schwierig oder unkooperativ bezeichnet werden, weil sie Fragen stellen, ihre Gefühle ausdrücken und zu Spezialisten für ihren eigenen Fall werden.

Siegel beschreibt drei verschiedene Typen von Patienten mit .ebensbedrohlichen Krankheiten: Etwa 15 bis 20 Prozent haben seiner Beschreibung nach den unbewußten oder bewußten Wunsch zu sterben. Diese Menschen heißen den Krebs oder andere lebensbedrohliche Krankheiten als einen Ausweg aus ihren Problemen willkommen. Sie weisen keinerlei Anzeichen von Streß auf, wenn sie die Diagnose erfahren. Während die Ärzte sich alle Mühe geben, sie zu heilen, leisten sie Widerstand und versuchen zu sterben. Wenn man sie nach ihrem Befinden fragt, sagen sie stets: »Gut.« Was ihnen fehle? »Nichts.«

Die Mehrheit, etwa 60 bis 70 Prozent, paßt in die mittlere Gruppe von Patienten. Siegel beschreibt sie als bemüht, die Ärzte zufriedenzustellen. Diese Gruppe tut, was man ihnen sagt – es sei denn, der Arzt schlägt eine radikale Änderung ihrer Lebensweise vor. Es würde ihnen nie in den Sinn kommen, die Entscheidungen der Ärzte in Frage zu stellen oder etwas auf eigene Faust zu versuchen.

Das andere Extrem bilden die 15 bis 20 Prozent der »ungewöhnlichen« Patientinnen und Patienten. Sie wollen jede Einzelheit über ihre Röntgenaufnahmen wissen, fragen nach der Bedeutung von jedem einzelnen Testergebnis in den Laborberichten, wollen wissen, welche Optionen sie haben, warum eine bestimmte Behandlung empfohlen wird und mit welchen Nebenwirkungen sie rechnen müssen. Sie fordern Gegengutachten an und ziehen Alternativen in Erwägung. Sie beteiligen sich an dem Prozeß der Gesundung und probieren alles aus, was ihrer Überzeugung nach für eine Heilung förderlich sein könnte. Man findet sie in Selbsthilfegruppen, beim Meditieren, bei Visualisierungen; sie probieren Psychotherapie aus, drücken aus, was sie empfinden, ändern ihre Lebensweise und ihre Ernährung. Sie sind Aktivisten in eigener Sache und handeln aus der Überzeugung heraus, daß sie den Ausgang ihrer Krankheit beeinflussen können – und das gelingt ihnen auch.

Siegel beschreibt Untersuchungen, die dies bestätigen. In einer Studie über 35 Frauen mit metastatischem Brustkrebs hatten alle Langzeitüberlebenden ein schlechtes Verhältnis zu ihren Ärzten – nach Meinung der Ärzte. Sie stellten viele Fragen und drückten ihre Gefühle aus. Eine andere Studie ergab, daß aggressive, »schlechte« Patienten mehr Killer-T-Zellen hatten als die fügsamen, »guten« Patienten: jene weißen Blutkörperchen, die Krebszellen finden und vernichten. In einer dritten Untersuchung gab es eine zehnjährige Überlebensquote von 85 Prozent bei Krebspatienten, die der Diagnose kämpferisch begegneten, verglichen mit einer Überlebensrate von 22 Prozent bei denjenigen, die mit stoischer Akzeptanz oder Hilf- und Hoffnungslosigkeit darauf reagierten.

Dankbarkeit und Gesundheit

Wenn wir die Teile unseres Selbst wiedergewinnen, die wir verdrängten, als sie von anderen nicht geschätzt wurden, bedeutet dies, zu einer Person mit großer Bandbreite und Tiefe von Gefühlen zu gesunden, mit der Fähigkeit, Dinge zu unterscheiden und auszuwählen, Gefühle auszudrücken und entsprechend zu handeln. Wir trauen nun dem, was wir als wahr oder richtig für uns selbst empfinden.

Eine lebensbedrohliche Krankheit kann zu einer größeren Richtungsänderung führen. Sie kann zur Folge haben, daß man nun einem persönlichen Kurs folgt, statt sich auf dem Weg nach Athen an eigenen und kollektiven Prokrustes-Maßstäben zu messen. Als eine Ärztin, mit der ich zusammen im Krankenhaus in Los Angeles das Praktikum gemacht hatte, nicht mit 35 Jahren starb, betrachtete sie anschließend jeden Tag ihres Lebens als ein Geschenk. Bis dahin hatte sie fast ihr gesamtes Erwachsenenleben mit Überarbeitung gelebt – als Medizinstudentin, Praktikantin, Ärztin und anschließend als Radiologin. Sie hatte mehr Zeit in Krankenhäusern verbracht als irgendwo anders, nur wenig Aufmerksamkeit der Ausbildung anderer Interessen und Talente geschenkt und nie geheiratet. Und jetzt nahm sie sich Zeit für sich selbst.

Immer wenn es möglich war, entschied sie sich für Zeit und nicht für Geld, und da ihre Partner in der Praxis bereit waren, auf diesen Handel einzugehen, verbrachte sie jeden Sommer auf dem Land, wo sie mit Ton arbeitete und Skulpturen und andere Gegenstände auf der Töpferscheibe erschuf. Sie tat nur noch Dinge, die sie liebte, und kreierte und zentrierte sich in diesem Prozeß ebensosehr wie den Ton, statt allen Ehrgeiz in ihre Karriere zu stecken. Sie reiste viel, weil sie wußte, daß die Chance dazu Teil des Geschenks an Zeit war, die ihr noch blieb. Und sie pflegte ihr Seelenleben, das durch ihr Bewußtsein und die Vertrautheit mit dem Tod geprägt war. Sie erlebte noch mehr als 15 gute Jahre, ehe sie starb.

Menschen, die wie sie den Abstieg unternommen haben, die anschließend den Wert ihrer Innenwelt und die Nähe der Anderswelt kennen, bringen ihre Erkenntnisse in ihr bewußtes Leben ein. Ihre Seele ist ihnen dann stets gegenwärtig, und auch andere spüren die Authentizität, die ihre Seele ausstrahlt. Noch in den letzten Monaten ihres Lebens stellten Freunde fest, die sie in der Absicht besuchten, sie vielleicht aufzuheitern, daß vielmehr umgekehrt ihre Gegenwart für sie einen Trost darstellte. Sie ging dem Tod mit großer Gelassenheit entgegen.

Lebensbedrohliche Krankheiten prägen die Seele

Wenn ein Leben nur an der Oberfläche gelebt oder fast ausschließlich von außen regiert wird, muß etwas geschehen, das eine Seelensuche auslöst. Bis dahin findet vielleicht nur sehr wenig Kommunikation zwischen der Oberwelt und der Unterwelt statt, zwischen der inneren Welt des persönlichen und kollektiven Unbewußten und der Außenwelt, die sich mit den Bedürfnissen des Ego befaßt. Die vielschichtige Fassade aus Ansprüchen und Privilegien, die wir im Laufe der Jahre errichtet haben, hat keinen Einfluß auf das Auftreten oder das Fortschreiten einer Krankheit und bereitet einen Menschen auch nicht auf den Abstieg in die Unterwelt vor – wenn man wie Inanna aller Versatzstücke von Macht und Stellung beraubt wird. Die jahrelange Erfüllung der Bedürfnisse anderer, Jahre der Hingabe an die Arbeit oder eine Sache, in denen man dem inneren, spirituellen Leben praktisch keine Bedeutung zumaß, finden mit einer lebensbedrohlichen Krankheit ein Ende und stürzen einen in die Handlungsunfähigkeit – und in die Unterwelt.

Krankheiten werfen Fragen auf wie: »Wer bist du, wenn du nichts mehr tust?« Wenn man nicht mehr produktiv oder für andere unentbehrlich ist? Wenn man wegen der Krankheit nicht mehr weiterkann und seinen Status verliert? Wer bist du, wenn du nicht mehr Versorger oder Chef sein und deine Arbeit nicht mehr erledigen kannst, egal, was das ist? Spielst du für dich selbst eine Rolle?

Krankheiten holen uns aus dem Kopfzustand heraus und zwingen uns in unseren Körper. Die Oberwelt, die wir hinter uns lassen, ist gleichbedeutend mit der geistigen Klarheit unseres ehemaligen Selbst. Schmerz und Medikamente, Depressionen und Angst, die Nebenwirkungen einer lebensbedrohlichen Krankheit und deren Behandlung beeinträchtigen unsere Erinnerung, die Aufmerksamkeit fürs Detail, die Fähigkeit, klar zu denken, die Sinne zu konzentrieren und intellektuelle Aktivitäten zu verfolgen. Krankheiten bedrohen den Seelenzustand ebenso wie den Körper. Schon die leichteste vorübergehende Krankheit verwirrt die Gedanken; eine Erkältung oder leichte Grippe zwingen uns, uns dem Körper zuzuwenden und das Zentrum unserer Aufmerksamkeit hierher zu verlagern.

Genau diese Behinderung von Verstand und Körper kann sich als das Mittel herausstellen, durch das es möglich wird, Veränderungen im Leben vorzunehmen, die uns von seelenzerstörenden Beziehungen und Berufen befreien. Ich vermute, daß seelisches Sich-Treibenlassen und Arbeitsunfähigkeit gewöhnlich einen bedeutsamen Anteil an der Heilung der Seele haben. Krankheiten versetzen uns in ein spirituelles Reich, das Reich der Gebete, und ein Großteil unserer Wachzeit wird nun traumartig und meditativ. Als spirituelle Wesen auf einem menschlichen Weg sehnen wir uns nach einer Verbindung zu unserem eigenen göttlichen Wesen, aber wenn wir das vergessen, werden wir anfällig für Süchte, auch die Sucht, immer etwas tun zu müssen, egal, wie sinnentleert die Tätigkeit auch sein mag.

Sehnsüchte, die wir sonst vielleicht verleugnen, wie danach, daß andere sich um uns kümmern oder wir anderen nahe sind, treten bei einer Krankheit ebenfalls an die Oberfläche. Menschen sind verletzliche Wesen und brauchen einander, aber viele »getriebene« Menschen, besonders Männer, zunehmend aber auch Frauen, verleugnen diese menschliche Realität und rennen ständig vor dieser Facette von Abhängigkeit in ihnen davon.

Diesen Gedanken hing ich bei einer Trauerfeier für einen Mann nach, der an Aids gestorben war. Vor Ausbruch seiner Krankheit war es ihm gelungen, andere Menschen mit seiner Brillanz und Arroganz auf Distanz zu halten, aber in den Jahren vor seinem Tod riß er die Mauern nieder, die ihn von anderen trennen – aber auch die Mauer in sich selbst, die sein liebevolles, vertrauensvolles Wesen eingesperrt hatte und dessen Ausdruck verhinderte. Vorher hatte er einschüchternd gewirkt, und als er diesen Teil seines Selbst preisgab, wurde er liebenswert.

Die Erinnerung an das ureigene Wesen erfolgt vielleicht durch Seelenarbeit mit einem psychologischen oder spirituellen Berater, bei Meditation und Therapie oder, wie ich immer häufiger sehe, in Gruppen von Menschen, die sich einander und einer unsichtbaren Präsenz oder spirituellen Energie öffnen. Diese Energie macht die Gruppe zu einem vertrauenerweckenden Raum, einem *temenos* oder Schutzgebiet, in dem es sicher ist, die Wahrheit von Gefühlen, Gedanken und Taten auszudrücken. Die Beziehung von Menschen wird von einer bestimmten geistigen Atmosphäre durchdrungen, wenn sie die Ebene des Egos und der Persona hinter sich lassen und direkt mit dem Selbst in sich kommunizieren: »Wo mehr als zwei in meinem Namen versammelt sind, da werde ich ebenfalls anwesend sein«, ist ein biblisches Versprechen – und eine archetypische Realität.

Heilgruppen

Vor einiger Zeit saß ich in einem Kreis aus 27 Frauen, von denen zwanzig Krebs überlebt hatten und die sich alle in einem wichtigen Übergangsstadium ihres Lebens befanden. Ihre Zukunft war unsicher (wie eigentlich für jeden, aber die Personen in dieser Gruppe waren sich dessen schärfstens bewußt). Sie sprachen über das, was sie durchgemacht hatten und was ihnen bevorstand, wie ihr Leben vor dem Krebs gewesen war und welche Veränderungen sie seitdem getroffen hatten. Die meisten Frauen erzählten Varianten einer von zwei bestimmten Geschichten. Am deutlichsten und und klarsten sprachen die »Workaholics« über sich, die sich selbst als solche erkannt hatten. Sie schilderten, wie der Beruf bei ihnen alles verschlungen hatte, nicht nur allein die sechzig bis achtzig Stunden in der Woche, die sie bei der Arbeit verbrachten, sondern auch ihre Freizeit, wie ihr Beruf zum Zentrum ihres Lebens geworden war.

In der zweiten Geschichte ging es darum, wie die Frauen von der Versorgung anderer aufgezehrt worden waren. In der Phase vor der Diagnose hatten sich diese Frauen um kranke Eltern oder Partner gekümmert oder mit einem Alkoholiker gelebt und dabei oft gleichzeitig den Lebensunterhalt verdient. Ich hatte den Eindruck, daß die Arbeit oder die Beziehung, die anfangs für sie wichtig gewesen war, allmählich von ihnen Besitz ergriffen hatte, bis sie sich nicht mehr daraus lösen konnten – aber wie bisher weitermachen konnten sie auch nicht. Der Krebs verhinderte nun, weiterhin den Beruf oder die Bedürfnisse eines anderen Menschen zum Zentrum ihres Lebens zu machen. Nun mußten sie sich um sich selbst kümmern und stärker von anderen abhängig sein als je zuvor in ihrem Leben.

Jede Frau in diesem Kreis war ein einzigartiges Individuum, aber als wir zusammensaßen, erkannte ich, daß jede einzelne auch einen Aspekt jeder anderen von uns vertrat und beim Sprechen etwas für die anderen wie auch für sich selbst aussagte. Wir begegneten einander auf der Seelenebene und sagten die Wahrheit, wie wir sie empfanden und aus Erfahrung

kannten. Draußen regnete es, es war ein trüber Tag. Eine Mit-
gründerin unserer Sponsororganisation war zwei Tage vor diesem Treffen an Brustkrebs gestorben, eine andere hatte vor
kurzem einen Knoten bei sich entdeckt. Doch hier herrschten
spirituelle und emotionale Wärme: Es war, als sei Hestia, die
Göttin der Feuerstellen und Tempel, in der Kerzenflamme in
der Mitte unseres Kreises zugegen. Es herrschten Lachen, Tränen und Seelentiefe. Der Kreis war wie ein alchimistisches Gefäß für das Wachstum der Seele – ein nährender und tröstender
Kelch, der genügend gute Muttereigenschaften für alle ent-
hielt. Wir hatten die Alltagswelt verlassen, um zusammenzu-
kommen, und fühlten uns, als würden wir hier von einem
»herzerfüllten« Licht berührt, das aus uns selbst stammte,
während wir in der Unterwelt oder Anderswelt weilten und
die menschliche Erfahrung *er-innerten*, sich in Wärme und
Sicherheit zu fühlen, geschützt vor den Elementen draußen.

Paare, die sich zusammen der lebensbedrohlichen Krankheit
eines der Partner stellen und den Abstieg gemeinsam unternehmen, beschreiben oft, wie sie sich mitten in einer Unterweltserfahrung unerwartet in einem Zauberkreis aus Vertrauen und Liebe befinden. Nichts wird mehr selbstverständlich hingenommen, Gefühle werden in Worte gefaßt, und
bei jeder neuen Krise gehen beide eine neue Verpflichtung ein,
emotional und sensibel für den anderen dazusein. Wenn es
keine schützenden Orte für einen Rückzug mehr gibt, entsteht
eine schöne, zärtliche Seelenverbindung. Freunde und Angehörige fühlen sich, solange sie eine offene Seele haben, ebenfalls wie in diesem alchimistischen Gefäß, in einer Ich-Du-Beziehung, in der jeder fühlt, wie geliebt der andere ist. In Zeiten
des Abstiegs entwickelt sich eine so tiefe Verbindung, wie sie
sonst vielleicht nie entstanden oder ausgedrückt worden wäre.

Das Geben und Empfangen bedingungsloser Liebe, die Erkenntnis, daß wir in diesem Moment so, wie wir sind, geliebt
werden, daß wir aus ganzem Herzen diese Liebe erwidern
können – dies alles wird uns durch Gnade gewährt. Aus
der Seelenperspektive sind wir, wenn wir bedingungslos lieben, im Zustand von Gnade. Gnade ist jene unbeschreibliche,

mysteriöse Heilpräsenz oder Energie, die manche Augenblicke sakramental, heilig und »seelenerfüllt« sein läßt.

Die Erfahrung bedingungsloser Liebe

Ich erinnere mich an eine Ahnung eben dieses Gefühls, wie ich es in Mutter Theresas Hospiz für die Armen und Sterbenden in Kalkutta empfand. Die Straßen draußen wimmelten von Menschen zu Fuß, auf Fahrrädern, in hupenden Fahrzeugen, von Marktständen und Straßenhändlern; ganz in der Nähe lag der Kalitempel. Meine Sinne fühlten sich von der Kombination aus Geräuschen, Hitze, der schweren braunen Luft, die über der Stadt hing, und von den visuellen Kontrasten beleidigt. Als ich das Hospiz durch Tore und dicke Mauern betrat, war es, als würde ich eine andere Welt aus Stille und Gelassenheit betreten, einen kühlen ruhigen Tempel. Es bestand, wie viele alte Hospitäler, aus zwei offenen Stationen, einer für Männer und einer für Frauen. Krankenschwestern in Saris kümmerten sich um die Menschen, die auf niedrigen Pritschen lagen. Ein Freiwilliger, den ich als Jerry Brown, den ehemaligen Gouverneur von Kalifornien erkannte, wusch einen Mann, der vor kurzem hergebracht worden war. Noch nie hatte ich in einem Krankenhaus einen solchen Frieden empfunden. Hier waren Menschen, die man kurz vor ihrem Tod auf den Gehwegen, in den Gossen und Gassen Kalkuttas aufgelesen hatte. Jeden Tag macht ein Fahrzeug seine Runde und bringt solche Menschen hierher ins Hospiz. Viele sterben darin, aber andere genesen schließlich so weit, daß sie entlassen werden können.

Sie werden in das Hospiz gebracht, damit sie ein einziges Mal vor ihrem Tod ungeteilte, bedingungslose Liebe erfahren können, zwar nicht von jemandem, den sie persönlich kennen, sondern durch Herz, Seele, Berührung und Blicke der Krankenschwestern und Freiwilligen, die die Schönheit ihrer Seele trotz des elenden Zustands ihres Körpers und oftmals auch ihres Lebens erkennen können. Auf den Pritschen liegend atmen sie in dieser Atmosphäre von Gelassenheit etwas Unbeschreibliches, Seelentröstendes ein. Ich frage mich, ob dies einen flüchtigen Blick auf das darstellt, was wir in diesem Menschenleben erfahren können: Bedingungslose Liebe, die einem Herz und Seele wärmt, eine Liebe, die göttlich ist, aber von Menschen gegeben und empfangen wird; ein tiefer Frieden, der sich ausbreitet, wenn uns etwas Unsichtbares umfangen hält; ein Gefühl des Geliebtwerdens, das durch eine zärtliche menschliche Berührung ausgelöst wird; auf der Schwelle zum Tod Vertrauen zu empfinden und keine Angst zu haben.

Ich denke oft darüber nach, daß alle spirituellen Praktiken mit der Wiedergewinnung der Unschuld zu tun haben und stelle mir die Frage, wie uns eine lebensbedrohliche Krankheit dazu führen kann. Ich frage mich auch, ob genau diese Wiedererlangung von Unschuld die große Erhabenheit in Mutter Theresas Krankenhaus bewirkt. Vielleicht schlafen diese Männer und Frauen, die so liebevoll gewaschen und gepflegt werden und nun in Fötalstellung auf ihren Pritschen liegen, die in ein paar Tagen friedlich sterben werden, den Schlaf der Unschuld?

Die Ärmsten der Armen, die verzweifelt und sterbend auf den Straßen Kalkuttas aufgelesen wurden und nun friedlich auf ihren Liegen ruhen, haben eine ebenso grundsätzliche Erfahrung gemacht wie Frauen in Heilgruppen, Krebspatienten in organisierten Heilgemeinschaften oder Aids-Patienten, die in Hospizen leben. Sie haben Anteil an bedingungsloser Liebe und fühlen sich akzeptiert und »heil«. Und so gesundet ihre zerbrochene Seele.

Prokrustes-Erwartungen und -Maßstäbe machen es im Gegensatz dazu unmöglich, sich gleichzeitig akzeptiert und innerlich heil zu fühlen. In einem Kreis aus bedingungsloser Liebe wird es möglich, das wiederzugewinnen, was wir und andere in uns selbst abgelehnt haben. Dazu gehört eine Unschuld, gleich jener, mit der wir auf die Welt kamen und in der wir annahmen, daß wir geliebt würden.

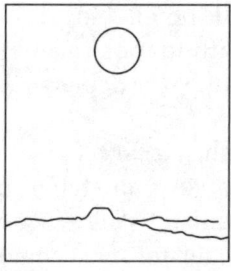

6.
Krankheit als Wendepunkt

Wenn ein Baseballteam im Match zurückliegt, wird eine Auszeit ausgerufen: Man hält die Spielzeit an, schöpft Atem, überlegt sich eine neue Strategie oder bringt einen neuen Spieler aufs Feld. Wenn die Spieler eng zusammengedrängt dort stehen, fragen wir uns, ob sie es tatsächlich schaffen werden, den Rückstand aufzuholen. Die Patienten, die Lawrence LeShan in seinem Buch »Diagnose Krebs« beschreibt, befanden sich in vergleichbaren Situationen. Ihre schlechte Prognose bedeutete, daß sie nicht mehr viel Zeit hatten. An dieser Wegkreuzung begannen sie die Psychotherapie mit LeShan.

LeShan stellte ihnen ausgesprochene Gewissensfragen, Fragen, die man nicht aus dem Verstand heraus beantworten kann. Man muß vielmehr die Antwort tief in sich selbst suchen gehen, um mit vergessenen Erinnerungen an Freude und Zufriedenheit wieder aufzutauchen. Man muß wahrheitsgemäß die betäubende Verzweiflung oder den fehlenden Sinn im Leben (die eng miteinander verbunden sind) beschreiben können. In einem solchen Zustand fehlt dem Leben einfach der »Biß«. LeShan hat in den 35 Jahren seiner Arbeit mit Krebspatienten als Forscher und klinischer Psychologe festgestellt, wie stark psychologische Veränderungen in Verbindung mit einer medizinischen Behandlung ein eingeschränkt arbeitendes Immunsystem für die Heilung mobilisieren können. Er fand heraus, daß die Verbesserung der Lebensqualität das Leben selbst verlängert.

Er fragte etwa: »Welche Art von Leben würde Sie so froh machen, daß Sie morgens gern aufstehen und abends so richtig schön müde ins Bett fallen? Was würde Ihnen im Leben die größte Freude und Begeisterung schenken? Welche Lebensweise können Sie sich vorstellen, die Sie ganz in Anspruch nimmt und körperlich, psychologisch und spirituell im Einklang mit Ihnen stünde? Welche Art Leben wäre für Ihre Gesamtpersönlichkeit natürlich? Wie würden Sie leben, wenn Sie die Welt für sich ›maßschneidern‹ könnten?«

Den eigenen Mythos finden

LeShans Fragen erinnerten mich an Joseph Campbells Reaktion auf einen jungen Mann, der einer Rede von ihm darüber zugehört hatte, wie notwendig es sei, seinen eigenen Mythos zu finden, denn beim eigenen Mythos und den Antworten auf LeShans Fragen handelt es sich um Varianten von ein und demselben Thema: Entdecke, wer du bist, und lebe entsprechend dieser Wahrheit.

Der Mann fragte Campbell: »Wie kann ein Mensch seinen eigenen Mythos finden?« Campbell antwortete mit einer Gegenfrage: »Wo liegt Ihr tiefstes Gefühl für Harmonie und Glück?« »Das weiß ich nicht ... ich bin nicht sicher«, lautete die Antwort. »Dann suchen Sie es«, gab Campbell zurück, »und folgen Sie diesem Weg.«

Campbells Satz »Folge deinem Glück« wurde oft zitiert und manchmal von Menschen kritisiert, die nicht begriffen, was genau damit gemeint war. Es bedeutet keineswegs, von einem hedonistischen Vergnügen zum anderen zu hasten, sondern ist vielmehr ein Ratschlag, der idealerweise eine lebenslange Verpflichtung zu etwas nach sich zieht. Campbell selbst etwa folgte seiner Liebe zu Mythologien.

90

Die Reaktionen auf LeShans Fragen und Campbells Aufforderung an den jungen Mann entstammen dem »tiefsten Gefühl für Harmonie und Glück« – und das hat etwas mit der Seele zu tun. Psychologisch gesehen herrschen Harmonie und Glück, wenn das, was man tut, der persönliche Ausdruck eines archetypischen Musters ist, durch das das Selbst sich empfindet. Man fühlt sich zentriert, man hat ein Gefühl, man selbst zu sein. Diese Augenblicke sind heilig, und das Leben hat einen Sinn.

Archetypen

Carl Gustav Jung führte den Begriff der Archetypen in die Psychologie ein. Archetypen sind angeborene Veranlagungen, die die Persönlichkeit, die Beziehungen und die Arbeit beeinflussen. Wenn das Leben schal und sinnlos erscheint und etwas grundsätzlich falsch an dem ist, wie wir leben und was wir tun, bestehen vermutlich Diskrepanzen zwischen den Archetypen in Ihnen und Ihren sichtbaren Rollen, zwischen der Oberfläche und dem, was Sie in sich spüren und sind. Bei der Aufspürung dieser inneren Muster fühlte ich mich zu den griechischen Göttinnen und Göttern hingezogen und schrieb darüber in meinen Büchern »Göttinnen in jeder Frau« und »Götter in jedem Mann«. Ein authentisches Leben, der Sinn darin und der persönliche Mythos sind eng mit dieser archetypischen Schicht der Seele verbunden. Wenn man diese archetypischen Quellen des Sinns ergründet, findet man die persönlichen Antworten auf LeShans Fragen. Aber man muß nicht die Namen der eigenen Archetypen kennen oder einen Titel für seinen Mythos haben: Ihre Wahrheit ist Ihr Mythos. Dort finden Sie Harmonie und Glück.

Harmonie bedeutet, sich auf dem richtigen Weg zu befinden, eins damit zu sein – und seinen Lebensunterhalt mit einer Arbeit zu bestreiten, die einen ausfüllt und mit den persönlichen Werten übereinstimmt, einer Arbeit, zu der man eine Begabung hat. Harmonie heißt, mit einem Partner zu leben, mit

Freunden oder allein, mit Tieren oder mit der Natur, in einer bestimmten Stadt oder einem Land, und dort das Gefühl zu haben, sich selbst treu zu sein. Harmonie wird aber auch in tiefem Kummer erlebt, der mit einem großen Verlust einhergeht. Harmonie ist grenzenlose, unbewußte Spontaneität, die Unmittelbarkeit von Lachen, das Aufquellen von Tränen. Harmonie ereignet sich, wenn Verhalten und Glauben miteinander übereinstimmen, wenn das innere archetypische Leben und das äußere Leben Ausdruck voneinander sind und wir wahrhaftig zu dem stehen, wer wir sind. Und nur wir selbst können erkennen: »Hier fühle ich mich zu Hause«, »Ich bin völlig in diese Aufgabe vertieft«, »Das macht mir Freude«, »Ich liebe dich« oder »Ich bin glücklich«.

Glück und Freude erleben wir in den Momenten, in denen wir unsere tiefste Wahrheit ausleben – in Augenblicken, in denen das, was wir tun, mit unseren archetypischen Tiefen im Einklang steht. Dann sind wir am authentischsten und vertrauensvollsten und empfinden, daß alles, was wir tun – und das kann sehr wohl etwas Profanes sein –, dennoch heilig ist. Dann haben wir das Gefühl, Anteil an dem Göttlichen zu haben, das in uns und rings um uns her existiert.

Angeborene Fähigkeiten

Jeder kommt mit bestimmten Begabungen und Fähigkeiten auf die Welt, die aber unerkannt und unentwickelt bleiben, bis sie die Chance erhalten, ausgedrückt zu werden. In der Schule und auf dem Spielplatz, in der Familie und am Arbeitsplatz werden einige dieser Fähigkeiten erkannt und gewürdigt. Es gibt viele verschiedene Arten von Intelligenz und Wahrnehmung, doch nur einige davon werden gefördert. Es gibt viele Begabungen, aber nur manche werden geschätzt. Die Kultusminister entscheiden, was wir lernen, wie es gelehrt wird und in welcher Klasse es zum Lehrplan gehört. Die Eltern entscheiden, welchen Unterricht wir nach Schulschluß noch belegen sollen. Wenn wir Glück haben, entspricht das, was wir lernen sollen, auch einem Talent; dann lernen wir gern und zeichnen uns vielleicht sogar darin aus.

Eine Arbeit, die (genau wie das Leben) von uns fordert, unsere angeborenen Talente zu nutzen und zu entwickeln, ist für uns persönlich sinnvoll. Eine Arbeit, die uns interessiert, uns zu Wachstum herausfordert und uns Gelegenheiten bietet, kreativ zu sein, verankert uns im Leben. Wir fühlen uns bei einer solchen Arbeit authentisch und mit uns im reinen. Wenn wir das, was wir tun, auch noch lieben, wird die Arbeit zu einem Ausdruck unseres wahren Wesens.

Die Genesung von einer lebensbedrohlichen Krankheit hängt unter Umständen davon ab, ob wir herausfinden, wo unsere Fähigkeiten liegen. Dabei können uns Eignungstests einen Weg weisen, die uns eine ganze Reihe von Möglichkeiten erkunden lassen, um unsere natürlichen Begabungen aufzudecken. Sie lassen uns herausfinden, wie unser Verstand arbeitet und machen uns klar, was wir von innen heraus gern tun.

Würde es Ihnen zum Beispiel Spaß machen, ein Blatt Papier zu falten, einen Bleistift durch die verschiedenen Schichten zu bohren, um dann unter mehreren Diagrammen dasjenige zu bestimmen, das genau zeigt, wo die Löcher im Papier auftauchen, wenn man es auseinanderfaltet?* Oder würde Sie das frustrieren? In diesem Test geht es um räumliches Denken, das diejenigen faszinierend finden, die diese Begabung haben.

Spaß und Frustration sind zwei gegensätzliche, subjektive Gefühle. Es macht Spaß, einen Aspekt des Verstandes zu fordern oder auszuloten, eine körperliche Aufgabe zu bewältigen, zu der man geschickt sein muß, Farben, Töne oder Wortpaare zusammenzustellen, die etwas bedeuten – sofern diese Aufgaben bestimmte Fähigkeiten in uns ansprechen. Es ist sehr frustrierend, sich trotz aller Versuche und Bemühungen in etwas nicht auszeichnen zu können, weil man einfach nicht das dafür notwendige Talent hat. Es ist schwer zu ertragen,

---

* Dieser Test wurde von der Johnson-O'Connor-Forschungsstiftung durchgeführt.

wenn persönlicher Einsatz nicht zu Befriedigung führt. Es macht keinen Spaß, ein Vierkantholz in einem runden Loch zu sein, auch wenn das, was man tut, ganz passabel ist.

LeShans Patienten erlebten lange Phasen des Rückgangs oder Abklingens ihrer Krankheit, wenn sie neue Lebenslust entwickelten, die wiederum die Heilung des Körpers förderte. Begeisterung für das Leben war dabei das grundlegende Element. Meinem Verständnis nach empfindet man eine solche Lebenslust, wenn die Seele sich wieder für das Leben engagiert und es dadurch einen Sinn bekommt. Lebenslust entsteht, wenn wir vom Geist oder von Göttlichkeit inspiriert werden.

Das Wort »Enthusiasmus« stammt vom griechischen *entheos* ab (*theos* bedeutet Gott). Ich halte es nicht für möglich, wahrhaft enthusiastisch zu sein, wenn wir nicht gleichzeitig ganz wir selbst sind, das heißt, wenn wir nicht getreu unseren bestimmten Fähigkeiten und Archetypen leben.

Innere Quellen für ein kreatives Leben

LeShan bezeichnete die Menschen, für die eine Krebskrankheit zum Wendepunkt wurde, als »verlöschende kreative Flammen«. Indem sie ihre Antworten fanden und ihr Leben so weit veränderten, daß sie ihr authentisches Selbst wahrhaftiger ausdrücken konnten, wurden ihre Kreativität, ihr Enthusiasmus und ihre Vitalität neu entfacht. Schätzungsweise die Hälfte seiner Patienten, die LeShan über einen Zeitraum von dreißig Jahren hinweg begleitete, erlebte lange Phasen des Krankheitsrückgangs, der Remission, und lebte noch, als er über seine Arbeit mit ihnen schrieb.

Für viele ist die Suche nach persönlichen Antworten auf LeShans Fragen schwer: Aufgrund ihrer eingefleischten Gewohnheit, die Bedürfnisse anderer stets vor die eigenen zu stellen, wenn sie Selbstachtung mit Produktivität gleichsetzen, wenn sie sich ständig selbst herabsetzen, weil andere dies stets taten, und wenn sie allgemein, in wichtigen wie unwichtigen

Dingen, beschämte Prokrustes-Entscheidungen treffen, die einem alles abschneiden, was wirklich wichtig ist.

Die Quellen der Freude, die zerstückelt, vergessen und vergraben in der Unterwelt liegen, müssen wieder hervorgeholt werden. Samen der Kreativität, unkultivierte Talente, vergessene Ansichten, aufgebene Träume und Weisheiten lassen sich dort ebenfalls finden. Beim Abstieg dorthin stoßen wir auf Schätze, die Teile und Aspekte unseres zerstückelten Selbst sind: Unser menschliches Erbe aus dem symbolischen und archetypischen Reich des kollektiven Unbewußten.

Im Dämmerlicht der Unterwelt sind Ego und Verstand für uns wenig von Nutzen. Hier ist das Reich der Seele, und es ist das Herz, das uns hilft, an diesem dunklen Ort auf Gold zu stoßen – wenn wir erst das Bleigewicht eines unwahrhaftigen Lebens abgestreift haben. Paradoxerweise können wir die Dunkelheit erst durchdringen und die Regungen von Herzenssprüngen erst empfinden, wenn wir erkannt haben, wie entfremdet wir von einem sinnvollen Leben waren, wie abgeschnitten wir uns von den eigenen Tiefen fühlen, wie wenig wir lieben, wie dürr und leer unser Leben ist. Körperliche und emotionale Fehlfunktionen und Krankheiten können ein Tor in die Unterwelt darstellen, wo Schmerz *und* Liebe sich verborgen halten.

Bei vielen Menschen hat es vor dem Auftreten der körperlichen oder seelischen Krankheit eine monate- oder sogar jahrelange Phase gegeben, die dem Winter in einem nördlichen Klima ähnelt. Der Winter ist eine Zeit, in der nichts wächst, wenn nichts geschaffen wird, wenn nichts Junges, Verletzliches an die Oberfläche tritt – wenn das Leben nicht grün und saftig ist. Eine solche Phase ist das psychologische Gegenstück zum Ödland, eine graue Zeit, in der man sich in der Statik des Lebens gefangen fühlt. Schmerz, Wut und Trauer liegen vielleicht unter der Oberfläche vergraben und müssen wieder hervorgeholt werden. Aber wir erleben vielleicht nie wieder einen Frühling, wenn wir an einer lebensbedrohlichen Krankheit leiden oder wenn eine Psychotherapie sich ausschließlich auf negative Kindheitserlebnisse und pathologische Motivationen konzentriert.

LeShan arbeitete anfangs nach der traditionellen Freudschen psychoanalytischen Therapie und Theorie und stellte fest: »Keinem meiner Patienten ging es besser. Sie freuten sich vielleicht auf die Sitzungen, fühlten sich anschließend womöglich besser, aber sie starben weiterhin im gleichen Tempo, als hätte ich gar nichts bei ihnen bewirkt.« LeShan zog daraus den Schluß, daß der Therapieprozeß (und nicht nur der Freudsche) bei Krebspatienten nichts ausrichtet, wenn er sich nur auf die Frage konzentriert: »Was stimmt nicht mit dem Patienten? Wie wurde er so?« und »Was kann man dagegen tun?«, Fragen, die bei einer ganzen Reihe von emotionalen oder kognitiven Problemen sehr wirksam sein können. »Sie [diese Fragen] mobilisieren nicht die selbstheilenden Fähigkeiten des Patienten, die die medizinische Behandlung unterstützen würden.«

Was ist für mich wahr?

Der therapeutische Ansatz, den LeShan mit seinen Forschungen an Krebspatienten entwickelte, beruht auf völlig anderen Fragestellungen. Diese lauten:

Was stimmt an diesem Menschen? Was ist seine oder ihre ganz bestimmte Seinsweise, wie setzt er sich mit anderen auseinander oder schafft etwas, wie sieht seine ganz eigene, natürliche Lebensweise aus? Wie verläuft sein spezieller Lebensrhythmus, sein ureigenes Lied, so daß er tatsächlich schon beim Aufstehen morgens singt und auch froh abends wieder schlafen geht? Welcher Lebensstil würde ihm Eifer, Begeisterung und Engagement vermitteln?

Wie können wir zusammenarbeiten, um diese Wege des Seins, der Beziehungen und der Kreativität zu finden? Was hat die entsprechende Wahrnehmung und / oder den entsprechenden Ausdruck in der Vergangenheit blockiert? Wie können wir zusammenarbeiten, so daß dieser Mensch weiterhin in diese Richtung geht, bis er ein erfülltes, begeistertes Leben führt, in dem er weder die Zeit noch die Energie für Psychotherapie hat?

LeShan beginnt seine Fragen mit dem Satz »Was stimmt an dieser Person?« statt »Was stimmt nicht mit diesem Menschen?« Seine weiteren Fragen haben alle damit zu tun, daß jeder Mensch einzigartig und besonders ist und nicht entweder falsch oder richtig lebt. Die Frage »Was ist für diesen Menschen wahr?« legt meiner Meinung das Fundament für seine Arbeit und alle psychologische und spirituelle Entwicklung, die etwas mit Individuation zu tun hat. Sie bildet seit über dreißig Jahren auch den Kern meiner eigenen psychologischen Arbeit mit Menschen. Sie bedeutet, die medizinische, psychiatrische und psychoanalytische Perspektive aufzugeben, die auf eine pathologische Diagnose abzielt, und sich statt dessen auf die Wiederbelebung der beschädigten Gefühle für Sinn und Zweck zu konzentrieren, die hinter jeder seelischen und körperlichen Krankheit stehen.

Hat das Leben einen Sinn? Kann die Einzigartigkeit der Umstände unseres bestimmten Lebens mit seinen Leiden und seiner Liebe, seinen einzigartigen Talenten, seinen Befriedigungen und Freuden einen Hinweis darauf geben, was uns ein Gefühl für Sinn und Werte gibt? Wenn wir herausfinden, was für uns wahr ist, und danach leben – könnte dies unser Leben verlängern?

LeShans Arbeit läuft genau darauf hinaus. Ich glaube, daß eine Psychotherapie, die Krebspatienten, die sonst gestorben wären, zur langfristigen Remission bringt, mit Liebe als dem Grundelement dieses Prozesses einsetzt. Suchen Sie sich einen Therapeuten, der seine Arbeit liebt und mit Herz und Seele dabei ist, jemanden, der Schönheit, Verletzlichkeit und Tapferkeit sehen kann und diese Eigenschaften schätzt, jemanden, dem die Psychotherapie selbst Seelenarbeit bedeutet. Denn wie kann ein Therapeut jemand anderem helfen, seine Seele zu finden, wenn er sie nicht selbst gefunden hat? Wenn Ihr Leben davon abhängt, einen Sinn, Kreativität und Freude zu finden, muß Ihr Führer seinen eigenen Weg dorthin schon gefunden haben.

Wenn Michelangelo einen unbehauenen Marmorblock betrachtete, sah er bereits die Figur, die er daraus erschaffen würde. Mit seinem Talent und den Werkzeugen eines Bildhauers arbeitete er die Schönheit, Kraft und Großartigkeit der Gestalt heraus, die er sah, und machte sie für jedermann sichtbar.

Ein Psychotherapeut braucht einen vergleichbaren Blick, um das freizusetzen, was in einem Menschen wahr ist. Um diese Alchimie in die Arbeit eines Therapeuten oder Bildhauers einzubringen, sind nicht nur Ausbildung und Erfahrung nötig, sondern auch die Fähigkeit, Potential und Schönheit auszumachen. Die Seele, und nicht der Verstand, erkennt diese Eigenschaften.

Menschliche Wärme und Emotionen, Mitgefühl für andere und für sich selbst bringen den Frühling dazu, das winterliche Ödland aufzutauen. Verleugnung und Widerstand der Wahrheit gegenüber brechen auf wie dünner werdendes Eis, um das Leben zu befreien, das wir glaubten, begraben zu müssen. Unter der gefrorenen Erde, die noch vom Winterschnee bedeckt ist, liegen die schlafenden Wurzeln, Knollen und Samen, die nun Regen und Sonne brauchen. Sie sind wie die potentiellen Blüten lebensbestätigender Möglichkeiten, die in der Psyche vergraben und vergessen liegen. Es ist die Liebe, die uns in Kontakt zur Seele bringt, zur Seelenarbeit, Seelenverwandtschaft.

Es ist die Liebe zu dem, was wir tun und wer wir sind, die uns ein Gefühl gibt, in diesem Universum einen Platz zu haben, ein Zugehörigkeitsgefühl. Liebe führt uns zu dem, was uns Glück und Harmonie, Sinn und Zweck schenkt, und das kann sich auf körperliche Zustände positiv auswirken, die sonst fatal verlaufen würden, und einen »Waffenstillstand« zwischen Krankheit und Gesundheit erreichen.

Es gibt außer Krebs noch viele Krankheiten, die potentiell tödlich verlaufen. Krankheiten können sich verschlechtern und unheilbar werden. Bluthochdruck, Diabetes und Autoimmunkrankheiten erzeugen vielleicht keine Metastasen, aber sie betreffen den gesamten Körper und können zu Organversagen führen. Viele Krankheiten und Infektionen breiten sich aus, wenn sie nicht behandelt werden, und enden dann tödlich. Zahlreiche andere Leiden außer den vielen Krebsarten und Aids sind unheilbar, doch sie können unter Kontrolle und jahrelang in Schach gehalten werden. Dies gilt auch für schwere seelische Krankheiten. Hier bleiben die Patienten zumindest einigermaßen gesund, wenn sie sich gewissenhaft an bestimmte Dinge halten – und wenn sie Glück haben.

Die kollektive Einstellung gegenüber einer Krankheit hat eine Menge mit der psychologischen Wirkung der Diagnose zu tun. Erwartungen sind ein mächtiger Faktor. Das Wort Krebs hat auf die meisten Menschen eine erschreckende und, abgesehen von Aids, viel stärkere Wirkung, als die Namen anderer chronischer und oft progressiv verlaufender Krankheiten, die für manche Menschen fatal enden.

Die kollektiv verbreitete Erwartung gegenüber Krebs, besonders bei Knochen- und anderem Organkrebs, ähnelt der einer Voodoo-Gemeinde, wenn sie hört, jemand sei verhext worden. Eine Frau, deren Brustkrebs sich auf die Knochen ausgebreitet hatte, beschrieb mir einmal eine Unterhaltung mit einer jungen Mutter, die von deren Sohn unterbrochen wurde. Als der Junge hörte, über was die Mutter am Telefon sprach, rief der Kleine laut genug, um am anderen Ende der Leitung gehört zu werden:»Ist die denn noch nicht tot?«Offensichtlich wiederholte der Junge das Gerede hinter ihrem Rücken, das davon ausging, metastatischer Krebs sei ein ebenso eindeutiges Todesurteil wie die Verhexung durch einen Voodoo- Zirkel.

»Ungewöhnliche« Patienten, wie sie Bernie Siegel beschreibt, akzeptieren die kollektiven oder konventiellen Annahmen und Einstellungen nicht und sind bereit, größere Veränderungen in ihrem Leben vorzunehmen, um gesund und lebendig zu bleiben. Und ungewöhnliche Therapeuten wie LeShan helfen ihren Klienten dabei. Der Wendepunkt setzt mit der Überzeugung ein, daß dies möglich ist, und mit Aktivitäten, die genau das herbeiführen sollen.

Die Medizin kann eine Menge für uns tun, oft auf dramatische Weise, aber die vollständige Gesundung hängt nach der Behandlung von vielen anderen Faktoren ab. Die körperliche Gesundheit bessert sich, wenn die emotionale Einstellung positiver wird und spirituelle Hilfsquellen vorhanden sind, mit guter Ernährung und Bewegung, wenn toxische Einflüsse ausgeschaltet werden, wenn der Mensch etwas hat, für das er lebt, und wenn er tut, was ihm hilft, um gesund zu bleiben.

Ein gutes Beispiel dafür ist Dean Ornishs Methode der Herz-infarktbehandlung. Mit der Einhaltung einer fettarmen vege-tarischen Diät, mit regelmäßiger körperlicher Bewegung, Yoga und Meditation und der Unterstützung einer Gruppe ist es möglich, eine Operation zu vermeiden und das Herz wieder gesunden zu lassen. Ornishs Patienten haben die Krankheit tatsächlich überstanden. Die blockierten Arterien haben sich erweitert, der Blutfluß wurde verbessert – und das bei Men-schen, die so krank waren, daß sie kaum ohne Brustschmerzen ein Zimmer durchqueren konnten.

Nicht nur LeShans Patienten in langfristiger Remission sind die lebendigen Widerlegungen der üblichen Annahmen über metastatischen Krebs. Bei ihnen sind der Krebs und die Ab-wehrbarrieren des Körpers eine Art Waffenstillstand eingegan-gen und koexistieren in einer Art Machtgleichgewicht. Eine Krankheit schreitet nicht mehr fort, wenn die gesunden Kräfte den kranken Widerstand leisten können. Bei den meisten kör-perlichen und seelischen Krankheiten kommt das gleiche Prin-zip zur Anwendung. Ob man die Metapher der Waagschalen benutzt, des Tauziehens, des Schlachtfelds oder des politischen Ausgleichs oder ob man es als Löschen eines Feuers bezeich-net, die Genesung hängt von der Fähigkeit von Körper und Seele zum Widerstand ab, um die Waage in Richtung Gesund-heit ausschlagen zu lassen.

Der Wendepunkt zur Gesundheit vollzieht sich für viele Menschen, die an demoralisierenden und kräftezehrenden Krankheiten leiden, auf der Seelenebene. Sie stehen vor der Herausforderung, die darin besteht, einen Grund zum Leben zu finden, und sie brauchen den Willen zu dieser Sinnsuche. Außerdem müssen sie kluge Entscheidungen in der Frage tref-fen, was zu unternehmen ist. Die Menschen forschen oft am falschen Ort nach einem Grund zum Leben, indem sie nach außen blicken und mit dem Verstand suchen. Doch sie müssen ihr Herz befragen. Die Suche nach einem Sinn beginnt im Innern.

Wie erkennen wir, was für uns wichtig ist? Woher wissen wir, was uns so froh macht, daß wir morgens gern aufstehen?

In was können wir uns vertiefen, und was ermöglicht es uns, »schön müde« abends schlafen zu gehen? Woher wissen wir, was wir lieben – wenn wir Jahre damit zugebracht haben, die Proteste unseres Körpers, unserer Gefühle und unserer Träume und die Botschaften des tiefen Unglücklichseins aus dem Innern zu mißachten? Von allen Wegen, die wir dazu vielleicht kennen, vertraue ich inzwischen am stärksten den Eigenschaften der Zeit als Maßstab und Indikator.

Das Erleben der Zeit – Kairos und Kronos

Wenn Liebe vorherrscht, sind wir vertieft in alles, was wir tun, und in den oder die Menschen, mit denen wir zusammen sind. Die Zeit hat dann eine ganz andere Qualität, und wir verlieren sie oft aus dem Auge. Erinnern Sie sich daran, als Sie das letzte Mal verliebt waren, wie rasch da die Zeit verging. Stunden konnten wie Minuten erscheinen, Minuten wirkten vielleicht wie Stunden, und die Zeit konnte tatsächlich stillstehen. Das ist immer so, wenn wir in etwas vertieft sind, das unsere Seele oder das Herz völlig befriedigt.

Die Griechen kannten zwei Wörter für die Zeit: *kairos* und *kronos*. Wenn wir uns in die Zeit selbst versenken und unser Gefühl dafür verlieren, erleben wir *kairos*. Hier sind wir völlig im gegenwärtigen Moment versunken, der sich über Stunden hinwegziehen kann. Immer wenn wir in das verliebt sind, was wir tun, oder in die Person, mit der wir gerade zusammen sind, immer wenn wir völlig vertieft, engagiert und fasziniert sind, erleben wir *kairos*. Mit Kreativität, die sich aus der Tiefe ergießt und dem Menschen ermöglicht, die Seele zu sein, durch die Worte, Musik oder Antworten erfolgen, erleben wir *kairos*, aber auch beim Lauschen auf Worte, Musik oder Antworten, die dem Ausdruck unseres Selbst zu entsprechen scheinen: Es ist »... Musik so innig gehört, daß sie nicht gehört wird, weil man selbst Musik ist, solange sie forttönt« (T. S. Eliot).

101

Kairos ist Zeit, die die Seele nährt. Alles was wir im *kairos* tun, befriedigt unsere Seele. Wenn ich im Frühling Unkraut jäte und Blumen pflanze, existiert nichts anderes als die Erde unter meinen Knien, und in meinem Kopf befindet sich ebenfalls nichts anderes. Wenn ich im warmen, karibischen Meer schnorchele, werde ich selbst zum Wasserwesen und folge mühelos meinen Blicken, die einen bunten Fisch, eine traumhafte Korallenformation oder einen Schwarm durchsichtiger kleiner Fische entdecken. Jemand, der an einem kalten Tag einen guten Eintopf kocht, versetzt mich in *kairos*. Fast jeder kennt so etwas. Wenn ich an die Menschen denke, die ich kenne, ist es bei der einen die Stickerei, bei anderen ist es das Nähen, Holzhacken, Angeln, Am-Auto-Basteln, das Gitarrespielen, Zeichnen und sogar das Putzen. Dinge, die für den einen unangenehm, schwierig oder langweilig sind, bedeuten für den anderen Harmonie und Glück.

Was versetzt Sie in *kairos*? Wobei verlieren Sie die Zeit aus den Augen? Was nährt Ihre Seele?

In den Augen anderer (innerlich wie äußerlich) bedeutet ein Versenken in derart »unproduktive« Tätigkeiten reine Zeitverschwendung und gilt nicht als an und für sich befriedigend. Das Ziel von Meditation ist es, den Verstand von allen Gedanken zu befreien – und das ist auch die Essenz aller seelennährenden Tätigkeiten. Im *kairos* gibt es nur den gegenwärtigen Augenblick. Um ihn zu halten, müssen wir alles andere loslassen.

Die zweite Bezeichnung für die Zeit, *kronos*, bezieht sich auf die gemessene Zeit, und die meinen wir gewöhnlich, wenn wir an Zeit denken. Es ist die Kalenderzeit, die Uhrzeit, Termine, die Zeit, die wir berechnen, nach der wir uns verabreden. Es ist die Zeit des Wochenkalenders, ohne den wir verloren wären, es ist die Zeit, von der wir nie genug zu haben scheinen, um alles zu erledigen, was getan werden muß. Sie bedrückt einen in der Schule, wenn wir wollen, daß die Stunde endet, oder wenn das Semester vorbeigehen soll. Das Wort Chronometer, eine andere Bezeichnung für die Uhr, stammt vom griechischen *chronos*, nach dem griechischen Gott Chronos oder Kronos, der seine Kinder gleich nach der Geburt verschlang. Kronos wird durch das Neugeborene symbolisiert, das am 1. Januar eines jeden Jahres erscheint und sich als gebeugter alter Mann mit Bart am 31. Dezember verabschiedet: Vater Zeit. *Chronos* ist die lineare Zeit, die wir anderen in Rechnung stellen und oft mit Geld gleichsetzen, wie in der Redewendung: »Zeit ist Geld.«

Wenn man nur um des Geldes willen arbeitet und diese Arbeit nicht liebt, wenn man pflichtschuldig irgendwo erscheint und viel lieber woanders wäre, wenn man »Zeit schindet« statt zu leben, wird das tägliche Leben zur Last. Wenn man hingegen eine Arbeit hat, in die man sich mit Herz und Seele vertieft, Arbeit, die unsere Talente in Anspruch nimmt und an der einem liegt, dann hat diese Arbeit, ganz egal um was es sich handelt und wie schwierig oder anspruchsvoll sie ist, Eigenschaften wie ein kreatives Spiel, und es sind Augenblicke wie aus purem Gold, wenn man etwas entdeckt, bei dem es »klick« macht und man sich darüber freut. Solche Arbeit zu finden ist eine der Antworten auf die Frage: »Welche Art von Leben würde bewirken, daß du morgens gern aufstehst?«

Nur Sie selbst können diese und alle anderen Fragen beantworten, die LeShan stellt. Das Konzept von *kairos* und *kronos* zu begreifen stellt einen guten Anfang dar, einen Weg, durch eigene Erfahrungen zu identifizieren, was seelenvoll ist. Mitten in den einfachen, befriedigenden, kreativen oder kontemplativen Aufgaben, die seelennährend sind, findet man plötzlich die Erinnerung an das, was man einst liebte, und wird von dieser Erinnerung zu weiteren Sinnquellen geführt.

Die Erfahrung des *kairos* an sich hat Wirkung auf das Alltagsleben, indem es uns zentriert, was uns wiederum das Gefühl gibt, in Harmonie mit uns selbst zu stehen, einen Platz im Universum zu haben. Alles, was wir im Zustand von seelennährender Vertiefung tun, geschieht in *kairos*. Je mehr wir aus unserem inneren Zentrum heraus tun, von der Seele oder dem Selbst aus, desto größer ist die Wahrscheinlichkeit, daß es uns mit Eifer und Begeisterung erfüllt. Wenn wir uns an die Seele wenden, finden wir unsere innere Mitte, von der aus wir authentisch auf alles reagieren können, was für uns sinnvoll ist.

Wenn wir begreifen, daß wir spirituelle Wesen auf einem menschlichen Weg sind, und wahrhaftig spüren, daß das Leben eine Seelenreise ist, gelangen wir zu innerer Erkenntnis. Das bedeutet aber auch ein radikales Abrücken von der Sorge darum, was der sprichwörtliche Nachbar von uns denkt, in Richtung dessen, was für uns wirklich wichtig ist. Es gibt so viele Menschen, die, angetrieben von elterlichen Erwartungen, von ihrem Bedürfnis, eine niedrige Selbstachtung zu kompensieren, von der Internalisierung von »Müssen«, »Sollen« und »Dürfen«, niemals in Frage gestellt haben, was sie taten und was sie wirklich vom Leben wollten, bis eine lebensbedrohliche Krankheit sie unvermittelt zum Stillstand bringt.

Persönliche Antworten

Eine lebensbedrohliche Krankheit, die uns zum Stillstand bringt, kann der Seele dienlich sein, wenn sie uns dazu bringt, uns anzugewöhnen, tagtäglich Antworten auf die folgenden Fragen zu suchen:

Wirst du heute etwas tun, das du tun willst? Wirst du heute Zeit dafür aufwenden, etwas zu tun, das du liebst? Wirst du heute Zeit mit jemandem verbringen, den du liebst? Wirst du deinen Instinkten folgen und so lange suchen, bis du deinen Ort für heute gefunden hast? Wirst du heute ein Liebeswerk tun? Wird es heute Schönheit in deinem Leben geben? Wirst du heute deiner Seele Nahrung zukommen lassen? Wird dein Herz heute singen?

Ich habe neulich ein kurzes Gedicht von Mary Oliver gelesen, das mir ein Bild davon gab, wie ein solcher Tag aussehen würde. In nur wenigen Zeilen vermittelt sie uns einen Tag, an dem man durch Felder schlendert und sich müßig und gesegnet fühlt. Sie beschreibt, wie sie einen Grashüpfer in der Hand hält, und wir wissen, daß sie das tatsächlich erlebte und sich völlig in dieses Erlebnis vertiefte. Das Gedicht klingt so, als fühlte sie sich deswegen zur Rede gestellt, wie sie den Tag verbrachte – oder sogar ihr Leben: so offensichtlich zwecklos. Aber trotzdem wird deutlich, daß sie an diesem Tag absolut mit sich im reinen war, mit einer Entschlossenheit, die auch ihr Verständnis von der Vergänglichkeit allen Lebens achtet. Der Leser beginnt vielleicht als Zuschauer, aber die Dichterin durchbricht dies und trägt uns mit den letzten beiden Zeilen die Wahrheit mitten ins Herz:

Sag mir, was du vorhast,
was fängst du an mit diesem einzigen wilden, kostbaren Leben?

Indem wir immer nur einen Schritt vorwärts gehen, immer nur eine Entscheidung treffen, entdecken wir, was für uns authentisch und wahr ist. Es beginnt vielleicht mit einem einzigen Nachmittag und weitet sich zu der Vorstellung aus, wie wir leben und was wir mit diesem Leben anfangen wollen, egal wie kurz oder lang es sein mag. Was immer unsere Seele schließlich nährt, stellt sich vielleicht auch als das heraus, was unser Leben nährt und verlängert. Indem wir lernen, unsere Entscheidungen von innen heraus zu treffen und nach der Erkenntnis zu handeln, was für uns wichtig ist, verleihen wir unserem Leben Glanz. Und wenn man an einer lebensbedrohlichen Krankheit leidet und sich an einem Wendepunkt im Leben befindet, kann, wenn es so sein soll, auch die Gesundheit zurückkehren. Wenn wir diese Prinzipien dabei befolgen, wird sich meiner Überzeugung nach ein Weg vor uns auftun und uns nach Hause bringen: Zu unserem inneren Zuhause, wo die kreativen Feuer brennen.

7.

Manchmal braucht man eine Geschichte

Manchmal beginnt das, was den Unterschied zwischen Tod und Leben ausmachen kann, mit einer Geschichte, besonders, wenn der Patient die Nachricht erhalten hat, daß es keine Hoffnung mehr gibt. Erwartungen sind sehr mächtig. Die Worte und Einstellungen anderer – besonders der Ärzte – haben große Kraft. Entweder fördern sie Heilung und Genesung, oder sie verhindern sie. Wenn jemand durch eine lebensbedrohliche Krankheit oder eine seelenzerstörende Gewalttat in die Unterwelt geschleudert wird, erlebt man das als eine emotionale Wiederholung des Mythos vom Raub der Persephone: Sie pflückt auf einer Wiese Blumen, doch dann tut sich die Erde auf, und Hades kommt plötzlich aus den Tiefen hervor, um sie zu entführen.

Erst als Hermes, der Götterbote, in die Unterwelt hinabsteigt und vor ihr erscheint, erkennt sie, daß sie nicht auf immer dort bleiben muß. Hermes, dessen lateinischer Name Merkur lautet, war der Gott, der mit seinen geflügelten Sandalen und seiner Kappe, die ihm Unsichtbarkeit verlieh, zwischen den verschiedenen Ebenen hin- und hergehen und alle Grenzen überschreiten konnte. Man nannte ihn den Führer der Seelen. Als Hermes vor Persephone erscheint, bringt er ihr die Botschaft, daß sie in die Oberwelt zurückkehren kann und eine Heilung möglich ist.

Hermes kommt auch symbolisch in den Geschichten vor, die Menschen hören, wenn sie von einer Krankheit in die Unterwelt gestürzt werden. Er sagt ihnen, daß eine Heilung möglich ist – besonders, wenn sie sich bereits aufgegeben haben oder von anderen aufgegeben wurden und dann eine Geschichte hören und glauben, daß sie mit ihnen zu tun haben könnte. Solche Geschichten gibt es in vielen Formen. Es kann eine Zweitdiagnose sein, um die man einen anderen Arzt bittet, ein Zeitungsartikel, eine Information aus dem Internet oder eine Geschichte von jemand anderem, der vorher genau so krank war wie man selbst und dem es anschließend besser ging. Es sind Worte, die Hoffnung mobilisieren und zu Taten führen. Und das wiederum fördert die Heilreaktion des Körpers. Damit Worte zu einer Heilungsgeschichte werden, muß dem Boten und der Botschaft geglaubt werden.

Im Ich-Du-Verhältnis mit Ärztinnen und Ärzten

Ich habe als Kind immer wieder mitangehört, wie meine Mutter, die Ärztin war, am Telefon mit ihren Patienten sprach. Oft beendete sie die Unterhaltung mit den Worten: »Machen Sie sich keine Sorgen, es wird alles wieder gut.« Was immer ein Arzt glaubt und seinen Patienten mitteilt, ist eine Geschichte, die auf den Patienten eine Wirkung hat. Sie hat mit der Einstellung des Arztes zu seinen Patienten zu tun und ist Bestandteil des Heilprozesses. Wenn ein Arzt gut mit seinen Kranken umgehen kann, blickt er bei seiner Visite nicht bloß in die Unterlagen, betrachtet nicht nur den erkrankten Körperteil und fragt nicht nur pflichtschuldig, wie es dem Patienten geht, um dann davonzueilen. Auch wenn er nur ein paar Minuten Zeit hat, sollte eine Ich-Du-Beziehung bestehen: Der Arzt blickt den Patienten direkt an und verankert häufig ein tröstendes oder heilendes Wort mit einer Berührung.

Dies steht im Gegensatz zu dem Ich-Es-Modell, das in der Medizinerausbildung vorzuherrschen scheint, und bei dem der Patient praktisch anonym bleibt. Die Visiten werden »bei der Gallenblase« in der Chirurgie und »beim Infarkt« auf der kardiologischen Station gemacht. Aufgrund der Belastung mit anderen Aufgaben praktizieren viele Ärzte heute eine Art »Fließband«-Medizin – was die Situation für beide Seiten, den Arzt wie den Patienten, verschlechtert. Dazu kommt die immer wieder eingehämmerte Mahnung an den Arzt, dem Patienten »nichts vorzumachen«, eine defensive Einstellung angesichts zahlreicher Klagen wegen Fehlinformation oder Kunstfehlern. Man warnt heute die Patienten viel stärker vor möglichen Nebenwirkungen und Komplikationen, um späteren Beschwerden vorzubeugen.

Als meine Mutter ihr medizinisches Staatsexamen ablegte, waren vermutlich Sulfonamide und Aspirin die wirksamsten Medikamente, die sie verschreiben konnte. Sie hatte als Allgemeinärztin in einer Praxis begonnen, wo sie Geburtshilfe leistete, und wurde später Psychiaterin. Umgang mit Patienten bedeutete für sie, zur Verfügung zu stehen und Fürsorge zu vermitteln, Methoden vorzuschlagen, wie man die Temperatur senkt oder Übelkeit, Erbrechen, Durchfall und Schmerzen lindert, und die Menschen zu beruhigen – während der Körper sich gewöhnlich selbst heilte. Es war für die Ärzte selbstverständlich, dem hippokratischen Eid zu folgen – »Achte die Heilkräfte der Natur« –, statt ständig anzustreben, alles unter Kontrolle zu haben.

Ich weiß, daß in meiner psychiatrischen Praxis die Liebe zum Patienten und zur Arbeit meine Fähigkeit verbessert, zu helfen, etwas, das unerwartet durch meinen »chronischen Fall« während des Praktikums bestätigt wurde. Dieser Patient war ein Mann, den ich fast zwei Jahre lang zweimal in der Woche sah und dessen Fall ich in der Supervision einmal die Woche besprach. Jahre später, als ich schon meine Privatpraxis hatte, sah ich ihn wieder, und er sagte zu mir: »Wissen Sie, was für mich damals einen echten Unterschied ausmachte? Wenn Sie mich zur Tür brachten, haben Sie mich immer angelächelt, egal, was ich in der Sitzung von mir gegeben hatte. Ihr Lächeln sagte mir, daß ich in Ordnung bin.« Während der Sitzung bewahrte ich, dem psychoanalytischen Modell entsprechend, stets meine Neutralität und blieb, soweit ich es vermochte, unbeteiligt. Wenn die Sitzung vorbei war und ich ihn zur Tür brachte, wurde ich wieder ich selbst, und mein Optimismus und meine Sorge um ihn zeigten sich in meinem Lächeln und meiner Stimme.

Neutralität kann tödlich sein. Wenn es sich bei der Krankheit zum Beispiel um Krebs im fortgeschrittenen Stadium handelt und der »objektive« Onkologe seinem Patienten mitteilt, sie oder er müßten sich einer bestimmten Chemotherapie unterziehen, wenn er die Nebenwirkungen aufzählt und erwähnt, daß »eine vierzigprozentige Heilungschance« bestünde – ohne etwas zu diskutieren oder den Patienten aufzumuntern, neigt sich das Gefühl im Spektrum der Erwartungen vermutlich eher der Hoffnungslosigkeit zu als der Hoffnung. Der Patient hört, daß die Zahlen nicht günstig für ihn stehen und vermutet: »Es hilft vermutlich nicht.« Wenn die gleiche Information durch einen Onkologen vermittelt wird, der das bestimmte Medikament ausgewählt hat, weil er oder sie daran glaubt, der positive Erwartungen hat oder zumindest Hoffnung, dann drückt er dies mit seinen Worten und seiner Haltung aus: Die Waagschale neigt sich dann eher in Richtung Hoffnung. Der Patient weiß, daß der Arzt sich für ihn einsetzt und eine Behandlung ausgewählt hat, die seiner Meinung nach helfen kann. Die Statistiken sind zwar immer noch dieselben, aber die Überzeugung heißt dann: »Ich kann zu denen gehören, die darauf positiv reagieren.«

Krankheit und Therapie sind oft mit Leid, Unannehmlichkeiten, Demütigung, Angst und körperlichen Schmerzen verbunden. Menschen können für einen bestimmten Zweck oder eine Sache oft viel erdulden – für etwas, zu dem sie sich verpflichtet haben, oder für eine Geschichte, an die sie glauben. Nicht das Leiden an sich ist so schwer für die Seele; tödlich ist vielmehr sinnloses Leiden und das Gefühl von Machtlosigkeit. Körperlicher und emotionaler Schmerz werden in solchen Fällen oft verstärkt. Wenn bei einem Leiden eine bestimmte Vorgehensweise eine kritische Situation ändern kann, kommt die Einstellung dazu: »Wenn ich daran glaube, daß dies klappt, und das, was ich tue, eine Rolle spielt, dann kann ich es aushalten. Wenn ich daran glaube, daß dies anschlägt, kann ich tatsächlich dazu beitragen.«

Die positive Gefühlsreaktion –
Beginn der Genesung

Was wir als Ärzte sagen und fühlen, kann für unsere Patienten manchmal eine Menge bedeuten, weil sie oft das Schlimmste über sich selbst und ihren Zustand annehmen. Die Genesung beginnt mit einer positiven Gefühlsreaktion, einer Hoffnung oder einer Überzeugung, daß es ihnen wieder besser gehen wird. Sie teilt sich dem Heilsystem des Körpers mit – und der Körper reagiert. Der Ärztin Candace Pert zufolge gibt es ein psycho-immunes Endokrin-Informationsnetz, das die Heilung fördert und von den subtilen Energien der Seele angeregt wird. Die Peptide, die Informationsträger, werden in allen Zellen des Körpers freigesetzt. Pert vertritt die Ansicht, daß sich Emotionen nicht im Kopf befinden. Vielmehr gebe es ein Zellbewußtsein. Jede Zelle besitze eine eigene Weisheit, jede habe einzelne Rezeptoren. Erst erfolge die emotionale Energie, und dann würden überall die Peptide freigesetzt. Das Bewußtsein gehe der Materie voraus. Es sei nicht so, daß die Peptide die Emotionen produzieren. Das Gefühl erzeuge dagegen auf einer bestimmten Ebene die Peptide.

Die Heilwirkung einer Geschichte

Von jeder Geschichte geht emotionale Wirkung und Kraft aus: Sie vereint Sinn, Hoffnung und Visionen, verbindet Körper und Seele. Sie kann in einem schlichten Sprichwort ausgedrückt sein, einem Zeitungsartikel, einem Film oder einem

Mythos. Eine Geschichte kann die Kraft der Phantasie in eine Situation hineinbringen. Wenn wir uns mit dieser Geschichte identifizieren, verarbeiten wir sie in uns, und jede Zelle unseres Körpers reagiert darauf. Bei Menschen in Krisen und unsicheren Situationen können die richtigen Worte lebensrettend sein. Wir erleben einen Aha-Effekt, wenn die Seele eine Verbindung zwischen einer Geschichte und unserer Geschichte herstellt, ein Gefühl des Wiedererkennens, daß etwas instinktiv und zutiefst richtig ist, ein Zusammentreffen von innerer Neigung und äußeren Umständen. Wenn ein Patient erfährt, daß andere Patienten mit der gleichen Krankheit oder im gleichen Krankheitstadium wieder gesund wurden, trägt dies zur Heilung bei: »Wenn andere das können, dann kann ich das auch.«

Wenn das Überleben und die Genesung von der Fähigkeit des Körpers abhängen, sich selbst zu heilen, wird das Immunsystem einbezogen, und dieses System wird von Emotionen, Bildern und Gedanken beeinflußt. Diese wiederum regen kreative Phantasie an und können das prägen, was sich tatsächlich ereignen wird.

Die Geschichte von »Mr. Wright« und seinen Tumoren, die sich auflösten, ist ein erstaunliches Beispiel für die Kraft der Überzeugung und deren Heilwirkung im Körper eines Mannes mit unheilbarem Krebs. Der Fall wurde in der wisssenschaftlichen Literatur von Bruno Klopfer beschrieben und wird in zahlreichen Büchern über die Zusammenhänge zwischen Kopf und Körper zitiert.

»Mr. Wright« war das Pseudonym für einen Mann, der an einem unheilbaren Lymphsarkom litt. Er hatte überall im Körper Tumorherde von Orangengröße, hatte Schwierigkeiten beim Atmen und brauchte eine Sauerstoffmaske, weil sich sein Brustkorb immer wieder mit Flüssigkeit füllte. Sein Krebs hatte sich über jede Behandlungsmöglichkeit hinaus verschlechtert. Doch seinem Arzt fiel auf, daß er sich an die Überzeugung klammerte, geheilt zu werden, wenn man ihn mit Krebiozon behandeln würde. Es waren zahlreiche Fälle von Wunderheilung mit Krebiozon in der Regenbogenpresse geschildert worden, und er las alles, was ihm über diese Wunderdroge in die Hände fiel.

Zufällig wurde Krebiozon an der Klinik gerade einem Test unterzogen, in der Mr. Wright behandelt wurde. Er war für die eigentlichen Testversuche nicht geeignet, denn dazu mußte er die Kriterien erfüllen, eine Lebenserwartung von weniger als drei Monaten zu haben und für alle anderen Behandlungen ungeeignet zu sein.

Wider besseres Wissen und gegen die Regeln des Krebiozon-Ausschusses schrieb der behandelnde Arzt, daß Mr. Wright so sehr um diese »goldene Chance« gebettelt habe, daß er beschlossen habe, ihn an dem Testversuch teilnehmen zu lassen. Mr. Wright sollte dreimal wöchentlich eine Injektion bekommen. Der bettlägerige, schwer keuchende Patient erhielt seine erste Spritze an einem Freitag. Als der Arzt am folgenden Montag ins Krankenhaus zurückkam, in der Erwartung, Mr. Wright läge entweder im Sterben oder sei bereits verschieden, stand er vor einem Wunder: Mr. Wright schlenderte auf der Station herum, plauderte fröhlich mit den Schwestern und versprühte seine gute Laune auf jeden, der ihm begegnete. Bei der Untersuchung stellte der Arzt in einem heute berühmten Satz fest: »Die Tumorherde waren wie Schneebälle auf einer heißen Herdplatte geschmolzen und hatten nach nur wenigen Tagen nur noch die Hälfte des ursprünglichen Umfangs.«

Innerhalb von zehn Tagen wurde Mr. Wright entlassen; fast alle Anzeichen seiner früheren Krankheit waren verschwunden. Er war symptomfrei und flog bald wieder sein eigenes Flugzeug. Nach zwei Monaten fast perfekter Gesundheit las Mr. Wright jedoch, daß die klinischen Testversuche mit Krebiozon sehr schlechte Ergebnisse erbracht hätten. Da begann er die Hoffnung zu verlieren und fiel in den früheren Zustand zurück.

Als er ins Krankenhaus zurückkehrte, traf sein Arzt eine kühne Entscheidung. »Ich wußte ja, wie ungeheuer optimistisch mein Patient war, und das nutzte ich diesmal gründlich aus. Es geschah aus rein wissenschaftlichen Gründen, um das perfekte Kontrollexperiment durchzuführen, das alle verblüffenden Fragen beantworten konnte, die er aufgeworfen hatte. Abgesehen davon konnte ihm der Plan in keiner Weise schaden, denn es gab nichts anderes, was ihm hätte helfen können.«

Er log Mr. Wright bewußt an, alle Zeitungsartikel seien falsch, das Medikament sei von allen das vielversprechendste. Als der Patient logischerweise fragte, warum es ihm dann schlechter ginge, wurde ihm gesagt, die Substanz verlöre immer schon nach kurzer Zeit an Wirkung, und ein frischer, stärkerer Nachschub des Medikaments würde am nächsten Tag eintreffen. Diese Täuschung wurde sogar so weit getrieben, daß die fiktive Sendung des Medikaments sich angeblich verzögerte, so daß die Vorfreude auf die Rettung einen Höhepunkt erreichte.

Wie in einer Theatervorstellung verabreichte ihm der Arzt mit großem Getue die Injektion aus destilliertem Wasser. Mr. Wrights zweite Genesung von der Schwelle des Todes war sogar noch dramatischer als die erste. Wieder schmolzen die Tumore dahin, die Flüssigkeit in den Lungen verschwand, und er wurde vollständig gesund. Aber als zwei Monate später der Abschlußbericht über Krebiozon veröffentlicht und das Medikament als nutzlos bezeichnet wurde, mußte Mr. Wright kurz darauf wieder ins Krankenhaus und verstarb innerhalb von zwei Tagen.

Als ich über Mr. Wright nachdachte, fragte ich mich, ob sein Krebs wohl weiter zurückgegangen wäre, wenn man ihm gesagt hätte, sein Körper besäße eine bemerkenswerte Heilfähigkeit. Daß er es war und keine Zaubermedizin, die den Krebs verschwinden ließ, daß seine Geschichte wie die von Walt Disneys Dumbo mit der Feder war. Dumbo war der kleine Elefant mit den riesigen Ohren, der fliegen konnte, als im die Krähe eine Feder gab, die er mit dem Rüssel festhalten sollte. Die Krähe behauptete, es sei eine Zauberfeder, mit der er fliegen könne. Dumbo glaubte, daß die Feder ihm das Fliegen ermöglichte, er »schwang« seine Ohren und hob ab. Die Feder und die Geschichte ermöglichten ihm, zu tun, wozu er ohnehin die angeborene Fähigkeit hatte. Wenn der Arzt, der ja von dem bevorstehenden Abschlußbericht über Krebiozon wußte und Mr. Wright die Injektion aus Wasser verabreicht hatte, diesem nun gesagt hätte, daß seine Geschichte wie die von Dumbo wäre? Krebiozon wurde getestet, weil einige Patienten behauptet hatten, sie seien dadurch geheilt worden. Es war ein Krebsheilmittel, das ein angesehener Spezialist entwickelt hatte und dessen Überzeugung auch von Ergebnissen bestätigt worden war. Bei einigen Patienten, denen er Krebiozon verabreicht hatte, konnte er bemerkenswerte Heilerfolge erzielen. Alle Zeitungen hatten über diese Krebsheilungen berichtet. Als weitere klinische Tests durchgeführt wurden, verabreichte man das gleiche Mittel ohne die entsprechende Überzeugung der Patienten und ohne daß diese eine Heilung erwarteten; es stellte sich als unwirksam heraus. Die amerikanische Ärztevereinigung gelangte zu dem Schluß, es sei ebenso unwirksam wie Wasser.

Daß »Tumore sich auflösen könnten wie Schneebälle auf einer heißen Herdplatte«, weil ein Mensch glaubte, er erhielt ein Wunderheilmittel, ist eine bemerkenswerte Geschichte. Es geht hier nicht um Krebiozon oder Leichtgläubigkeit, sondern um die beachtliche Verbindung zwischen Seele und Körper, die menschlich möglich ist, wenn ein Patient glaubt, daß eine Wunderkur ihn heilen wird: Dann folgt das Heilsystem des Körpers nach. Mr. Wright hatte auf seine Weise eine ungewöhnliche Begabung, die aber unbemerkt blieb.

Die Berichte über andere wundersame oder spontane Heilungen bestätigen diese Heilprozesse als menschliche Erfahrung. 1993 veröffentlichte ein amerikanisches Forschungsinstitut den ersten Bericht über das Phänomen des Krankheitsrückgangs im Gesamtspektrum von Krankheiten. Dokumentiert wurden 430 Fälle, in denen die Diagnosen eindeutig waren. Sie wurden über einen längeren Zeitraum verfolgt, in dem wenig oder keine schulmedizinische Behandlung erfolgte oder den Ärzten zufolge die Behandlung nur unzureichend war – was wohl bedeutete, daß die Medizin nichts weiter zu bieten hatte oder sich mit den erfolgten Maßnahmen nicht diese Ergebnisse versprach.

All diese Fälle deuten darauf hin, daß der Körper über die Fähigkeit zur Heilung verfügt und diese selbst dann noch mobilisiert werden kann, wenn die Ärzte den Patienten aufgegeben haben. Jeder Fall ist eine Geschichte. Geschichten, die uns sagen, daß etwas auch für uns möglich ist, sind Nahrung für die Seele, über die wiederum Verstand und Körper beeinflußt werden. Sie weisen uns außerdem den Weg zu dem, was wir tun können, was andere schon getan haben, um die Heilreaktion des Körpers zu verstärken. Das bedeutet, Möglichkeiten auszuloten und auf das zu reagieren, was für uns selbst und die entsprechende Situation sinnvoll erscheint. Der Glaube, daß man etwas tun kann oder mehr geschehen müßte, obwohl alle anderen meinen, man solle aufgeben, ändert den Verlauf einer jeden Reise.

Was andere können, kann ich auch

Elaine Nussbaum litt an einem Uterussarkom, das sich auf die Wirbelsäule und die Lungen ausgebreitet hatte und auf keine herkömmliche Behandlung reagierte. Eines Tages las sie einen Artikel über einen Arzt, Anthony Sattilaro, der sich unerwartet von metastischem Prostatakrebs erholt hatte, nachdem er seine Ernährung drastisch umgestellt und seine Einstellung geändert hatte. Da klickte etwas bei ihr.

Am 16. April 1980, nach elf Monaten heftiger Menstruationsblutungen, hatte sie eine routinemäßige Ausschabung vornehmen lassen, bei der der Krebs entdeckt wurde. Knapp drei Jahre später hatte sie auch nach Bestrahlungen, einer Radikaloperation und aggressiver Chemotherapie Metastasen im fortgeschrittenen Stadium, war an den Rollstuhl gebunden, trug ein Stützkorsett und litt ständig unter Schmerzen.

Im Januar 1983 las sie den Zeitungsartikel über Sattilaro und seine Heilung, die er auf makrobiotische Ernährung zurückführte. Elaine Nussbaum dachte über Makrobiotik nach und hielt sie anfangs für nicht mehr als eine einfache Diät. Ihre Kenntnisse darüber waren begrenzt, doch nach einiger Be-

schäftigung mit der Materie erkannte sie, daß diese Diät sinnvoll für sie sein könnte.

Ein Gedanke tauchte bei ihr immer wieder auf: Der Arzt war
vom Krebs durchsetzt gewesen, und nun war er geheilt. Wenn
er das konnte, dachte sie, warum nicht auch sie?

Elaine Nussbaum rief eine Stiftung in Massachusetts an und
bat um Informationen. Dann begann sie mit der makrobiotischen Diät. Sie bekam einen Ernährungsplan zusammenge-
stellt, der im weiteren Verlauf immer wieder abgeändert
wurde, dazu erhielt sie Shiatsu-Massagen als Teil der Behandlung. Und sie konnte sich die Überzeugung zu eigen machen,
daß sie gesund würde.

Sie besprach ihre Entscheidung mit ihrem Krebsspezialisten,
der sich einverstanden erklärte, sie regelmäßig zu untersu-
chen. Die Chemotherapie sollte wieder aufgenommen werden,
falls es mit der Makrobiotik nicht klappte, aber Elaines bisheri-
ger Erfahrung nach beeinflußte die Chemotherapie ihren Zustand weder, noch konnte man von einer Stabilisierung oder
einem Aufhalten der ständigen Verschlechterung reden. Von
dieser Behandlung war sie schwach und müde geworden, und
sie hatte ihr Haar verloren; ihre körperliche Beweglichkeit war
eingeschränkt und ihre geistige Klarheit getrübt. Sie litt unter
Übelkeit, Wasseransammlungen und Knochenmarksschwund,
und ihr Immunsystem war so geschwächt, daß sie an einem
feinen Schnitt an einem Blatt Papier, der sich entzündete, fast
gestorben wäre.

Nach zwei Monaten mit der Makrobiotik brauchte sie nachts
nur noch zweimal zur Toilette zu gehen, statt wie bisher bis zu
zwölfmal. Ihr Magen war nicht mehr aufgedunsen, und sie
schlief besser als jemals in den drei Jahren zuvor. Nach drei
Monaten makribiotischer Diät, in denen sie das Stützkorsett
für immer länger werdende Phasen ablegen konnte, brauchte
sie es gar nicht mehr. Sie hatte es achteinhalb Monate lang ständig getragen. Am 19. Februar 1985, zwei Jahre nach Beginn des
Makrobiotik-Programms, kehrte Elaine zu einer Röntgenauf-
nahme der Wirbelsäule und der Lungen ins Krankenhaus
zurück. Es war weder ein Krebs in der Lunge noch in den Kno-

chen zu sehen. Drei Jahre später schrieb sie ihr Buch, um diese Geschichte zu erzählen. Heute, dreizehn Jahre nach der Heilung, ist sie Makrobiotikberaterin.

Geschichten von bemerkenswerten Heilungen oder Remissionen durch unkonventionelle Methoden werden von der Schulmedizin gewöhnlich als »anekdotisch« verworfen und ignoriert. Das scheint besonders auf Behandlungen zuzutreffen, die die körperliche Fähigkeit der Selbstheilung unterstützen, statt daß der Arzt dem Körper des Patienten etwas verabreicht. Ebensowenig zieht die Medizin die Komplexität und Subjektivität des Krankwerdens und der Gesundung in Betracht. Das gleiche gilt für die Rolle von Überzeugungen und das Bedürfnis nach einem Grund zur Gesundung, die Bedeutung von emotionaler Unterstützung und den Einfluß der positiven Haltung des Arztes gegenüber dem Patienten.

Die Psyche wird bei der Gleichung gewöhnlich völlig ausgelassen, wie auch viele andere Beiträge zur Gesundheit aus nichtwestlichen oder nichtmedizinischen Quellen. Gegenüber solchen Möglichkeiten herrschen bemerkenswerte Arroganz und Ignoranz. Immer mehr Patienten entscheiden sich für alternative Therapien und zahlen aus eigener Tasche dafür, während sie oft ihren normalen Arzt weiterhin aufsuchen, ihm aber nichts davon sagen. Diese Patienten sehen sich oft gezwungen, sich zwischen zwei Behandlungsformen zu entscheiden, ohne genügend informiert zu sein, und vermuten vielleicht zu Recht, daß die alternativen Therapien, die gewisse Ärzte ablehnen, für sie von großem Wert sein könnten.

Seelengefährten auf einer Krebsreise

1991 wurde bei meiner Freundin Patricia eine Biopsie vorgenommen. Sie hatte zehn Jahre zuvor Brustkrebs gehabt, der mit Knotenbildung verbunden gewesen war und hatte eine Brustamputation und eine Chemotherapie über sich ergehen lassen müssen, was im Lauf der Zeit fast in Vergessenheit geraten war. Wir hatten zwar beide vor Jahren am selben Krankenhaus gearbeitet, aber unsere Wege kreuzten sich erst wieder, als wir beide eingeladen wurden, derselben Frauengruppe beizutreten. Die meisten Frauen dort kannten anfangs nur wenige andere, aber wir hatten alle die gleiche spirituelle oder transpersonelle Perspektive: Von da an wuchs unsere Freundschaft. Auf einer Pilgerfahrt nach Irland ein Jahr zuvor hatte Patricia die Präsenz der Großen Göttin in einer Steinzirkelmeditation empfunden, die ich in meinem Buch »Auf der Suche nach Avalon« beschrieben habe. Auf der folgenden Reise mit dem Krebs wurde ich ebenfalls als Pilgerin zu ihrer Seelengefährtin.

Sie hatte einen Tumor, den ich mehrere Zoll oberhalb der rekonstruierten Brust ertasten konnte, wo auch schon der erste Krebs aufgetreten war. Die Geschwulst war etwa zehn Zentimeter breit und handflächengroß. Sie war unregelmäßig und fest und mit dem Untergewebe verwachsen. Das Resultat der Biopsie war schlecht: Der alte Krebs war wieder aufgetreten und beschränkte sich diesmal nicht auf den Tumor. Es hatte keinen Sinn, ihn herauszuschneiden, denn die Krebszellen waren bereits in das umliegende Gewebe gewuchert. Da der Tumor inoperabel war und kein Chirurg etwas für sie tun konnte, empfahl ihr der Arzt Tamoxifen, ein Chemotherapie-Medikament mit einer Affinität für östrogenempfindliche Krebszellen, sowie eine Serie von Bestrahlungen. Die Diagnose kam nicht unerwartet, aber es war dennoch ein totaler Schock für Patricia. Ich erlebte mit, wie meine Freundin zwischen Benommenheit und Verzweiflung schwankte, wie sie sachlich über ihre Situation nachdachte und sich über konventionelle wie alternative Behandlungen informierte.

Die Schulmedizin setzt Chirurgie, Chemikalien oder Bestrahlung ein, um aggressiv das zu bekämpfen, was den Körper befallen hat, während die alternative Medizin sich eher darauf konzentriert, dem Körper zu helfen, sich durch eine andere Ernährung, eine Wiederherstellung des Gleichgewichts, ein Ausspülen der Giftstoffe und die aktive Einbeziehung von Seele und Verstand selbst zu heilen.

Patricia beschloß, Tamoxifen zu versuchen, sich aber auch alternativer Methoden zu bedienen, um ihren Körper dafür zu kräftigen, sich selbst zu heilen. Die Bestrahlungen lehnte sie ab. Sie informierte sich über Ernährungsweisen, die eine Heilung fördern, las viel (auch Elaine Nussbaums Buch) und entschied sich für die Makrobiotik, wozu sie viel Zeit, Energie und Hilfsmittel aufwenden mußte. Sie lernte Elaine kennen, die nicht nur »noch am Leben«, sondern gesund war.

Jahre vor diesem Rückfall Patricias hatte ich Carl Simonton kennengelernt, einen Krebsspezialisten und Radiologen, und war von der Wirkung seiner Visualisierungen des Immunsystems bei der Krebsbehandlung beeindruckt gewesen (die ich im letzten Kapitel beschreibe). Er behauptete, daß Krebszellen – fehlerhafte, bösartige Zellen – im Prozeß der routinemäßigen Neubildung von Zellen Tag für Tag entstehen, um abgestorbene zu ersetzen. Diese schlechten Zellen entwickeln sich jedoch in der Regel nicht zu Krebs, weil der Körper sie als anormal erkennt und vernichtet. Zum Immunsystem gehören die weißen Blutkörperchen im Blut- und Lymphsystem, die dem Körper bei Infektionen aller Art, wie auch bei Krebs, zu Hilfe eilen. Mit Schwächungen des Immunsystems war ich durch ein Forschungsprogramm der Rochester-Universität über psychosomatische Medizin vertraut gemacht worden, in dem die Verbindung zwischen dem »Sichaufgeben« und dem »Aufgegebenwerden« von Patienten bei der Entwicklung von Krebs untersucht wurde. Die Studie bestätigte, daß der seelische Zustand und körperliche Gesundheit miteinander verbunden sind. Lag die Vermutung nicht schon immer nahe, daß man anfällig für eine Krankheit wird, wenn man körperlich erschöpft oder depressiv ist?

Das makrobiotische Programm, für das Patricia sich entschied, hatte eine philosophische und eine Nährwertgrundlage, die sich beide darauf konzentrierten, die Heilfähigkeit des Körpers zu mobilisieren. Zusätzlich zu meiner Überzeugung von einer Verbindung zwischen Seele und Materie und von der Möglichkeit, daß es auch spirituelle Heilquellen gibt, trug ich zu ihrem Genesungsprozeß durch heilendes Handauflegen und Visualisierungen bei; sie führte aber auch eigene Visualisierungen durch. Meine Gebetsgruppe betete für sie, und

Patricia war für alles offen, was ihr helfen mochte. Immerhin konnte es ihr nicht schaden.

Sieben Monate später hatte sich der größte Teil des Tumors bei Patricia aufgelöst; es blieb nur noch ein harter Wulst, ähnlich dickem Narbengewebe. Auch er verschwand in den folgenden Monaten. Als sie keine Spuren mehr von dem Krebs entdecken konnte und sich wieder gesund fühlte, ging sie zu ihrem Onkologen, um mehrere Scanneruntersuchungen vornehmen zu lassen. Alle erbrachten normale Ergebnisse. Es gab keine Anzeichen für einen Krebs. Vielleicht war dies Folge der makrobiotischen Diät, vielleicht führte aber auch alles, was sie tat und was sie nicht tat, in Verbindung mit dem Tamoxifen diese Änderung herbei.

Egal was ihren Krebs wieder zurückgehenließ, es begann mit Patricias Überzeugung, eine Heilung sei möglich – mit ihrer Seelenposition. Für sie erwuchs diese Überzeugung aus den Geschichten und Erfahrungen anderer und aus dem intellektuellen Akzeptieren der transpersonellen Prinzipien und der Philosophie, die der Makrobiotik zugrunde liegen. Ihr Verstand stand fest hinter allem, was sie tat, und er wird sie weiterhin auf Kurs halten. Aus der ärztlichen Perspektive galt sie als ein bemerkenswertes Beispiel für Remission, die weit über das hinausging, was man von einer Tamoxifenbehandlung erwarten konnte.

Der Glaube, der den Körper heilt

Auch ich benutzte Geschichten, um Patricia unterstützen zu können und um selbst zu glauben, daß alles klappen würde, was sie versuchte. In einer Geschichte fand ich eine Analogie zu dem, was Patricia tat. Ich kann mich daran erinnern, wie Roger Bannister als erster eine Meile unter vier Minuten lief, eine Leistung, die man physisch bis dahin für unmöglich gehalten hatte, doch als er es geschafft hatte, änderte sich diese Überzeugung, und von da an wurde diese Zeit bei Weltklassewettbewerben zur Norm. Mir scheint, daß das gleiche Prinzip auf Heilungen anwendbar ist. Zu wissen, daß andere vor einem etwas geschafft haben, die Überzeugung, daß es einem selbst möglich ist und entsprechendes Training führen zu diesem Ziel.

Eine andere Geschichte, aus der ich meinen Glauben schöpfte, war meine eigene. Ich war barfuß über glühende Kohlen gegangen, die so viel Hitze abstrahlten, daß ich vom Rand wegtreten mußte, als ich andere dabei beobachtete. Doch als ich an die Reihe kam, spürte ich von derselben Glut überhaupt kein Wärmegefühl. Die Kohlen zerbröselten einfach unter meinen Füßen, und es fühlte sich an, als ginge ich über Styropor, wie man es manchmal als Füllmaterial in Paketen findet.

Es fällt wohl in die Kategorie von medizinischen Wundern, daß die Haut an meinen Füßen unversehrt blieb. Doch mein Denken wurde dadurch eindeutig verändert: Wenn ich das schaffte, dann war der Körper zu weit mehr in der Lage, als die konventionelle Medizin wußte.

Fallbeschreibungen von Multiplen Persönlichkeiten weiteten meine Vorstellungskraft darüber noch weiter aus, wie ein Körper reagieren und sich verändern kann. Die verschiedenen Persönlichkeiten können sich physiologisch unterscheiden, auch wenn sie ein und denselben Körper teilen. Die eine kann allergisch reagieren, die andere nicht. Die Messungen von Sehstärke, Blutdruck oder Hirnströmen fallen unterschiedlich aus. Als ich das hörte, fiel mir sofort meine Überzeugung ein, ich könnte niemals eine Katze halten. Mir begannen mit einer Katze sofort die Augen zu tränen und zu jucken, und wenn ich nicht entweder den Raum verließ oder Antihistamine einnahm, wurde die Reaktion stärker und führte zu einem Asthmaanfall. Medizinisch gesehen hatte ich die Neigung zu Asthma, Heuschnupfen und atopischer Dermatitis geerbt. Meine Kinder aber wollten eine Katze, denn unser Hund war gestorben, und nach der Trennung von ihrem Vater war in der neuen Umgebung kein Platz mehr für einen Hund. Ich hatte ein schlechtes Gewissen, weil ich einer Katze aufgrund meiner Allergie nicht zustimmen konnte. Als ich herausfand, daß die eine von verschiedenen Persönlichkeiten allergisch auf etwas reagieren konnte, die andere im gleichen Körper aber nicht, versuchte ich mich zu überzeugen, daß ich mich vielleicht aus dieser Allergie herausschleichen könnte.

Ich war wild entschlossen und plante, meine Mutter nach einem Workshop in Südkalifornien, nahe ihrem Wohnort, zu bitten, mich zu hypnotisieren, um die Katzenallergie loszuwerden. Vorher war ich Gast in einem Haus in Malibu, wo ich mich schon früher aufgehalten hatte. Meine Gastgeber wußten von meiner Allergie und hatten stets dafür gesorgt, daß ihre Katze nicht in meine Nähe kam. An dem Tag, an dem ich mir vorgenommen hatte, mich von meiner Allergie zu befreien, saß die Katze, als ich aufwachte, auf meiner Brust und schaute mich an. Zuerst konnte ich mich vor Schreck nicht rühren, doch dann fiel mir ein, daß es ja »der Tag« war – und schon teilte ich die Luft zum Atmen mit einer Katze. Ich hielt dies für eine Synchronizität. Wir atmeten zusammen, von Angesicht zu Angesicht, und unsere Nasen berührten sich fast dabei. Mir fiel auf, daß meine Augen nicht juckten, daß ich nicht schniefte, daß sich etwas anderes zwischen mir und dieser Katze abspielte. Nach einer vermeintlichen Ewigkeit sprang die Katze herab, als habe sie ihre Sache erledigt, und ignorierte mich von da an wie sonst alle Fremden. Ich habe nie wieder eine allergische Reaktion gehabt. Am Nachmittag besuchte ich meine Mutter. Als ich mich in einem leichten Trancezustand befand, bat sie mich, mir vorzustellen, wieder dicht an dicht mit der Katze zu sein. Anschließend hatte ich meine Katzenallergie wohl überwunden. Der Beweis dafür erfolgte, als meine Tochter ein süßes kleines Kätzchen nach Hause brachte, das bald zum festen Mitglied unseres Haushaltes wurde.

Bannisters Meile unter vier Minuten, mein Wandeln über glühende Kohlen und die Überwindung meiner Allergie waren die Geschichten, die ich mir immer wieder selbst erzählte. Ich zog daraus Unterstützung für meine Überzeugung, daß das, was Patricia für sich tat und an was ich mit ihr arbeitete, funktionieren würde. Sie erinnerten mich an die bemerkenswerte Wirkung, die der Geist über den Körper haben kann, und was geschehen kann, wenn der Verstand an etwas glaubt und die Materie sich an diese neue Überzeugung anpaßt.

Hermes, der Götterbote

Information ist eine starke Medizin, wenn sie auf der Zellebene empfangen wird, dort wo die Seele mit dem Körper in Verbindung steht. Diese starke Medizin erfolgt in Form einer Geschichte, an die geglaubt wird. Metaphorisch gesehen werden uns diese Geschichten von Hermes gebracht, dem Götterboten, der auch Persephone mitteilte, sie könne aus der Unterwelt zurückkehren, und der sie anschließend auch zurückbrachte. Tief in meinem Körper weiß ich, daß Hermes und die Neuropeptiden Ausdrucksweisen dieser Kommunikationsverbindung sind – Boten zwischen Seele und Körper. Sie bringen uns die Botschaft, daß eine Heilung möglich ist, daß es möglich ist, über die konventionell anerkannten oder körperlichen Grenzen hinauszugehen: Wie bei der Meile unter vier Minuten oder wenn man den Gesetzen der Physik trotzt, nach denen nackte Haut auf glühenden Kohlen verbrennt. Wenn wir instinktiv an eine Heilungsgeschichte glauben, ist die Wirkung ähnlich dem, was Hermes tat, als er Persephone die Botschaft brachte und für den Übergang sorgte: Es kann dann Gesundung stattfinden.

Immer wenn es keine bestimmte Kur gegen eine Krankheit oder ein bestimmtes Krankheitsstadium gibt, besonders bei Aids, können Heilungsgeschichten in Form experimenteller Medizinprotokolle, Medikamentensuche oder alternativer Heilmittel erfolgen. Als Beispiel hierfür nenne ich den Fall des Aids-Patienten und Aktivisten Jeff Getty, der im Dezember 1995 in die Medizingeschichte einging, als er eine Knochenmarkstransplantation von einem Rhesusaffen erhielt. Jeff fand seine Heilungsgeschichte in der Avantgarde der modernen Medizin.

In einem Interview wurde Getty von Charles Petit gefragt, welche anderen Behandlungen er probiert habe. Er antwortete:

»Alles. Ich leide fast mein ganzes Erwachsenenleben an dieser Krankheit, und begann mit sehr aggressiven Methoden ...« Dann führte er die vielen Therapien auf, die er ausprobiert hatte. Sein persönlicher Mythos regte ihn an, sich als »Soldat an der Front von Aids« zu sehen, als jemand, der bereit war, falls nötig für die Sache zu sterben, aber jede Chance zu nutzen. Er sagte: »Ich saß in einem Fuchsbau und sah, wie die Granaten in den Bauten meiner Freunde ringsum einschlugen und wie einer nach dem anderen starb. Ich wollte die Chance, aus meinem Bau auszubrechen, um zu kämpfen.« Getty hätte sich auch als Schlachtfeld sehen können, auf dem der Kampf gegen Aids stattfand, wählte statt dessen aber eine aktivere Rolle.

Getty und andere halten sich mit Hilfe des Computers und anderer Kontakte über neueste Forschungen und Forscher auf dem Laufenden. Wenn eine neue Möglichkeit auftaucht, erwägen sie sie gründlich. Zum Zeitpunkt seines Interviews hatte man bei ihm erfolgreich die Transplantation mit dem Rhesusaffenknochenmark vorgenommen, aber es war noch zu früh, um die Wirkung einschätzen zu können. Der Reporter fragte ihn: »Wenn das nichts bringt, können Sie noch etwas anderes tun als abwarten?«

Er antwortete: »Ich bin ständig auf der Suche nach etwas Neuem. Leuten mit HIV sage ich immer eines: Wenn du einen Plan machst, sorge immer für einen Ausweichplan. Ich bin also schon auf der Suche nach etwas anderem. Momentan habe ich zum Beispiel mein Auge auf etwas geworfen, das Thymustransplantat heißt. Menschen in allen Stadien von Aids, selbst im letzten, sollten daran denken, daß sie weiter überleben, solange sie kämpfen, Pläne machen und tätig sind. Meine Freunde und ich haben Tiefpunkte durchgemacht, völlig aufgefressen von der Krankheit, die uns allem Anschein nach umbringen wird. Aber ich bin immer noch hier.«

Auch Gettys »Ausweichplan« würde ich als Hermesgeschichte bezeichnen – eine weitere Chance auf Heilung, an die er glaubt. Eine neue Behandlung auszuprobieren und wieder zu scheitern, ist für ihn nicht das Ende aller Hoffnungen, noch ist dies sinnlos. Am Leben zu bleiben, um zu kämpfen und sich am Kampf gegen Aids zu beteiligen, ergibt für Getty einen Sinn. Die Suche nach neuen Behandlungsformen gilt nicht nur ihm selbst, sondern auch anderen, weil man neue Informationen nur in dem fortdauernden Kampf gegen die Krankheit gewinnt. Die Geschichte, die er sich selbst erzählt, und sein Glaube an das, was er tut, verleihen seinem Kampf einen Sinn. Sie können sehr gut auch sein Leben verlängern.

Menschen, die sich aktiv am Kampf gegen ihre Krankheit beteiligen, spielen viele Rollen. Sie sind Studenten ihrer Krankheit und der Behandlungsmethoden, sie sind aktiv beteiligt, keine passiven Patienten. Sie stellen Autoritäten in Frage und brauchen Ärzte, die sich von der Tatsache nicht befremdet fühlen, daß ihre Patienten vielleicht mehr und bessere Informationen haben als sie selbst. Sie sind, wie man sagt, »an der Aids- oder Krebs-Universität eingeschrieben«. Es ist eine anspruchsvolle Ausbildung mit häufigen Prüfungen und ständigen Tests. Die Patienten finden bald heraus, daß ihr Stundenplan randvoll ist – besonders, wenn sie schulmedizinische und alternative Behandlungen miteinander kombinieren und ihre Seele stets mit in Betracht ziehen.

Vier Jahre nach dem zweiten Auftreten ihres Krebses und mehr als fünfzehn Jahre nach der ersten Diagnose kehrte der Krebs bei meiner Freundin Patricia zum dritten Mal zurück. Die Entscheidung, was sie nun tun konnte, wurde lebenswichtig.

Ob es um Jeff, Patricia oder Sie geht, Hermes ist die Geschichte, die einem sagt, daß es möglich ist, aus der Unterwelt zurückzukehren, in die die Krankheit einen gestürzt hat. Diese Geschichten haben eine emotionale Wirkung auf die Seele und werden auf der Zellebene aufgenommen und geglaubt. Ich meine, daß sich ein Mensch von einer bestimmten Heilungsgeschichte angezogen fühlt – von einer schulmedizinischen Entscheidung, einer alternativen oder einer Kombination aus beiden –, die für ihn instinktiv richtig sein kann und nicht für andere. Bei meiner Freundin habe ich erkannt, daß die Geschichte, die sie diesmal heranziehen muß, vielleicht nicht die gleiche ist wie jene, die ihr beim letzten Mal geholfen hat.

Der Götterbote Hermes kann in beide Richtungen gehen. Er kann von der Oberwelt in die Unterwelt ziehen und aus der Unterwelt in die Oberwelt. Die Kommunikation zwischen Verstand und Zelle muß ebenfalls in beiden Richtungen möglich sein – wenn eine Geschichte Wirkung auf die Zellen hat, dann müssen die Zellen auch die instinktiv richtige Wahl der Geschichte oder Behandlungsmethode beeinflussen können, besonders, wenn diese auf der Ernährung beruht.

Beim Medizinstudium lernten wir, daß Babys, die man abstillt und denen man eine ganze Reihe von verschiedenen Nahrungsmitteln anbietet, instinktiv das auswählen, was ihr Körper braucht. Sie essen vielleicht fünf Tage lang rote Bete und schalten dann auf etwas anderes um. Ganz gleich, wie merkwürdig ihre Wahl auch ausfällt, sie ergibt einen Sinn, wenn man sie ernährungswissenschaftlich untersucht. Die Heißhungergefühle, die schwangere Frauen auf bestimmte Nahrungsmittel haben, für die man sie immer liebevoll verspottet, haben vermutlich auch etwas mit Bedürfnissen und Mängeln bei der Ernährung zu tun, und viele der wirksamen Naturheilmittel wurden vermutlich instinktiv ausgesucht oder aufgrund von Beobachtungen des Freßverhaltens von kranken Tieren.

Menschen haben animalische Instinkte – aber auch Geschichten. Hermes trug Worte zwischen dem Olymp und der Erde hin und her, zwischen dem geistigen Reich des Himmels, dem Heim der Götter, und der Unterwelt, in der die Seelen weilen. Seine Worte wiesen den Reisenden den Weg. So bildete er das Bindeglied zwischen den Bereichen von Geist, Verstand und Körper. Sein Botenstab war der Caduceus, den man manchmal mit dem Äskulapstab verwechselt, dem Symbol der Medizin mit der Schlange. Hermes' Stab hat zwei ineinander verschlungene Schlangen, ein Bild, das mich an die Doppelhelix der DNS erinnert, in der sämtliche genetische Information auf Zellebene verschlüsselt liegt.

Wenn Geschichten uns bei der Heilung helfen, sind sie dem Wesen nach archetypisch: Geschichten, die aus der menschlichen Erfahrung heraus entstehen und Wirkung auf uns haben, weil wir ein kollektives Unbewußtes haben, wie es C.G. Jung beschreibt. Das Konzept eines menschlichen, morphologischen Feldes – Gegenstück zum kollektiven Unbewußten – wurde von dem experimentellen Biologen Rupert Sheldrake aufgestellt, der behauptete, unsere DNS würde uns mit dem verbinden, was wir in den Zellen und der Tiefe unserer Psyche wissen. Der Inhalt des morphologischen Feldes oder das kollektive Unbewußte werden durch das aktiviert, was wir fühlen und tun – von den Geschichten, an die wir glauben. Es besteht eine allegorische Ähnlichkeit zwischen Hermes und unserer DNS. Hermes mit seinem Caduceus gibt uns eine weitere Heilungsgeschichte: Die Botschaft, daß Heilung möglich ist, wird auf der tiefen Zellebene unseres Seins aufgenommen, und der Körper reagiert.

Beim Schreiben dieses Kapitels muß ich an das Ende meines autobiographischen Buchs »Die Suche nach Avalon« denken. Ich habe dort ein Zitat aus dem Kinderbuch »Krähe und Wiesel« von Barry Lopez benutzt. »Wenn euch Geschichten über den Weg laufen, achtet auf sie und lernt, sie weiterzugeben, wenn sie gebraucht werden. Manchmal braucht jemand eine Geschichte dringender als Nahrung, um am Leben zu bleiben.« Damals meinte ich das bildlich. Jetzt weiß ich, daß es wortwörtlich wahr sein kann, wenn jemand eine lebensbedrohliche Krankheit hat. Manchmal braucht ein Mensch tatsächlich eine Geschichte, die ihm Hoffnung gibt, die seinen Willen nährt und ihm Sinn vermittelt, um am Leben zu bleiben.

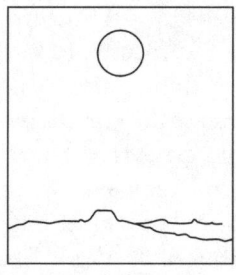

8.
Seelenverbindungen

Wenn man eine schwere Krankheit hat und das Risiko besteht, das Leben und/oder den Lebenssinn zu verlieren, wird die Ich-Du-Beziehung, eine Seelenverbindung zu einem anderen Menschen, zur Rettungsleine. Dies gilt in besonderem Maße, wenn die Herausforderung langfristig sein wird, wenn man Monat um Monat den Kampf weiterführen muß, entweder zu gesunden oder einfach nur am Leben zu bleiben. Wenn eine schwere Krankheit unbefristet vor einem liegt, braucht man die Seelenunterstützung anderer Menschen dringend, um weitermachen zu können. Die Probleme des Alltags und die tagtäglichen Demütigungen durch körperliche Leiden und Schmerzen, die weltlichen und unschönen Sorgen um Ernährung und Ausscheidung, die Erschöpfung und die Entmutigung, die eine Krankheit begleiten, die Einschränkungen der Interessen und die Begrenzungen, die einen daran erinnern, daß man nicht mehr derselbe Mensch ist, verlangen der Seele ihren Zoll ab.

So weiterzumachen ist geradezu heldenhaft – aber das wird nur selten anerkannt. Doch die Bezeichnung »heldenhaft« trifft sowohl auf die kranke Person zu wie auch auf diejenigen, die sie durch diese schwere Prüfung begleiten.

Wenn durch eine mühsam erkämpfte Phase der Besserung oder der Remission die Hoffnung auf vollständige Gesundung steigt, die Symptome dann aber zurückkehren, wird es besonders schwer. Das gilt für jeden lebensbedrohlichen Zustand, der beim ersten Mal schon seinen Preis kostet. Auch wenn man einen Rückschlag und das Wiederauftreten der Symptome rational erwartet hat, ist man kaum jemals emotional darauf vorbereitet. Wenn bei einer Autoimmunkrankheit eine Entzündung plötzlich wieder ernsthaft aufflammt, bei Aids eine weitere opportunistische Infektion ausbricht, wenn neue Zeichen für die Bösartigkeit eines Tumors auftauchen oder wenn ein weiterer Schlaganfall die Genesung zunichte macht, stürzt man unweigerlich in eine tiefe Krise.

In der anfänglichen Gesundheitskrise ist alles neu. Aber die Folgekrankheiten werden zunehmend vertrauter und wirken immer entmutigender. Beim ersten Mal hat der Patient bei jeder neuen Demütigung und Schwierigkeit ein Gefühl wie Inanna bei ihrem Abstieg durch die unbekannten Tore:»Was ist das nur?« Die Diagnose, der Krankenhausaufenthalt und die Behandlungen sind emotional traumatisch; oftmals ist das Trauma auch körperlicher Natur, doch all das geht als notwendiger Bestandteil des Prozesses wieder vorbei. Wenn man diese Prüfung erfolgreich bewältigt hat, läßt man die meisten unangenehmen Erinnerungen ebenfalls bald hinter sich. Aber wenn die Symptome und neue Anzeichen wieder auftauchen, kehren damit auch die vergangenen Emotionen zurück – manchmal mit einer ähnlich starken Wirkung wie eine verdrängte Erinnerung. Jede Zelle im Körper zuckt zusammen und will vor der Nadel oder dem Skalpell zurückweichen; es herrscht Widerstand dagegen, sich noch einmal in eine Situation zu begeben, von der wir wissen, daß sie uns Angst einjagt und Schmerzen, Übelkeit und Benommenheit bedeutet, ganz zu schweigen von dem Gefühl, klein und hilflos zu sein. Es ist sehr entmutigend, das Ganze noch einmal durchmachen zu müssen, und man braucht Entschiedenheit und großen Mut, um neue Arzttermine zu verabreden, Tests vornehmen zu lassen und behandelt zu werden. Die Frage, ob man es anderen mitteilt und wie diese darauf reagieren, verkompliziert die Angelegenheit noch weiter.

Oft herrscht auch ein Gefühl von Scham. Das mag man vielleicht bizarr finden, aber fast alle chronisch Kranken mit einiger Selbsterkenntnis kennen dieses Gefühl. Eine wiederkehrende oder chronische Krankheit ist nicht nur körperlich schwer zu ertragen, sondern doppelt schwer auf der psychischen Ebene auszuhalten, weil man dies als Scheitern empfindet. Heutzutage werden wir ständig an dem Bild des schönen, jungen, gesunden und wohlhabenden Menschen gemessen, und alles, was uns weniger perfekt macht, erfüllt uns mit Scham. Manche zucken innerlich bei dem Gedanken an einen weiteren Krankheitschub zusammen, weil sie schon wieder andere damit belasten müssen. Diese innere Reaktion ist, abgesehen von dem ernsten Risiko, sehr entmutigend.

Die Ich-Du-Beziehung als Rettungsleine

Im Kampf um die Gesundheit haben Geist und Seele entscheidende Funktionen. Von anderen nicht aufgegeben zu werden ist fast ebenso wichtig wie sich selbst nicht aufzugeben. Ich-Du-Beziehungen sind besonders wichtig, wenn jemand schwankt und nur mit Herz und Hand eines anderen aufgefangen und davor bewahrt werden kann, in die Verzweiflung zu stürzen. Hier finden wir Parallelen zwischen dem Kampf mit einer lebensbedrohlichen Krankheit und einer zu Selbstmord neigenden Depression. In einer psychiatrischen Praxis begegnet man oft der Möglichkeit von Selbstmord, und die Beziehung zum Therapeuten ist oft die »Rettungsleine«, die den Patienten davon abhält, sich umzubringen. Wenn jemand aus psychischen Gründen auf der Schwelle zwischen Leben und Tod steht, sind zwar die Seelenprobleme im Vordergrund, aber letztlich sind sie die gleichen wie die körperlichen: Depression und Sinnverlust saugen Körper *und* Seele aus und rauben einem den Willen, weiterzuleben, weil der Kampf so schwer ist.

Zu Beginn meiner Praxis erlebte ich eine Reihe von Patienten, die als selbstmordgefährdet galten. Es waren junge Erwachsene, die man in das Lehrkrankenhaus eingewiesen hatte, weil sie aufgund ihrer irrationalen Gedanken und ihrer Schwierigkeit, Beziehungen zu knüpfen, potentiell selbstmordgefährdet schienen. Man hatte sie unter starker Medikation entlassen, doch sie waren oft von ihren Familien entfremdet, lebten in betreuten Wohnungen und hatten vielleicht schon frühere Selbstmordversuche hinter sich. Ihr Leben war schwierig und ihre Zukunft unsicher. Sie neigten alle stark dazu, sich selbst als wertlos zu betrachten, und wenn sie Stimmen hörten, waren diese negativ und feindselig. Von Zeit zu Zeit wünschten sie alle, lieber tot zu sein, und alle hatten Selbstmordgedanken. Mehrmals erhielt ich Anrufe aus einer Telefonzelle auf der Golden Gate Bridge, aber auch zahlreiche weniger dramatische, doch ebenso verzweifelte von anderswoher. Die Patienten riefen mich an, von dem Wunsch überwältigt zu sterben und mit der Möglichkeit vor sich, dies auch in die Tat umzusetzen, und streckten mir die Hand entgegen, damit ich sie vom Rand des Abgrunds wegzog. Die Beziehung zu mir war ihre Rettungsleine.

In der ersten Zeit nach der Eröffnung meiner Privatpraxis waren diese um ihr Leben ringenden Menschen meine Patienten und meine Lehrer. Ich ging mit ihnen Ich-Du-Verhältnisse ein und führte Gespräche um die Themen von Leben und Sterben. Ich gab die übliche neutrale Haltung der Psychiatrie auf, die vorgibt, ein »leeres Blatt« zu sein, das nur reflektiert, was der Patient von sich gibt. In diesen Gesprächen befand ich mich intuitiv auf der Seelenebene – weit über das hinaus, was das Ego weiß und definieren kann –, und die Patienten erkannten, daß hier die Wahrheit gesprochen wurde. Wenn das Leben eines anderen Menschen auf dem Spiel steht, können nur Ehrlichkeit und aufrichtige Hoffnung etwas ausrichten.

Ein Mensch kann für einen anderen, der sich in einer Krise befindet, eine Rettungsleine darstellen, weil er dem Betroffenen und seinem Kampf Liebe und Respekt entgegenbringt. Wenn das Licht in einem anderen Menschen unsicher flackert und schwankt, können Botschaften wie »Du bist wichtig« und »Dieser Kampf hat einen Sinn«, die in einer Seelenverbindung verschlüsselt liegen, die Rettungsleine darstellen, ob dies nun ausdrücklich klargemacht wird oder nicht. Wenn ein Mensch selbstmordgefährdet ist und sein Leiden seelischer Natur ist, dann ist sein Kampf zwar ein anderer als der eines Krebskranken, aber auf existentieller Ebene ähnelt er dem Preis, den der Geist mit einer immer wieder aufflackernden oder chronischen Krankheit zahlen muß. Die Seelenverbindung zu einem anderen Menschen, einem Ich-Du-Freund, Therapeuten oder Partner, kann den Unterschied zwischen Aufgeben und Weitermachen bedeuten.

Was wir tief in uns wissen

Was wir tief in uns glauben und wissen, hat mit der Seele zu tun. Wir können solche Überzeugungen ausdrücken – und dann besteht die Möglichkeit, daß man uns hört und darauf reagiert, weil diese Ebene archetypisch ist. Ich kann Sie beispielsweise nicht logisch davon überzeugen, daß wir spirituelle Wesen auf einem menschlichen Weg sind, aber wenn ich dies ausdrücke, sage ich damit etwas, das auch Sie in Ihrem Innersten wissen. Worte, die uns immer in irgendeiner Weise zu Herzen gehen, können philosophische Wiederholungen uralter Weisheiten sein oder selbstgestrickte Philosophien, die aber tief in uns etwas anrühren. Von Kindheit an werden sie zu Worten, nach denen man lebt.

Worte, die ich als Kind schon hörte, die mir im Gedächtnis haften blieben und mir eine Perspektive für die Ungerechtigkeit und das Leiden anderer gaben, hießen: »Jeder hat sein Kreuz zu tragen« und »Wir bekommen nicht mehr aufgebürdet, als wir tragen können«. Selbst ohne viel Lebenserfahrung spürte ich die Wahrheit in diesen Sätzen. Zugleich fragte sich mein Verstand, ob das wohl wahr sei, und ich begann sie zu überprüfen. Auf der High School und im College brauchte ich jemanden nur einigermaßen gut zu kennen, um hinter die Fassade der Sorglosigkeit und der Privilegien zu blicken, die sie sonst der Welt darboten. Lange bevor der Begriff »dysfunktionale Familie« geprägt wurde, bedeutete es, jemanden gut zu kennen, auch über das Leid Bescheid zu wissen, das in seiner Familie herrschte. Alle Menschen scheinen »ein Kreuz zu tragen« zu haben. Die Überzeugung, daß uns nicht mehr aufgebürdet wird, als wir tragen können, erfordert stärkeren Glauben – oder ein Bewußtsein, daß dies für einzelne Seelen gilt, die die Prüfungen des Lebens akzeptieren, um gut zu leben.

Daran dachte ich, als ich über das Leben und den Tod einer Frau erfuhr, die mit dreißig Jahren an Mukoviszidose gestorben war. Ihre Freundin Martha, die mir die Geschichte erzählte, beschrieb sie als einen sehr »sprudelnden« Menschen, der »sich von keiner dunklen Wolke im Leben das Licht nehmen ließ«. Sie hatte eine Lungentransplantation abgelehnt und das Leben mit der Krankheit als ihr Schicksal akzeptiert, aber dieses Akzeptieren hatte nichts mit Resignation zu tun. Sie war ein Vorbild für ihre Freundin, weil »sie ihr Karma wahrhaftig auslebte«, mit anderen Worten, weil sie das Leben aus einer spirituellen Perspektive betrachtete. Sie hatte ihre Grenzen ständig weiter hinausgeschoben und nicht nur ihre normale Lebenserwartung weit überschritten, sondern auch Dinge getan, die für jemanden mit dieser Krankheit ungewöhnlich waren. Sie hatte die Herausforderung akzeptiert, ihr aller Voraussicht nach verkürztes Leben so weit wie möglich auszuleben, und das war ihr gut gelungen.

Als ich von ihr hörte, kamen mir Worte aus T.S. Eliots »Vier Quartette« in den Sinn. Ich trage seit Jahrzehnten ein Exemplar dieser Gedichtsammlung mit mir herum und halte sie für eine Theologie des Selbst, deren enigmatische Worte einem Sinn geben. Dieser Sinn wird perfekt ausgedrückt, die Worte sind Destillationen von Weisheit und Bildersprache, die in ihrer Verbindung von Geist und Seele verstanden werden. In diesem Fall geben die Worte die Realität eines verkürzten Lebens wieder, das vor dem Hintergrund der Ewigkeit aus der Fülle und in Schönheit ausgelebt wird: »Der Augenblick der Rose, der Augenblick der Eibe sind von nämlicher Dauer.«

Der Theologe und Philosoph Martin Buber prägte den Begriff des »Ich-Du« als einen Ausdruck für die Dualität einer Beziehung auf der Seelenebene, die von jedem unmittelbar verstanden wird, der eine solche Beziehung hat – mit einem anderen Menschen oder, im mystischen Sinne, mit einer göttlichen Präsenz. Aus der psychologischen Perspektive C.G. Jungs wird das Selbst in einer Ich-Du-Beziehung »in Position gebracht«. Wir nehmen subjektiv wahr, daß diese Erfahrung Sinn hat, und »trinken« dazu aus einer spirituellen Quelle oder einem Brunnen. »Ich-Du« hat mit Liebe, Intimität und Vertrauen zwischen zwei Seelen zu tun – oder zwischen einer Seele und der Göttlichkeit.

Die lebensbedrohliche Krankheit als spirituelle Reise

Vom Standpunkt der Seele aus ist eine lebensbedrohliche Krankheit eine spirituelle Reise – ein Abenteuer, eine Prüfung oder eine Initiation –, die vom Patienten unternommen und von anderen geteilt wird. Die Möglichkeit, den Lebenssinn ebenso zu verlieren wie das Leben selbst, stellt für den Patienten und seine Gefährten ein Risiko dar; die Möglichkeit, die Seele zu finden und innerhalb einer Ich-Du-Beziehung zu leben oder zu sterben, ist für beide aber auch eine Chance.

Jeder und jede in der emotionalen Umgebung eines Schwerkranken steht vor der Entscheidung, wie er oder sie darauf reagiert, und diese Entscheidung kann für diesen Menschen spirituelle Konsequenzen haben. Wenn für den Patienten zu diesem Zeitpunkt ein empfindlicher Schwebezustand zwischen Leben und Sterben besteht, kann die Existenz eines Ich-Du-Gefährten den Unterschied zwischen Überleben und Tod bedeuten.

Die lebensbedrohliche Krankheit eines nahestehenden Menschen führt uns als deren Reisegefährten in die Unterwelt, und je nachdem, wie tief wir in unsere eigene Sinnes- und Gefühlswelt hineingebracht werden, hat das auch für uns Folgen. Die Krankheit einer uns nahestehenden Person bringt auch uns zu

Momenten der Wahrheit, zur Essenz dessen, wer wir sind und wozu wir auf der Seelenebene hier sind. Nicht nur der Patient, auch andere werden durch die Krankheit gefordert. Auch wenn das bedrohte Leben und der versagende Körper nicht die eigenen sind, wir sind dennoch tief betroffen, und es kann auch für uns zur Seelenerfahrung werden. Wenn wir spirituelle Wesen auf einem menschlichen Pfad sind, und wir begegnen auf diesem Weg einer lebensbedrohlichen Krankheit, stellen sich für uns als Patienten wie auch als deren potentielle Begleiter die gleichen Fragen: Was tun wir hier in diesem Leben und dieser Situation? Was sollen wir hier lernen?

Wenn jemand große Schwierigkeiten oder eine persönliche Katastrophe erlebt, ist jeder in der emotionalen Nachbarschaft davon betroffen und reagiert auf die Nachricht. Es ist ein Moment der Wahrheit, ein verräterischer Moment, der Bände spricht. Darauf erfolgen bewußte Entscheidungen oder automatische Reaktionen, auf diese Person zuzugehen oder sich von ihr zu entfernen. Vielleicht ist es die Nachricht von einer lebensbedrohlichen Krankheit, aber es könnte auch jedes andere größere Problem sein, das einem Menschen zustößt: Eine seelische Krankheit, Vergewaltigung oder Verletzung, ein Selbstmordversuch, finanzielle oder rechtliche Probleme, der Verlust einer Beziehung durch Tod oder Scheidung, alles wirklich Schwere, das zum Leben gehört und das wir uns nicht wünschen. Wenn ich erfahre, daß jemand in meiner emotionalen Umgebung es schwer hat, krank ist und vielleicht stirbt, frage ich mich: Muß dieser Freund, Partner oder Verwandte das alles allein durchstehen? Oder wird jemand da sein, wirklich für ihn da sein? Werde ich das sein – und kann ich das auch?

Chancen nutzen – authentisch sein

Die Diagnose einer lebensbedrohlichen Krankheit ist auch für Gesunde ein Augenblick der Wahrheit. Ungeachtet der Beziehung vor der Diagnose wird sich anschließend immer wieder zeigen, was Bindung hier bedeutet. Viktor Frankl lehrte uns, daß wir ungeachtet der Umstände immer die Wahl haben, wie wir auf etwas reagieren. Das hat enorme Bedeutung für den Menschen, der einen anderen auf diesem Teil der Reise begleitet oder sich von ihm oder ihr entfernt. Emotionale Distanzierung ist eine verbreitete Reaktion, und tatsächliches Verlassen kommt ebenfalls vor.

Angst vor Verlust und vor Verlassenwerden verhindern, daß wir in Gegenwart anderer wirklich wir selbst sind. Was geschieht in uns, wenn wir erfahren, daß jemand, der wichtig für uns ist, bald sterben wird und vielleicht bereits im Sterben liegt; wenn eine Krankheit so weit fortgeschritten ist, daß wir wissen, daß ein geliebter Mensch uns verlassen wird. Entziehen wir uns? Oder rücken wir näher und begeben uns in eine tiefere Beziehung auf der Ich-Du-Ebene? Ziehen *wir* uns selbst emotional oder körperlich zurück, noch ehe *sie* uns verlassen?

Als spirituelle Wesen auf einem menschlichen Weg bieten uns Beziehungen die beste Gelegenheit, zu wachsen und zu lernen, sie beinhalten auch die meisten Möglichkeiten, um seelisch verletzt zu werden, defensiv oder aus Rache zu handeln, andere zu verletzen und uns selbst auf der Seelenebene wehzutun. Es ist wichtig, wie wir reagieren: Wir können einen anderen Menschen nicht schäbig behandeln, ohne daß diese Schäbigkeit an uns haften bleibt, wir können nicht großzügig reagieren, ohne daß unser Herz sich weitet und unsere Seele genährt wird.

Es bedeutet ein Risiko, authentisch zu sein und *persona*, Rüstung und Defensive aufzugeben, und es ist ein Verlust, wenn wir dieses Risiko nicht eingehen, denn damit verzichten wir auf alle Chancen zu mehr Intimität. Wenn wir emotional hinter Gittern leben und denken, damit sicher zu sein, besteht die einzige Sicherheit darin, daß unsere Entscheidung uns isoliert und in einem selbstgeschaffenen Gefängnis hält. Besonders wenn eine Krankheit lebensbedrohlich ist und wir vor der Wahl stehen, ob wir sinnvoll oder sinnlos miteinander umgehen: Ergreifen wir den Moment oder lassen wir ihn verstreichen, auch wenn er die letzte Chance zu einer Ich-Du-Beziehung mit diesem Menschen bietet? In einer Beziehung ist es ebenso riskant, sich vor die Tore zu trauen, wie sich dahinter zu verschanzen; etwas zu sagen oder nicht zu sagen kann für andere ebenso wichtig sein wir für uns.

Wenn wir etwas auf dem Herzen haben, das mit uns oder den anderen zu tun hat, liegen uns die Worte geradezu auf der Zunge. Öffnen wir dann den Mund und lassen sie heraus, oder schlucken wir sie herunter und warten auf eine erneute Gelegenheit? Wie empfindlich ist der andere? Wie empfindlich oder defensiv sind wir selbst? Wie sicher ist das Ganze? Wird es Tränen geben oder Wut? Wie sind unsere Erfahrungen in der Vergangenheit? Kann man ohne Versicherung verletzlich sein?

Kein Wunder, daß man Menschen oft mit Stachelschweinen vergleicht, die einander nahe sein müssen, um sich zu wärmen, die sich aber niemals zu nahe kommen dürfen.

Solche Fragen tauchen in allen Beziehungen auf. Aber wenn wir dazu noch eine schwere Krankheit in Betracht ziehen müssen, dann wird uns etwas klar, das eigentlich auch sonst immer gilt: Der gegenwärtige Moment ist vielleicht das »Jetzt oder Nie«.

Wenn eine lebensbedrohliche Krankheit in ein normales Leben einbricht, verändern sich alle normalen Verhaltensmuster. Wichtige Beziehungen fallen in einen Schmelztiegel, in dem sie erhitzt und gedehnt werden; es tauchen Sprünge auf, wo die Bindung fehlerhaft ist, und sie zerbricht. Dann distanzieren sich die Menschen entweder emotional voneinander und gehen auseinander – oder aber das Gegenteil tritt ein: Liebesbindungen werden stärker, flexibler und schöner, als würden sie durch die schwierigen Ereignisse geprägt und gebrannt, und enthüllen immer stärker ihre Seele.

In den Augen und Herzen anderer Menschen erkennen wir das eigene Spiegelbild. Wenn Aussehen und Status wichtig sind und für andere immer eine große Rolle gespielt haben, angefangen mit den Eltern, kann man nur schwer erkennen, ob wir für irgend jemanden als wir selbst wichtig sind. Was ist, wenn unsere Gesundheit verschwindet und wir weder gut aussehen noch etwas leisten? An solchen Punkten stürzt die

Alchimie der Beziehungen die Partner in einen Schmelztiegel: Wird der Kranke sich in sich selbst zurückziehen und niemanden in seine Nähe lassen? Wird der Gesunde den anderen emotional oder physisch verlassen?

Wenn körperliche Schönheit und ein Job mit Macht und Ansehen wichtige Bestandteile der Beziehung waren, kann eine schwere Krankheit die Verbindung noch stärker auf die Probe stellen. Schönheit, Lebenskraft und Jugendlichkeit erfordern eine gute Gesundheit – genauso wie in einer Wettbewerbsgesellschaft an der Spitze zu bleiben. Wenn es nicht mehr möglich ist, das zu sein oder zu tun, was uns anfangs attraktiv machte, wird die Beziehung vielleicht noch vor dem Patienten sterben. Oder die Krankheit wird zum Mittel für beide Individuen, eine Seelentiefe und Liebe zu finden, die beide vorher nicht für möglich gehalten haben. Krankheiten, die uns die körperliche Attraktivität nehmen, räumen auch mit den emotionalen Verteidigungsbarrieren auf, wie etwa der Illusion, sich unter Kontrolle zu haben, die Illusion von Unverletzbarkeit und ewiger Jugend für Patient und Partner. Der Ausbruch einer solchen Krankheit ist eine Herausforderung für die Einzelperson wie auch für das Paar. Sie bietet aber auch die Zeit, zu reifen und tiefer zueinander zu finden.

In Tony Kushners Bühnenstück »Angels in America«, das den Pulitzer-Preis gewann, gibt es mehrere beeindruckende Szenen über die Beziehung eines gesunden Partners (Louis Ironson) zu seinem Liebhaber (Prior Walter), der Aids hat. Ehe Louis Prior verläßt, erzählt er einer Krankenschwester von einem in Bayeux ausgestellten Wandteppich und denkt anschließend über den Unterschied zwischen dem Verhalten der Königin Mathilde, die den Teppich stickte, und seiner eigenen Reaktion auf Priors Krankheit nach:

Mathilde hat also gestickt, als Wilhelm der Eroberer im Krieg war. Sie war zu mehr fähig, als zu … bloßer Loyalität. Es war Hingabe.
Sie wartete auf ihn und stickte und stickte, jahrelang. Und wenn er zerbrochen und besiegt aus dem Krieg zurückgekommen wäre, hätte sie ihn noch mehr geliebt. Und wenn er verstümmelt, häßlich, voller Krankheiten und Schrecken zurückgekommen wäre, hätte sie ihn

immer noch geliebt, und zwar aus Mitleid und dem Wunsch, seinen Schmerz zu teilen. Sie hätte ihn noch viel mehr geliebt, und nie, nie hätte sie zu Gott gebetet: Gott, bitte laß ihn sterben, wenn er nicht mit gesundem Geist und Körper zu mir zurückkehren kann, nicht mehr fähig, ein normales Leben zu führen ... Wenn er gestorben wäre, hätte sie ihr eigenes Herz mit ihm begraben.

Was zum Teufel stimmt nur nicht mit mir?

»Louis« existiert als illoyale Stimme in Partnern und Liebhabern von Patienten mit einer lebensbedrohlichen, behindernden oder chronischen Krankheit. »Louis« hat Angst und ist an so etwas nicht gewöhnt. Die Krankheit seines Partners konfrontiert ihn mit seinen Ängsten und seinem Schatten, sie fordert ihn heraus, mehr zu sein und zu tun, als er vermag. »Louis« rennt weg, statt zu bleiben, und genau das passiert, wenn der Louis-Teil einer Persönlichkeit die Oberhand behält.

»Louis« idealisiert »Mathilde« und weiß nicht, daß man nicht über Nacht und leicht zu Mathilde wird, sondern daß dies eine Folge davon ist, auf jede neue Situation mit einer Tat oder einer Einstellung zu reagieren, durch die man reift, indem man für einen kranken oder sterbenden Menschen zum Seelengefährten wird. »Louis« weiß außerdem nicht, daß Liebe den Menschen in jemanden verwandelt, der weiterhin lieben kann, auch nach dem Verlust, denn das Herz – die Fähigkeit zu lieben – wird nicht mit der geliebten Person begraben.

Wenn Opfer gern gebracht werden, dann erfolgen sie aus dem Herzen heraus – und nicht aus Angst oder Pflichtgefühl. Es ist eine Entscheidung, die mit einem Seelenwachstum belohnt wird, mit einem Gefühl von innerer Kraft und einer direkten Erfahrung von Liebe. Für andere, die es nicht besser wissen, sieht es vielleicht wie Co-Abhängigkeit, Märtyrertum oder wie ein Opfer aus, aber das ist es nicht, wenn die bewußte Entscheidung getroffen wurde, zu lieben und da zu sein. Wenn Liebe und Loyalität die Gründe sind, bei jemandem zu bleiben, der krank ist, und die Reaktion auf alles, was geschieht, heißt, das zu tun, was nötig ist, dann stellt sich die Reise vielleicht als ein spiritueller Weg mit unerwartet lohnenden Seelenmomenten heraus.

Ich habe dies bei Männern erlebt, deren Partner Aids hatten oder deren Frauen an Krebs erkrankten, die ihre Herzen öffneten und sich auf eine Weise hingaben, wie ich sie bisher nur bei Frauen kennengelernt hatte. Besonders Schwule erlebten während der Aids-Epidemie einen Quantensprung an Seelenerfahrungen. Die Beziehung ist unter solchen Umständen eine spirituelle Übung, und alltägliche, wiederholte und weltliche Aufgaben werden zur tagtäglichen Ergebenheit, durch die Liebhaber, Partner oder Freunde ihre bedingungslose Liebe ausdrücken. Es herrscht Glück, wenn eine Weile alles gut oder besser geht als zuvor. Große Zärtlichkeit, wie man sie nie zuvor erlebt hat, quillt in unerwarteten Augenblicken auf; der Blick auf ein schlafendes Gesicht wärmt einem das Herz, und es herrscht Dankbarkeit.

Gegenseitigkeit in Liebesbeziehungen

Wenn zwei Menschen mit Herz, Verstand und Seele füreinander da sind, während der eine an einer möglicherweise fatalen Krankheit leidet, ist dies eine Ich-Du-Beziehung und eine Chance für emotionale und spirituelle Intimität auf der höchsten Ebene. Dazu müssen beide einander verbunden sein und glauben, daß dieser Weg für sie beide wichtig ist. Es scheint vielleicht, daß der gesunde Partner, der diese Entscheidung trifft, tiefer geht und daß der andere für ihn wichtiger sein muß, aber für denjenigen mit der lebensbedrohlichen Krankheit stellt es eine ebenso schwierige Herausforderung dar.

Eine Ich-Du-Beziehung fordert von beiden, hier und jetzt mehr zu lieben. Sie fordert von der Person mit der Krankheit, sich um den anderen zu kümmern und sich nicht vollständig auf sich selbst zu konzentrieren – und das zu einer Zeit, wenn Angst und Schmerzen den ausschließlichen Bezug auf sich selbst sehr leichtmachen. Wenn man eine Reise wirklich gemeinsam machen will, muß man gegenwärtig, authentisch und gemeinsam in diesem angsterregenden Unterfangen verletzlich sein. Der innere Kampf zwischen Liebe und Angst

141

wird durch die lebensbedrohliche Krankheit noch verstärkt – oder durch die Liebe zu jemandem, der daran leidet. Wenn der Kranke Liebe ausdrücken will und Liebeszusagen dafür verlangt, besonders, wenn er sich zunehmend häßlicher fühlt, bedeutet das ein großes Risiko. Das Risiko besteht vielleicht aber auch darin, berührt werden zu wollen, ohne sich selbst sexuell verhalten zu können, und das auch so auszusprechen. Vielleicht besteht auch ein Bedürfnis nach Alleinsein und die Angst, abgelehnt zu werden, wenn man es äußert. Werden Fragen, die einem auf dem Herzen liegen, gestellt und beantwortet?

Wut, Vorwürfe dem anderen gegenüber und Angst um den anderen entstehen in beiden, wenn einer eine lebensbedrohliche Krankheit hat und der andere gesund bleibt. Das ist natürlich so, denn beide sind verletzlich, leiden oft an Schlafmangel und sorgen sich um andere Menschen und Dinge, die von dieser Krise betroffen sind, ebenso wie um den Verlauf der Krankheit selbst. Es ist eine angstvolle, aber kostbare Zeit, in der Ich-Du-Beziehungen sich ausbilden und wachsen können.

Seelenverbindungen

Angesichts der Möglichkeit, daß jemand stirbt, werden die Beziehungen zu anderen Menschen und zu Gott intensiver. Die Prioritäten verlagern sich, Fassaden zerbröckeln, und das Bedürfnis nach einem Sinn und Seelenverbindungen wird akut. All das beeinflußt unsere Beziehungen. Eine Seelenbegegnung oder ein Seelenmoment auf einem besonders wichtigen Teil des Wegs kann den Unterschied zwischen einem Weitergehen und dem Aufgeben ausmachen. Wenn sich Wanderer im Himalaja begegnen, verbeugen sie sich oder nicken einander zu und sagen:»Namaste.« Das bedeutet:»Die Göttlichkeit in mir erblickt die Göttlichkeit in dir.« Immer wenn sich zwei Individuen auf dem Weg begegnen, der die Metapher für das Leben darstellt, und es erfolgt ein Seelenaugenblick, dann erkennt die

142

dahinterliegende und unausgesprochene Begrüßung »Namaste« das Ich-Du-Verhältnis.

Es gibt Ich-Du-Momente und Ich-Du-Gefährten. Ich-Du-Gefährten gehen manchmal Seite an Seite, stehen einem aber auch von Angesicht zu Angesicht gegenüber. Man kann auch sozusagen Rücken an Rücken stehen, wenn man dem anderen »den Rücken freihält«. Damit zwei Menschen zu Seelengefährten werden, muß die Beziehung ein *temenos* sein, ein Schutzraum, wo man sicher man selbst sein kann, schutzlos und im Vertrauen darauf, daß dieser Raum seinen Inhalt bewahren kann. Als Behältnis ist er mehr als nur die Liebe zwischen zwei Menschen, obwohl diese Liebe unabdingbarer Bestandteil ist.

Damit eine Beziehung zum Schutzraum wird, muß es dort prinzipiell sicher sein, die Wahrheit darüber auszusprechen, was man fühlt, denkt und wahrnimmt. In der Praxis ist dies ein fortlaufender Prozeß, zu dem Risiken, Vertrauen und Zeit nötig sind, weil jeder Geheimnisse und Verletzlichkeiten in eine Beziehung mitbringt. Die Möglichkeit einer Desillusionierung für beide, wenn man ein Risiko wagt, der Wunsch nach Nähe und die Angst vor Verstrickung, die beide in unterschiedlichem Maße haben, die verschiedenen Defensiven und Verleugnungen, die unbewußt wirken, und die Verletzungen, wenn unweigerlich ein Unterschied zwischen den gegenseitigen Erwartungen und der Realität besteht, all diese Faktoren machen eine Ich-Du-Beziehung zu einer schweren Aufgabe. Doch indem solche Beziehungen unsere Liebesfähigkeit und unsere Kapazität fördern, zu verzeihen, die Wahrheit zu sagen und danach zu handeln und treu zu bleiben, werden sie aus sich selbst heraus zum spirituellen Weg.

Eine Seelenverbindung kann den Schlüssel zu bemerkenswerten Heilungen darstellen, die allen ärztlichen Erwartungen widersprechen. Caryle Hirshberg und Marc Ian Barasch betonen in ihrer Untersuchung von Menschen, die auf bemerkenswerte Weise wieder gesund wurden, deren »soziale Verbindungen«, während ich solche Beziehungen als »Seelenverbindungen« bezeichne, in denen sich der Patient mit wichtigen anderen Bezugspersonen oder inneren Leitfiguren in einer Ich-

Du-Beziehung befindet. Hirshberg und Barasch schreiben: »Menschen wurden in einer Krise oft ›sie selbst‹, oder es tauchten andere, neue Freunde und Verbündete auf, um sie bei dieser Reise zu begleiten. Auch jene, die ihre Heilung einem starken inneren Erlebnis zuschrieben, schienen eine tiefe persönliche Bindung an imaginäre Gestalten oder eine spirituelle Präsenz zu empfinden ... Immer wieder sahen wir die Kraft einer dauerhaften Ehe, einer ergebenen Freundschaft, selbstloser Taten und unzerstörbarer Liebe. Eine gutgewählte Äußerung, eine stark ausgedrückte Überzeugung, eine spürbare Geste von einem Freund oder geliebten Menschen war oft die Hand, die jemanden vom Abgrund fortzog.«

Die bedeutende Beziehung, die den Unterschied bewirkte, hat es im Leben des Patienten vor der Diagnose womöglich nicht einmal gegeben. »Die Patienten entwickelten oft eine besonders starke Beziehung zu ihrem Arzt, einem Therapeuten, einem Freund oder einer Selbsthilfegruppe. Immer wieder fiel uns die ›Macht des Einzelnen‹ auf: daß etwa die Ermutigung eines einzigen Menschen im Kampf gegen schreckliche Hindernisse den Angelpunkt der Heilung ausmachte oder wie eine bemerkenswerte Genesung oft die Wirkung hatte, andere zu Gleichem zu inspirieren – manchmal sogar die Gesellschaft insgesamt.«

Helferkreise

Ich-Du-Beziehungen gibt es auch in Gruppen, die ein *temenos* schaffen, einen sicheren Ort, um über wirklich wichtige Dinge zu sprechen, und wo alle sich verpflichten, einander mitfühlend zuzuhören. Ein solcher Zirkel ist ein heilendes Umfeld, das nicht nur das emotionale Wohlbefinden der Teilnehmer fördert, sondern auch deren Leben verlängert, wenn es sich um eine Krebsgruppe handelt.

Dies wurde zuerst von David Spiegel als unerwartetes Forschungsergebnis berichtet, einem Psychiatrie-Professor an der Stanford-Universität, der Mitte der siebziger Jahre eine Untersuchung mit 86 Frauen durchführte, die an metastatischem Brustkrebs litten. Er wollte herausfinden, ob eine psychosoziale Intervention den Frauen mit Brustkrebs helfen würde, wirksamer mit der spezifischen Angst und Isolation umzugehen, unter denen sie so häufig litten. Dazu wurden willkürlich Frauen mit ähnlichen Krankheiten und Charakteristika ausgesucht, die alle herkömmliche ärztliche Betreuung erhielten. Sie wurden gefragt, ob sie an einer Selbsthilfegruppe teilnehmen wollten. Dann verglich man Verhalten und Beziehungen der Frauen in der Gruppe mit denen von Frauen, die an keiner Gruppe teilnahmen. Die Frauen in der Selbsthilfegruppe entwickelten eine große Fürsorge füreinander. Abgesehen von dem Austausch über das, was sie durchmachten, und Gesprächen über Tod und Sterben, Bestrahlungen und Chemotherapie, Schmerzen und Behinderungen, halfen sie einander in der Neueinschätzung ihrer Prioritäten und des sozialen Netzes sowie bei der Kommunikation mit Ärzten und tauschten Informationen und Erfahrungen über alternative Behandlungsmethoden aus. Die Frauen wurden ermutigt, ein Lebensprojekt zu entwerfen und in der ihnen noch verbleibenden Zeit etwas Wichtiges zu erreichen. Sie veranstalteten darüber hinaus monatliche Treffen mit den Angehörigen und ein Training in Selbsthypnose gegen die Schmerzen.

Spiegel und seine Assistenten maßen Stimmungsumschwünge und Schmerzerfahrungen und stellten fest, daß es den Frauen in der Selbshilfegruppe wesentlich besser ging als denen in der Kontrollgruppe. Sie veröffentlichten die Ergebnisse und vergaßen ein paar Jahre lang die Untersuchung. Dann kehrte Spiegel, angeregt durch die Behauptung, man könne Krebs aus seelischer Kraft heilen, die er albern fand, zu seiner Studie zurück, um zu beweisen, daß die Teilnahme an einer Gruppe keine Wirkung auf das Fortschreiten der Krankheit habe. Doch was er dann feststellte, war für ihn verblüffend: Die Frauen aus der Selbsthilfegruppe hatten doppelt so lange überlebt wie diejenigen in der Kontrollgruppe. Nach zehn Jahren, 1989, hatten sie durchschnittlich 36,6 Monate weitergelebt, während die Teilnehmerinnen der Kontrollgruppe mit normaler ärztlicher Behandlung durchschnittlich nur 18,9 Monate überlebten. Außerdem waren drei der Frauen aus der Selbsthilfegruppe immer noch am Leben.

Meiner Erfahrung mit Frauengruppen nach werden solche Zirkel zu einem Ort des Wachstums und der Reife, wenn sich das Vertrauen erst einmal eingestellt hat. Frauen haben eine starke Wirkung aufeinander, wenn sie sich in einer Gruppe sicher fühlen, wenn sie sich durch die Reaktionen der anderen gespiegelt sehen. Sie haben eine bemerkenswerte Fähigkeit, in dem einen Moment Kraft auszustrahlen und im nächsten Verletzlichkeit. In einem Kreis ist jede Frau eine einzigartige Persönlichkeit, sie selbst, aber gleichzeitig verkörpert sie auch mindestens einen Aspekt jeder anderen Frau in dem Zirkel. Wir drücken Gefühle aus, heitern einander auf, umarmen einander, lachen und weinen zusammen. Wir feiern bestimmte Gelegenheiten, wir vollziehen Rituale, die die kleineren und größeren Übergänge im Leben ehren, die persönlichen Leistungen und Ereignisse, die wichtig sind, wie wir alle gelernt haben. Was mit der einen passiert, schwingt in der Seele der anderen nach.

In Selbsthilfegruppen werden bestimmte Informationen ausgetauscht, wenn dies hilfreich ist: Namen von Personen, Artikeln, Tonbändern, Büchern, nützliche Hinweise und sogar Kochrezepte. Ich nehme an, daß Spiegels Gruppen denen ähnelten, dir mir inzwischen vertraut geworden sind. In einer Krebsgruppe würden sie auch einander mitteilen, was sie tun und was sie von ihrer Krankheit lernen.

Menschen, die Operationen, Bestrahlung, Chemotherapie, Transplantationen, Hormone und Dialyse mitgemacht haben – die verschiedenen, oft wirksamen und häufig schmerzhaften und schwierigen Hilfsmittel der modernen Medizin –, haben dies als außerordentlich herausfordernde Prüfungen erlebt. Daß hier eine Analogie zum Bergsteigen besteht, half der Expedition von Brustkrebsüberlebenden, die die Besteigung des Siebeneinhalbtausenders Aconcagua wagte, des höchsten Gipfels in Südamerika. Ihr Motto lautete: »Niemand hat uns gesagt, daß der Kampf gegen den Brustkrebs ein Spaziergang

sein würde.« Zu einem solchen Aufstieg werden die Teilnehmerinnen aneinandergeseilt. Wenn eine ausgleitet, können die
anderen den Sturz auffangen. Das Seil ist eine Rettungsleine,
und der Erfolg hängt von den Anstrengungen des gesamten
Teams ab. Während eine Person allein am Berg zu Tode stürzen
und eine Frau mit Brustkrebs allein aufgeben mag, kann die
Rettungsleine zu den anderen das Überleben ermöglichen. Genauso wichtig sind die Ich-Du-Verbindungen in den Selbsthilfegruppen.

Menschen mit Aids und die ihnen Nahestehenden fühlen
sich oft so, als würden sie eine Schlacht austragen und benutzten häufig die Metapher, daß sie mit einer Pest leben, während
alle anderen ihr Leben weiterleben und von dem Kampf um sie
her nichts wahrnehmen.

Es ist eine Kombination aus Absicht, Willen, Zeit und Verpflichtung, die den Raum schafft, in den Gnade oder Liebe ein-
fließen können oder in dem eine Seele die andere berühren
kann, auch wenn es im Kontext eines Forschungsprogramms
ist. Ich-Du-Augenblicke überbrücken unsere Trennungen und
heilen die Einsamkeit, die Alleinsein und Isolierung voneinander und von der Göttlichkeit bewirken. Diese Augenblicke heilen die Seele und haben wiederum Einfluß auf den Körper: Die
Lebensqualität wird verbessert, und das Leben selbst wird verlängert.

Seelenbegegnungen

Ich-Du-Augenblicke können auch schweigend geschehen. Ich
denke hier an eine Frau, die beschrieb, wie sie am Bett ihres Vaters saß, der an Alzheimer erkrankt war. Früher hatte sie ihn
nur als einen emotional distanzierten, körperlich gewalttätigen, wütenden Mann gekannt, den sie entweder fürchtete oder
haßte und den zu besuchen sie sich nun verpflichtet fühlte.
Aber an irgendeinem Punkt löste sich die alte Furcht aus der
Kindheit auf, und sie empfand ein Aufwallen von Mitleid mit
ihm. Sie streckte die Hand aus, legte sie sanft auf seine Finger

147

und blieb eine Weile schweigend so sitzen. Sie spürte, wie sich zwischen ihnen Frieden ausbreitete. Auch wenn sein Verstand dahingeschwunden war, so war seine Essenz – vielleicht gerade deswegen – noch da, und sie spürte eine Seelenverbindung. Danach besuchte sie ihn regelmäßig, um einfach schweigend bei ihm zu sitzen; jedesmal hatte sie nun das Gefühl, daß ihre Seelen sich begegneten. Den Rest seines Lebens besuchte sie ihn weiter regelmäßig und spürte jedesmal diese Bindung zwischen ihnen. Ich zweifelte nicht an ihrer Wahrnehmung, daß sie nun eine Beziehung zu ihrem Vater hatte, die schön für sie war. Ich stimmte auch mit ihrer Vermutung überein, daß sein Verstand und sein äußerer Charakterpanzer verschwinden mußten, damit dies geschehen konnte. Ihre Erfahrung brachte mich dazu, auch anderen diese Möglichkeit vorzuschlagen, anstelle des Aufgebens. Wenn ein Elternteil oder Partner nicht mehr er selbst ist, kann es immer noch möglich sein, der Essenz dieser Person auf der Seelenebene zu begegnen.

Inanna und Persephone: Mythen der Genesung

Wenn ein Mensch in die Unterwelt körperlicher oder seelischer Krankheit entführt wird und eine vage Möglichkeit für ihn besteht, ins Land der Lebenden zurückzukehren, kann seine Bindung an einen anderen, der ihn nicht aufgegeben hat, über Leben und Tod entscheiden. Es ist wie im Mythos von Inanna: Diese hätte ohne Ninshubur, die loyale Freundin, niemals in die Oberwelt zurückkehren können.

Ohne Demeter wäre auch Persephone in der Unterwelt geblieben, aber Demeter gab nicht auf. Zuerst suchte sie neun Tage und neun Nächte lang und konnte Persephone nirgends finden. Dann erfuhr sie, daß Persephone mit Zeus' Erlaubnis von Hades entführt worden war, und man sagte ihr, sie solle sich damit abfinden. Auch sie mit ihrer Macht hätte das Geschehene nicht verhindern können, und es ging offensichtlich auch über ihre Macht hinaus, es später zu ändern. Doch der Mythos erzählt uns, daß Demeter sich weigerte, den Verlust als endgültig hinzunehmen. Persephone blieb in der Unterwelt, und ihre Mutter litt. Anfangs war sie außer sich und konnte weder essen, schlafen, baden noch sich in anderer Weise pflegen. Dann versuchte sie, den Verlust zu sublimieren, indem sie sich um das Kind einer anderen Frau kümmerte. Als das nicht half, zog sie sich deprimiert in ihren Tempel zurück. Da wuchs nichts mehr auf der Erde.

Als man Demeter von Perspehones Entführung berichtete, war es, als habe man ihr gleichzeitig eine Diagnose und eine Prognose gegeben, in der Annahme, daß sie beides selbstverständlich akzeptieren würde. Ihr Tochter befand sich im Reich des Todes und würde nie mehr zurückkehren. Auch Ninshubur hatte sich von den ersten beiden Göttern, die sie um Hilfe für Inanna anflehte, anhören müssen: »Gib auf, niemand kehrt jemals aus der Unterwelt zurück.«

Aber da beide nicht aufgaben, können wir nun auf Mythen von einer Rückkehr zurückgreifen, die der Genesung von einer schweren Krankheit ähneln, besonders jener Genesung, die auf einer Seelenverbindung beruht. In diesen Geschichten kehrt eine Frau aus der Unterwelt der Krankheit zurück, weil eine andere nicht aufgibt. Auf der Seelenebene glaube ich, daß subtile Verbindungsfäden aus Liebe dem Geist die nötige Nahrung bringen können, um im Körper zu bleiben. Menschen überleben auch, wenn die Medizinexperten dies nicht erwarten, und zwar einfach, weil sie das Leben nicht loslassen, sondern sich daran klammern, um andere nicht zurückzulassen. Die Genesung wird möglich, weil jemand, der einen liebt, sich weigert aufzugeben, vielleicht ist es auch jemand in einem selbst, der sich weigert aufzugeben.

Demeter und Persephone können ein Elternteil darstellen (besonders eine Mutter) oder ein krankes oder sterbendes Kind. Sie können eine Verbindung zwischen zwei Erwachsenen repräsentieren, von denen der eine gesund ist und der andere sterben könnte. Daß die Person, die »Demeter« ist, nicht aufgibt, macht den Unterschied zwischen Leben und Tod aus.

»Persephone« ist in der Unterwelt, und es besteht eine reale Möglichkeit, daß sie stirbt, aber Demeters Weigerung, Persephone ihrem Schicksal zu überlassen, macht die Rückkehr möglich.

Demeter und Persephone können auch zwei Aspekte der Person darstellen, die an einer lebensbedrohlichen Krankheit leidet. Wenn jemand schwerkrank ist und der Körper schwach, ist Persephone als Symbol für Gesundheit und Vitalität verschwunden. Die Genesung hängt von ihrer Rückkehr ab. Nicht aufzugeben bedeutet, sich zu fühlen und auszusehen wie die trauernde Demeter, aber auch wie Demeter angesichts der Diagnose nicht aufzugeben; es heißt, sich, ohne zu wissen wie, mit dem Mythos und dem Glauben zu identifizieren, daß die Gesundheit wiederkehrt.

Seelenverbindungen sind lebenserhaltend, wenn die Gefahr besteht, einer Verschlechterung nichts entgegensetzen zu können. Es ist wichtig, im Bewußtsein eines anderen Menschen gehalten zu werden, und es hilft auch, wenn jemand für einen betet. Ein ergebener Mensch, der darauf wartet, daß der andere aus der Narkose oder dem Koma wieder aufwacht, kann der Grund dafür sein, daß jemand, der dabei ist, sich aus dem Leben zu verabschieden, wieder dorthin zurückkehrt.

9.
Hilferufe an Engel: Gebete

»Wenn wir für jemanden beten, setzt sich ein Engel auf dessen
Schulter.« Seit Pat Hopkins dieses Bild in eine Diskussion um
Gebete einbrachte, habe ich diese schöne, genaue Beschreibung behalten, nicht nur als etwas, was ich mit meinem Gebet
zu bewirken erhoffe, sondern auch als Metapher für die Her-
beirufung und die Aussendung von unsichtbarer Unterstützung.

Wenn wir am verletzlichsten sind oder verzweifelt um uns
selbst oder andere bangen, beten wir. Wenn wir oder jemand,
den wir lieben, an einer lebensbedrohlichen oder unheilbaren
Krankheit leiden, beten wir. Wenn unser Überleben oder das
von jemandem, den wir lieben, von einer Operation oder einem anderen drastischen Eingriff abhängt, beten wir. Im Gebet
geben wir unseren Ängsten, unseren Hoffnungen und unserem Bedürfnis nach Hilfe Ausdruck, wir konzentrieren uns auf
das, was für uns wirklich wichtig ist, wir beten um Dinge, die
wir ansonsten auch vor uns selbst verbergen. Beten kann unsere Isolierung heilen, unsere Fähigkeit stärken, weiterzumachen und unsere Seele nähren. Wenn wir beten, versenken wir
uns in das göttliche Mysterium und die göttlichen Ursprünge
und berufen uns auf die Beziehung zu einer Macht, die größer

ist, als wir selbst. Wir suchen und finden eine Verbindung zwischen unserem Ego und dem Selbst, zwischen uns und Gott.

Engel und Gebete

Beten ist eine besondere Art, andere positiv im Bewußtsein zu halten, so wie Sorge es nicht vermag. Wenn meine Gedanken von Angst um einen anderen beherrscht sind, kann meine Reaktion aus einem einzeiligen Gebet bestehen: »Bitte sei bei ihm« oder »Sorge dafür, daß er sicher ist« oder »Tröste sie« – was immer mir gerade in den Sinn kommt. Ich will nicht meine eigenen Ängste und Sorgen zu der dunklen Wolke der Angst über der Person hinzufügen, um die ich fürchte, die diese sicher bereits spürt, und auch keine Angst um jemanden erzeugen, der sich einer Gefahr nicht bewußt ist. Es ist besser, Engel auszuschicken, die ihre schützenden Flügel um diese Personen legen.

Wenn ich für mich selbst und andere bete, stelle ich fest, daß ich mich zentriere, daß die Geräusche in meinen Gedanken ruhiger werden, daß ich im gegenwärtigen Moment befangen bleibe. Oft habe ich dabei ein Körpergefühl, einen leichten Druck oder ein Ziehen mitten in meiner Brust, in der Gegend, die meine Handfläche bedeckt, wenn ich sie zwischen meine Brüste lege. Manchmal tue ich das beim Beten. Wenn ich bete und sich Stille einstellt, ist es, als würde sich auf der körperlichen Ebene mein Herz als empfängliches und empfangsbereites Organ des Bewußtseins öffnen. Vielleicht fühlt es sich so an, wenn wir einen Engel in uns hineinlassen oder aus uns aussenden, wenn wir einem Engel ins Herz hauchen. Vielleicht ist ein Engel eine bestimmte Gelassenheit, die uns beim Beten erfüllt und dann auch diejenigen umgibt, für die wir beten. Vielleicht sind die schützenden Flügel eines Engels Energiefelder, Schutzräume mitten in einer angsterregenden Situation. Wenn ein Engel über uns wacht, wird vielleicht die Heilung gefördert. Vielleicht sind wir selbst Engel, und heilende Energien sind Strahlen der Liebe, die wir beim Beten ausschicken oder wenn wir zum Trost und zur Heilung jemanden berühren.

Die Heilwirkung von Gebeten

Wir können nur unsere subjektiven Gefühle anführen, um zu belegen, daß Gebete eine Wirkung haben, doch die Überzeugung, daß man durch Beten etwas für Menschen mit einer lebensbedrohlichen Krankheit tun kann, ist auch durch entsprechende Forschung bestätigt worden. Larry Dossey hat die wissenschaftlichen Beweise für die Heilkraft von Gebeten beschrieben Die bemerkenswertesten Testergebnisse stammen von dem Kardiologen Randolp C. Byrd an einem Krankenhaus in San Francisco.

Über einen Zeitraum von zehn Monaten hinweg wies ein Computer 393 Herzpatienten entweder einer Gruppe zu, für die Gebete gesprochen wurden (192 Patienten) oder einer Gruppe, für die nicht gebetet wurde (201 Patienten). Sie wurden für diesen »Doppelblindversuch« willkürlich ausgesucht. Keiner der Patienten, Krankenschwestern und Ärzte wußte, in welcher Kategorie die Patienten waren. Byrd rekrutierte verschiedene religiöse Gruppen, um für die Patienten zu beten. Man nannte ihnen die Vornamen der Patienten und gab ihnen eine kurze Beschreibung von deren Zustand und Diagnose. Jeder Teilnehmer betete für verschiedene Patienten, und jeder Patient bei diesem Experiment hatte zwischen fünf und sieben Menschen, die für ihn beteten.

Die Ergebnisse waren beeindruckend. Die Patienten, für die gebetet wurde, brauchten fünfmal seltener Antibiotika (drei gegenüber sechzehn Patienten), sie litten dreimal seltener an Lungenödemen (sechs gegenüber achtzehn), keiner brauchte künstliche Beatmung (null gegenüber zwölf) und weniger Patienten in der Gruppe starben, obwohl dies statistisch nicht relevant war.

Ich weiß, daß es Menschen mit einer lebensbedrohlichen Krankheit gibt, deren Schicksal am seidenen Faden hängt. Bei ihnen kann eine winzige Kleinigkeit die Waage zum Ausschlag bringen. Die Krankheit begann vielleicht mit einer Infektion, einer chemischen oder zellularen Veränderung, verdrängter Wut, verzweifelter Hoffnungslosigkeit, einer Erschöpfung aller körperlichen, seelischen und spirituellen Reserven, mit Umweltgiften, einer genetischen Veranlagung oder einer Kombination von allem möglichen. Meine instinktive Meinung dazu ist, daß es nicht nur wichtige Momente gibt, sondern Monate und sogar Jahre, in denen der Ausgang der meisten Krankheiten beeinflußt werden kann. Abgesehen von der üblichen ärztlichen Versorgung kann es nicht schaden, um eine Heilung zu beten, da dies keine weiteren Nebenwirkungen hat. Ich glaube, ein Gebet kann manchmal wie eine Feder wirken, die bei einer empfindlichen Waage die Schale in Richtung Gesundheit neigt, besonders wenn ein inneres Aufgeben zur Krankheitsverschlimmerung beiträgt.

Wenn wir für uns selbst oder andere beten, können wir tatsächlich einen Engel damit aussenden, der hilft. Denn wir bitten um eine Interaktion zwischen der unsichtbaren und der körperlichen Welt oder laden dazu ein. Da Menschen eigentlich nicht wissen können, wer Gott oder was ein Engel ist, auch nicht nach einem Leben der Frömmigkeit in der unerschütterlichen Annahme, daß Gott existiert, liegt das, was wir im Gebet bewirken können, im allgemeinen im Bereich von Glauben und Spekulation. Dosseys Buch sagt uns jedoch, daß man die Wirkung von Gebeten wissenschaftlich belegen kann. Ob wir mit einem Gebet die Seele Gottes beeinflussen, einen Archetyp hervorkommen lassen oder ein morphologisches Feld aktivieren, es gibt etwas, das wir damit beeinflussen.

Lieber Gott, liebe Göttin, Geist oder Höhere Macht …

So echt und persönlich Gebete für mich sind, ich habe stets den respektlosen Gedanken, mit dem Satz anzufangen: »Wer immer dafür zuständig ist.« Worte und Formen, mit denen Menschen Gebete an eine Gottheit senden, haben sich im Laufe der Zeit geändert und wechseln je nach Kultur. Gebete wurden und werden an Götter und Göttinnen, Tier- und Seelengeister, Heilige und Ahnen gerichtet, wie auch an den monotheistischen Gott der jüdisch-christlichen Tradition. Ungeachtet dessen, wer oder was angesprochen wird, ist der Glaube an die Existenz einer Gottheit, der wir uns verbunden fühlen, der menschlichen Natur angeboren.

Wir haben ein Gefühl für das Heilige in uns, eine Beziehung zu einer Macht, die größer ist als wir selbst, die archetypisch und prähistorisch ist. Was spielt es da für eine Rolle, wie wir beten? Dabei fällt mir ein Mann ein, der mir erzählte, wie er sein schwieriges Problem überwand, nicht zu wissen, an wen er sich mit seinen Gebeten wenden sollte. Er hatte als Alkoholiker einen Tiefpunkt erreicht, war Agnostiker mit einem intellektuellen Bewußtsein der vielen Götter, die von den Menschen im Laufe der Jahrtausende verehrt wurden, und war sich der zahlreichen Grausamkeiten bewußt, die im Namen einer Göttlichkeit verübt worden waren. Er befand sich in einer lebensbedrohlichen Krise und wußte, daß seine einzige Hoffnung darin bestand, sich einer höheren Macht anzuvertrauen, aber er hielt immer wieder inne, wenn er sein Gebet an jemanden richten sollte. Er gelangte schließlich zu der Lösung, es an alle Gottheiten zu senden, die er namentlich kannte, und verstorbene spirituelle Lehrer und heilige Menschen ebenfalls in diese Liste aufzunehmen.

Man denkt normalerweise, daß man nur mit Worten betet, und stumme Gebete seien diejenigen, die man nur nicht laut ausspricht. Doch das ist ein sehr enge Definition. Männer und Frauen mit einer religiösen Berufung, besonders in den eher kontemplativen Orden, nehmen vielmehr eine betende Seinshaltung ein. Es gibt viele Arten des Betens und viele Haltungen zum Beten. Wenn eine Gottheit definiert und als Gott »da oben« erlebt wird, spiegelt die körperliche Haltung dies ebensosehr wie Worte es tun. Doch selbst das wird nicht immer offenkundig. Wenn man sich vor Gott mit dem Gesicht nach unten und demütig ausgebreiteten Armen auf den Boden wirft, ähnelt dies der Haltung von Frauen, die sich, wie Alice Walker, auf die Erde legen, um sich vom Kontakt zur Erde selbst trösten und stärken zu lassen, von Mutter Erde, der Großen Göttin.

Körpergebete

In vielen Kulturen gelten auch Tanz und Lieder als Gebete. Das wurde mir vor zehn Jahren klar, als ich meiner Freundin Arisika Razak, einer Tänzerin und Hebamme, zusah. Zum ersten Mal erlebte ich einen Tanz, der gleichzeitig sinnlich und heilig war. Ich war Zeugin eines Gebets, das durch den Körper ausgedrückt wurde, eines Tanzes als Ritual, choreographierter Bewegungen, die archetypisch für eine Geburt waren. Ihr Tanz war ein Gebet, weil sie gleichzeitig Arisika, Frau, Priesterin und Ausdruck der Göttin war.

Ich beschrieb in »Auf der Suche nach Avalon«, wie ich allmählich zu der Auffassung gelangte, daß Göttlichkeit gleichzeitig transzendent ist – als Gott – und sich als Göttin verkörpert, und daß die Energie der Göttin am natürlichsten durch und in Frauen fließt. Der erste Ich-Du-Moment, den man beim Betreten dieser Welt erlebt, vollzieht sich in einer Berührung, nicht durch Worte. Eine Frau, die voller Liebe und Staunen auf ihr Neugeborenes blickt, ist in diesem Augenblick die Verkörperung von Madonna und Kind. Viele Frauen erleben diesen Moment als heilig, als einen Punkt, an dem beide von Frieden umhüllt sind, von einer Aura, die die Maler des Mittelalters als einen goldenen Heiligenschein darstellten.

Heilende Berührungen

Am Ende eines Lebens ist es wie schon an seinem Anfang eine Frau, die als Hebamme da ist, aber diesmal als Hebamme der Seele, wenn sie die Schwelle überschreitet. Von den Armen einer Frau gehalten zu werden – manchmal auch von einem Mann, dessen innere Weiblichkeit es ihm gestattet, Zugang zum Mutterarchetypen zu finden –, kann einem Sterbenden das Gefühl geben, von einer Mutter gehalten zu werden, umarmt von einer Energie, die beide umgibt. Man kann dabei an einem wortlosen Gebet teilhaben und bedingungslose Liebe durch den Körper einer Frau als Kanal empfangen.

Gebete sind heilende Worte. Heilende Berührungen sind auch Gebete. Vor Jahren, als meine Kinder noch klein waren, setzte ich mich, wenn sie ab und zu krank wurden, immer an ihr Bett und legte eine oder sogar beide Hände auf die kranke Stelle und blieb einfach bei ihnen. Ich betete dann, daß die Liebe durch meine Arme und Hände aus mir in sie hinein-fließen würde und sie dadurch genasen. Das war wohl kaum ein kontrolliertes Experiment, aber es schien, daß beginnende Halsschmerzen und Erkältungen besser wurden; meine Kinder waren nur selten ernsthaft krank. Ich hatte ein gutes Gefühl dabei, denn ich tat etwas, das helfen mochte. Diese Art betende Präsenz zu teilen heißt, gemeinsam in einem Meditationsfeld zu sein, verbunden durch körperlichen wie spirituellen Kontakt.

Menschen, die durch Handauflegen heilen, gehen von dem Bewußtsein aus, von Mitgefühl für den Kranken erfüllt zu sein; dieser Überfluß an Liebe erlaubt uns, wie eine Pumpe aus einer tieferen, transpersonellen, aufsprudelnden Quelle zu schöpfen. Die Heilung fließt als subtile, kraftvolle Energie durch Herz und Hände in den anderen Menschen.

Ich teile anderen Menschen mit, was ich selbst tue, so daß sie es selbst ausprobieren können. Jeder Mensch hat angeborene Heilfähigkeiten. Liebe ist die Energie, die heilt, und diese Kanäle müssen nur geöffnet werden, damit wir sie gezielt nutzen können. Das gleiche gilt für Gebete für andere oder für uns selbst, in denen wir unsere Herzen öffnen und von Liebe und Frieden erfüllen lassen und diese sich dann – diesmal durch unsere Hände – auf einen Menschen richtet, der Heilung braucht.

Therapeutisches Handauflegen

Was ich bei meinen Kindern tat, war die »Heimversion« des Handauflegens. Therapeutische Berührungen, die von der amerikanischen Professorin Dolores Krieger in die Krankenpflege eingeführt wurden, werden nun von Krankenschwestern in Hospitälern, Hospizen und in der Heimpflege ausgeführt; es handelt sich um eine zeitgenössische Methode des Handauflegens mit einer theoretischen Grundlage in Physik und fernöstlichen Vorstellungen der *prana*- und *qi*-Energien. Die Krankenpfleger beginnen, indem sie sich zentrieren, die Gedanken beruhigen und meditativ und empfänglich werden. Dann tasten sie mit den Händen den Körper des Patienten wenige Zentimeter über der Haut ab, spüren Störfelder im Energiefeld auf und schätzen sie ein. Mit schwebenden Händen arbeiten sie an der Ausgleichung des Energiefeldes um den Patienten, glätten Spannungsknoten und richten heilende Energie auf Stellen, wo sie gebraucht wird. Der ganze Prozeß dauert fünfzehn bis zwanzig Minuten, nicht länger. In einem Überblick über Forschungsarbeiten zum Thema Heilberührungen weist Michael Lerner darauf hin, daß dies eine wirksame Methode zur Schmerzlinderung sein kann, die Wunden schneller heilen läßt, den Stoffwechsel grundsätzlich verbessert, Entspannung fördert und die Qualität und Länge des Schlafes verbessert. Die Methode reduziert Streß bei Frühgeborenen und beruhigt ängstliche Herzpatienten.

Mit der Absicht, durch Berührungen zu heilen und zu helfen, begibt sich der Therapeut in eine Ich-Du-Beziehung mit dem Patienten, wird aber selbst auch durch die Energie genährt, die er durch die Zentrierung gewinnt. Beim »Commonweal«-Krebshilfsprogramm in Bolinas in Kalifornien arbeiten die krebskranken Teilnehmer füreinander, so daß jeder heilende Berührungen empfängt und gibt. Es herrschen Gegenseitigkeit, Empathie und Bindung. Der Zirkel wird zu einem Schutzraum für Ich-Du-Beziehungen. Die Konzentration wird gefördert. Michael Lerner, der Vorsitzende von »Commonweal«, bemerkt, daß das Geben und Nehmen von einfachen Berührungen in diesem Kontext grundlegend positiv sei. »Es führt oft zu tiefen Gefühlen von seelischer, emotionaler und spiritueller Heilung und hat manchmal eindeutig Einfluß auf physische Symptome.«

Lebenskraft und heilende Energie

Es scheint eine Parallele zu geben zwischen der Energie, die Kinder von einer mütterlichen Quelle brauchen, um zu wachsen und zu gedeihen, und der Energie, die Kranke zur Heilung benötigen. Wenn wir als Kinder krank sind, herrscht ein instinktives Bedürfnis nach Bemutterung oder der Nähe der Mutter. Ich erinnere mich an jene Jahre, als meine Kinder noch klein waren: Obwohl sie sehr aktiv waren und ständig wuchsen, schienen sie im Vergleich zu der Energie, die sie wohl brauchten, um sich entwickeln und ständig in Bewegung zu sein, nicht sehr viel Essen zu brauchen. Es war, als gäbe ich ihnen die Energie zum Wachsen, genau wie ich ihnen als Neugeborenen meine Milch gegeben hatte. Wenn sie endlich eingeschlafen waren, hatte ich immer das Bedürfnis, selbst auch ins Bett zu gehen. Wenn ich diesem Impuls jedoch widerstand und noch ein paar Stunden aufblieb – genug, um für mich selbst neue Energie zu erzeugen –, hatte ich wieder mehr Kraft.

Um zu überleben brauchen Babys mehr als nur die Erfüllung ihrer körperlichen Bedürfnisse. Essen, Wärme und saubere Windeln sind nicht genug. Babys, die man während des Krieges in England in großen, unpersönlichen Kinderheimen unterbrachte, wurden zwar angemessen versorgt, aber sie wurden nie auf den Arm genommen, man sprach nicht mit ihnen und liebte sie nicht. Sie starben oft an dem, was wir heute »anaklitische Depression« nennen. Ohne Liebe und Berührungen waren die Neugeborenen zum Sterben verurteilt – weil ihnen die essentiellen Dinge fehlten. In dieser Weise vernachlässigte Kleinkinder haben zwar überlebt, aber oft ist ihr körperliches und geistiges Wachstum durch den Mangel an Liebe und Berührung verkümmert. Isolierung und Einsamkeit machen uns in jedem Alter für Krankheiten anfällig. Es besteht weniger Widerstandskraft – ob gegenüber einer Erkältung oder dem vorzeitigen Tod. Bei verwitweten Männern zum Beispiel besteht ein hohes Risiko, daß sie im ersten Jahr nach dem Tod ihrer Frau sterben, besonders wenn die Frau ihre einzige Quelle für Intimität und Außenverbindungen war.

Wenn wir trauern oder krank sind, kann uns die Gegenwart und die Berührung einer Bezugsperson nähren. Berührungen können tatsächlich lebensrettend sein, besonders in Phasen, in denen jemand zwischen dieser Welt und der nächsten schwebt, wenn fraglich ist, ob sie leben oder sterben werden und eine Kleinigkeit den Ausschlag in die eine oder die andere Richtung geben kann. Marion Woodman hat eine solche Phase in ihrem Leben beschrieben. Sie war allein in Indien unterwegs und erkrankte an der Ruhr. Sie erinnert sich, in einem Badezimmer ohnmächtig geworden zu sein. Als sie wieder zu sich kam, erlebte sie eine außerkörperliche Erfahrung: Sie blickte von oben her auf ihren von getrocknetem Erbrochenem und Kot verschmutzten Körper am Boden. Dann kehrte sie in ihren Körper zurück und erlangte allmählich wieder Kraft und Gesundheit. Als sie wieder aufstehen und herumgehen konnte, saß sie oft in der Hotelhalle. Da erlebte sie eine seltsame Begegnung:

Ich saß in einer Sofaecke und schrieb einen Brief. Da quetschte sich eine dicke Inderin in einem goldbestickten Sari zwischen mich und die Armlehne. Ihr rundlicher Arm war weich und warm. Ich rückte fort, um Platz zum Schreiben zu haben. Sie rückte nach und schmiegte sich an mich. Ich bewegte mich wieder – sie folgte. Ich lächelte, sie lächelte. Sie sprach kein Englisch. Als ich meinen Brief beendet hatte, saßen wir beide am anderen Ende des Sofas, und ihr Körper schmiegte sich an meinen. Ich hatte immer noch Angst, nach draußen zu gehen, und kehrte am nächsten Tag in die Hotelhalle zurück. Da tauchte die gleiche würdige Dame wieder auf. Das gleiche Spiel wiederholte sich. So ging das mehrere Tage weiter. Als ich eines Morgens hinausgehen wollte, trat ein Mann auf mich zu.

»Es geht Ihnen jetzt wieder gut«, sagte er.

»Was meinen Sie?« fragte ich, verblüfft über diese Anrede.

»Sie lagen im Sterben«, sagte er. »Sie haben die Einsamkeit des Sterbens erlebt. Ich habe meine Frau zu Ihnen geschickt, damit sie bei

ihnen sitzt. Ich wußte, daß die Wärme ihres Körpers Sie ins Leben zurückbringen würde. Jetzt braucht sie nicht mehr zu kommen.«
Ich dankte ihm. Ich dankte ihr. Sie verschwanden durch die Tür – zwei Fremde, die instinktiv meine Seele gehört hatten, als ich nicht einmal meine Hand bewegen konnte. Ihre Liebe brachte mich wieder zurück in die Welt.«

Marion hatte nicht gewußt, daß der Inder seine Frau zu ihr geschickt hatte, um bei ihr zu sitzen, so nahe, wie es eigentlich zwischen Fremden nicht angemessen war. Sie hatte auch bis zu ihrer Genesung und bis er es ihr mitteilte, nicht gewußt, daß er ihre Lage überhaupt erkannt hatte. Ich glaube, Marion erhielt durch den direkten Kontakt mit der Inderin eine Infusion aus Energie, Lebenskraft und Mitgefühl. Ihre Seele hatte über dem kranken Körper geschwebt, und obwohl sie in ihn zurückgekehrt war, muß der Inder erkannt haben, wie dünn ihr Lebensfaden war.

In Deutschland hörte ich einmal eine Vorlesung über humanistische Medizin von Jeanne Achterberg, die etwas Ähnliches beschreibt: Als ihr Mann Frank einen Herzanfall hatte, legte sich Jeanne ins Krankenbett zu ihm, um ihm von ihrer Energie abzugeben, weil sein Leben in Gefahr stand. Ehe sie ins Krankenhaus fuhr, hatte sie außerdem eine Gebetsgruppe organisiert.

Ich tat unwissentlich das gleiche für meine Mutter, als wir beide glaubten, sie läge im Sterben. In dieser Überzeugung, legte ich mich zu ihr ins Bett, um sie zu halten und um als Tochter und Hebamme beim Seelenübergang für sie da zu sein. Ich hielt sie die ganze Nacht lang, und am Morgen war die Krise vorbei.

Die Transfusion von Energie von einem gesunden Menschen zu einem Kranken, zu dessen Stärkung und zur Anregung des Heilprozesses, ist für fernöstliche Vorstellungen ebenso akzeptabel wie die Bluttransfusion hier im Westen. Ein gesunder Mensch hat demnach einen Überfluß an *prana* oder *qi*, einem Kranken hingegen mangelt es daran. Jeder, der einem anderen die Hand aufleget, schenkt oder kanalisiert bewußt Energie zu diesem Menschen hin, sofern der andere dafür offen und empfänglich ist.

161

Die Kraft alter Gebete

Gebete, die schon seit Millionen von Jahren gesprochen werden, geben einem Kraft und Trost. Jede Religion kennt Gebete, die immer wieder aufgesagt werden. Diese Gebete scheinen aus der kollektiven menschlichen Erfahrung zu stammen und ins morphologische Feld unserer Spezies einzufließen, ins kollektive Unbewußte, das uns einerseits beeinflußt und zu dem wir anderseits beitragen. Wenn wir solche Gebete sprechen, berufen wir uns auf diese Kraft. Sie haben gewöhnlich einen bestimmten Rhythmus, und die Worte haben die Macht einer Bestätigung oder eines Mantras; in ihrer Wiederholung und Kadenz verändern sie das Bewußtsein, suchen sich einen Weg ins Unterbewußte oder Unbewußte und werden zu dem, was wir glauben.

Reinhold Niebuhrs Gebet über die Gelassenheit hat einen besonderen Platz bei den Anonymen Alkoholikern und in vielen Genesungsgruppen, die nach den gleichen Prinzipien arbeiten. Es ist ein Gebet, das denjenigen eine Richtung weist, die sich in Situationen befinden, über die sie keine Kontrolle haben, in denen es aber dennoch wichtig ist, wie sie reagieren und was sie tun. Ob es sich bei der lebensbedrohlichen, lebensverändernden Krankheit um Alkoholismus handelt, Krebs oder ein anderes schweres Leiden, dieses Gebet ist sinnvoll. Ich kenne Menschen, die es mehrmals am Tag sprechen, und wenn ich daran denke, daß wir alle spirituelle Wesen auf einem menschlichen Weg sind, dann scheint es besonders wichtig:

Gott gebe mir die Gelassenheit, Dinge hinzunehmen,
die ich nicht ändern kann,
den Mut, Dinge zu ändern,
die ich ändern kann,
und die Weisheit,
das eine von dem anderen zu unterscheiden.

Neulich hörte ich von einem aidskranken Mann, der schon künstlich beatmet wurde und dessen Tod kurz bevorstand, der jedoch nicht starb. Er hatte ein Gebet gelernt, das er nun ständig wiederholte, in dem besonders die Hilfe von Engeln erfleht wurde – das »Schutzengelgebet«:

Engel Gottes
schütze mich,
durch Gottes Liebe
ausgesandt,
Tag für Tag
an meiner Seite,
mich zu führen,
mich zu leiten.

Wie das Gebet um Gelassenheit ist es wohl schon Millionen von Malen aufgesagt worden, und wenn es so etwas wie morphologische Felder gibt, zu denen wir beitragen und aus denen wir Energie schöpfen, dann spricht das Aufsagen eines bestimmten Gebets immer wieder die gleiche kollektive Erfahrung an. Beten ist ein Akt, der Angst bannt und direkte Wirkung auf das Immunsystem des Körpers hat.

Gebete und Ich-Du-Verbindungen

Seelengefährten halten einander im Bewußtsein. Das gilt für Gebete im allgemeinen auch. Wenn man auf einer psychischen, physischen und spirituellen Reise oder Prüfung von anderen im Bewußtsein und im Gebet gehalten wird, macht dies meiner Überzeugung nach einen bedeutsamen Unterschied aus, auch wenn ich das nicht beweisen kann. Jemanden zu bitten, »Bete für mich«, oder gesagt zu bekommen »Ich bete für dich«, ist Seelenkommunikation. Darauf zu reagieren und es selbst zu tun erzeugt Liebe. Wenn wir wissen, daß jemand für uns betet, fühlen wir uns geliebt. Wenn wir für jemanden beten, handelt es sich um einen Akt der Liebe. Durch Gebete werden wir in einer besonderen Weise an eine stärkere Quelle der Liebe angeschlossen, und der Betende und derjenige, für den gebetet wird, werden durch diese Liebe miteinander verbunden.

163

Es gibt zwischen Menschen Seelenverbindungen, die nur aus Gebeten bestehen. Dominique Lapierre erzählt uns von einer Seelenverbindung zwischen den Pflegerinnen in Mutter Theresas Missionsorden und behinderten, leidenden Menschen, die zwischen Mutter Theresa selbst und einer belgischen Krankenschwester, Jacqueline de Decker, gegründet wurde. Zwei Jahre, ehe sie Mutter Theresa in Kalkutta kennenlernte, hatte Jacqueline de Decker allein unter den Armen von Madras gelebt und gearbeitet und sich bemüht, deren Leiden zu lindern. In diesen zwei Jahren hatte Theresa um Erlaubnis gebeten, einen neuen Orden zu gründen, um den Ärmsten der Armen zu helfen. 1948 begegneten die beiden Frauen einander, und de Decker verpflichtete sich, bei Mutter Theresas Projekt mitzuarbeiten. Sie war die erste Gefährtin Theresas in deren Missionsorden in Kalkutta. Doch während sie sich darauf vorbereitete, ihre Freundin in die Slums von Kalkutta zu begleiten, wurde sie von entsetzlichen Rückenschmerzen geplagt, die vermutlich auf ein Trauma nach einem Autounfall in ihrer Jugend zurückgingen. Sie mußte nach Belgien zurückkehren, wurde mehrfach operiert, erhielt fünfzehn Knochenübertragungen und mußte ein Stützkorsett tragen.

Als ihr klar wurde, daß sie nicht in der Lage sein würde, nach Indien zurückzukehren, schrieb sie Theresa einen herzzerreißenden Brief, das verzweifelte Lebewohl einer Frau, die mitansehen mußte, wie ihr Traum und ihr Lebenssinn ihr entglitten.

Einige Zeit später erhielt sie einen blauen Luftpostbrief, der im Hauptpostamt Kalkutta abgestempelt worden war. In wenigen Zeilen schlug ihr Mutter Theresa ein einzigartiges Projekt vor: Die Gründung einer Vereinigung, die sich über Länder und Meere erstrecken würde, einer mystischen Gemeinschaft zwischen jenen, die körperlich leiden und nicht aktiv sein dürfen, und jenen, die aktiv sind und die Gebete anderer brauchen, um dazu in der Lage zu sein. »Ich möchte dir heute etwas vorschlagen, das dich mit Freude erfüllen wird«, schrieb Theresa ihrer belgischen Freundin an jenem 8. Oktober 1952. »Würdest du meine Zwillingsschwester und wahre Missionarin der Armenfürsorge werden, mit dem Körper in Belgien, aber im Geist in Indien? Indem du dich spirituell mit unseren Bemühungen verbindest und uns dein Leiden und deine Gebete widmest, nimmst du an unserer Arbeit in den Slums teil. Die Arbeit hier ist ungeheuerlich, und wir brauchen Helfer. Aber ich brauche auch Seelen wie deine, die für den Erfolg des Unternehmens beten und leiden. Nimmst du das Angebot an, dein Leiden für die Schwestern hier einzusetzen, damit sie Tag für Tag die Kraft haben, ihre Gnadenarbeit fortzusetzen?«

So wurde das Netzwerk der Kranken und leidenden Mitarbeiter von Mutter Theresa ins Leben gerufen, in enger Verbindung mit ihrer Mission der Armenfürsorge. Es wurde Lapierre zufolge 1990 immer noch von Jacqueline de Decker koordiniert, trotz ihres hohen Alters und ihrer chronischen Schmerzen. Die ersten Verbindungen wurden zwischen 72 schwerbehinderten und unheilbar Kranken und den ersten 27 Schwestern hergestellt, die mit Mutter Theresa ausgezogen waren, die Ärmsten der Armen in den Slums von Kalkutta zu versorgen. 35 Jahre später umfaßt das Netzwerk Tausende von Menschen.

Die Alchimie von Gebeten

Es gibt eine Alchimie des Gebets: Um bei dem Menschen, für den gebetet wird, eine Wirkung zu erzielen, muß sich der Betende ebenfalls ändern. Für jemanden zu beten kann als ein spiritueller Dienst betrachtet werden, der auch eine spirituelle Praxis bedeutet, wie bei Mutter Theresas Gebetsnetzwerk. Der eigene Schmerz und das eigene Leiden an einer chronischen Krankheit, die sinnlos wären, wenn man allein und mit seinem Schmerz isoliert ist, werden dann zum Kanal, durch den Mitgefühl für das Leiden anderer und der Wunsch nach dessen Linderung strömen kann.

Ein Mensch mit einer chronischen, behindernden Krankheit kann sich zu einem persönlichen Experiment entschließen, sein Leiden durch Gebete für einen bestimmten Menschen zu transformieren. Dies könnte ein Betreuer sein, den er durch ein Gebet unterstützen will, jemand »an der Front« von Gesellschaft, Politik oder Umwelt, der dort Wichtiges bewirkt, oder jemand, der anderen auf eine Weise hilft, die für den Betenden wichtig ist. Es könnte auch heißen, einen Mitkranken zu unterstützen oder den Glauben und die Arbeit eines nahestehenden Menschen zu nähren. Die Verpflichtung besteht darin, zwei- bis dreimal am Tag mehrere Monate lang für diesen Menschen zu beten. Eine solche Vereinbarung beinhaltet, sich auf eine spirituelle Reise zu begeben und zu glauben, daß Gebete ein Mittel darstellen können, durch das man anderen hilft; sie schließt mit ein, diese Verpflichtung einzuhalten.

Wenn Sie glauben, daß Gebete etwas bewirken, dann tun sie dies auch – auf der psychologischen wie der spirituellen Ebene. Im Gebet befindet sich das Ich in Kontakt mit dem Selbst, mit dem Archetyp des Sinns in uns wie auch mit allem Heiligen in unserer Umwelt. In dieser Begegnung und Vereinigung wird die Seele genährt und bereichert. Vielleicht vervielfältigen sich Engel, wenn wir beten, umringen uns und gehen zu jenen, für die wir beten. Vielleicht sind Engel Einheiten an göttlicher Nahrung, Fürsorge für die körperliche wie die Seelenebene.

Gebete für andere sind ein Ausdruck von Liebe. Je mehr Liebe wir geben, um so mehr erhalten wir zurück. Das gleiche Prinzip trifft auf Engel zu, wenn Beten heißt, Engel auszusenden.

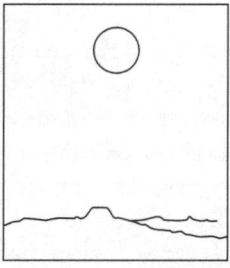

10.
Phantasie auf Rezept:
Visualisierungen und Affirmationen

Es gibt ein Kinderbuch über eine kleine Lokomotive, das ebenfalls eine Heilungsgeschichte darstellt.* Wenn man den Kern
dieser Geschichte als Medizin betrachtet, hilft sie einem bei der
Genesung. Dieses Medikament hat keine Nebenwirkungen
und ist kostenlos, aber man muß sich dazu Mühe geben und
sich den Zauber der Phantasie zunutze machen: Ich spreche
vom Einsatz von Visualisierungen und Affirmationen im Genesungsprozeß. Meine Ärztekollegen, die vornehmlich mit der
linken Gehirnhälfte arbeiten, verdrehen vielleicht angesichts
solcher Naivität die Augen; vielleicht sind sie auch entrüstet,
weil sie das für Unsinn halten, aber sie übersehen damit vielleicht einige Möglichkeiten, die Heilreaktionen des Körpers zu
stärken, oder ziehen sie nicht einmal in Betracht. Ihre Autorität
ist einschüchternd, ebenso wie ihre Gewißheit, daß nichts
wirkt, wenn es nicht gleichzeitig potentiell toxisch oder inva-
siv ist. Ich betrachte dieses Element in der Schulmedizin als
»Männersache«, weil die Betonung auf der Überwindung und
dem Besiegen der Krankheit liegt. Vielleicht liegt es aber auch
an der Unterentwicklung der rechten Gehirnhälfte, und es

* Watty Piper: The Little Engine That Could, New York 1930

fehlt solchen Ärzten von daher ein Gefühl dafür, wie man Krankheiten von der Heilperspektive her behandelt. Bei Visualisierungen und Affirmationen gehen wir davon aus, daß eine Verbindung zwischen unserem Verstand und unserem Körper besteht, die unser Denken und Fühlen bei der Frage beeinflussen kann, ob wir wieder gesund werden oder krank bleiben.

In dem erwähnten Kinderbuch zieht der kleine Zug eine Ladung, die größer ist als alles bisher von ihm Transportierte, über einen Berg, indem er sich sagt:»Ich glaub, ich schaff's, ich glaub, ich schaff's, ich glaub, ich schaff's.« Als er in Schwung kommt und immer zuversichtlicher wird, summt er vor sich hin:»Ich weiß, ich kann's, ich weiß, ich kann's, ich weiß, ich kann's«, bis er den Gipfel erreicht. Bei der Talfahrt auf der anderen Seite heißt es:»Ich wußt, ich kann's; ich wußt, ich kann's« – und alle Kinder jubeln ihm zu.

Diese Geschichte hat eine emotionale Botschaft, entsprechende Bilder und positive Aussagen, die der kleine Zug – und somit das lesende Kind – immer wiederholen. Jedes der drei Elemente hat Ähnlichkeit damit, wie Menschen ihre Heilung mobilisieren, indem sie sich auf ihre physischen und psychologischen Ressourcen berufen. Die Identifikation mit der Geschichte vollzieht sich automatisch. Ohne das Wort »Metapher« zu kennen, benutzen Kinder die Geschichte vom kleinen Zug als eine solche. Das Kind weiß, daß es nicht nur um eine Lokomotive geht und daß die Geschichte es selbst betrifft. Es zieht die Verbindung zwischen der erfolgreichen Anstrengung des Zuges, den Berg zu überwinden, und einer bestimmten Schwierigkeit, die sich ihm selbst gerade stellt.

Inspirierende Geschichten, die wir hören, glauben und auf uns selbst beziehen, dringen uns bis ins Innerste, um unsere Heilung und Genesung zu fördern. Die Körperzellen reagieren mit ihren Peptidrezeptoren auf wahre Geschichten von bemerkenswerten Heilungen, auf Geschichten, die Metaphern für das sind, was der Körper vermag, wenn wir emotional positiv auf sie reagieren. Sie werden auf eine Weise übertragen, die wir gerade erst kennenzulernen beginnen – als Energie oder biochemische Reaktion –, die Heilreaktionen aktiviert und inspiriert.

Visualisierungen als Heilmethode

Eine Visualisierung ist eine Kopf-Körper-Reaktion, die Kinder instinktiv einsetzen, wenn sie zum Beispiel die Geschichte vom kleinen Zug auf ein Problem in ihrem eigenen Leben übertragen. Man kann zur Linderung von Schmerzen oder zur Mobilisierung des Immunsystems die Heiltechnik lernen, Bilder im Kopf zu erzeugen, die ebenso schlicht sind wie die Illustrationen in einem Kinderbuch.

Die Physiologie des Körpers reagiert auf die Visualisierung von Metaphern. Genau wie das Kind die Bilder vom Zug betrachtet, wenn es sich mit der Geschichte identifiziert, sehen Patienten die Geschichte, die sie ihrem Körper erzählen, in der Visualisierung. Die Fähigkeit, den Archetypen des Kindes zu aktivieren, alle Logik (und damit Skepsis) außer Kraft zu setzen und die magische Welt des inneren Kindes zu betreten, für das Metaphern wahr sind, macht Visualisierungen für Erwachsene wirksam.

Krebs und Visualisierungen

Der Einsatz von Visualisierungen in der Krebsbehandlung wurde zuerst von Carl Simonton, einem Radiologen und Krebsspezialisten befürwortet und Ende der siebziger Jahre international bekannt gemacht. Ich lernte Simonton und seine Arbeit 1973 kennen. Damals leistete er seinen Militärdienst auf einem Luftwaffenstützpunkt in Kalifornien und hielt bei einer kleinen Konferenz über C.G. Jung einen Diavortrag über die Verbindung zwischen Visualisierung und Heilung.

Simonton war ein charismatischer, fesselnder und überzeugender Redner. Er vertrat die Ansicht, es gäbe nicht nur eine Verbindung zwischen der Psyche und Krebsentwicklung, die andere in der psychosomatischen Medizin ebenfalls für möglich hielten, sondern auch eine Verbindung zwischen Kopf und Körper, die man zur erfolgreichen Krebsbehandlung mobilisieren könne. Er wandte bei seinen Krebspatienten, die zur Bestrahlung auf seine Station kamen, eine Kombination aus Visualisierung, Meditation und Psychotherapie an.

Seine Methode erschien mir instinktiv sofort sinnvoll; kurze Zeit später besuchte ich ihn, um aus nächster Nähe zu sehen, wie er arbeitete. Ich erlebte, wie er mit einer Gruppe von Patienten seiner Station durch einen Doppelspiegel arbeitete. Ich sprach mit ihm über seine Arbeit und wie er selbst von den Resultaten angeregt worden war, als er einem seiner ersten Patienten Visualisierungen beibrachte.

Dieser erste Patient war ein sechzigjähriger Geschäftsmann mit fortgeschrittenem Kehlkopfkrebs gewesen. Der Mann war sehr schwach, sein Gewicht war von 130 auf 98 Pfund zurückgegangen, er konnte kaum seinen eigenen Speichel schlucken und hatte Atemprobleme. Seine Überlebenschance für die nächsten fünf Jahre, wurde mit weniger als fünf Prozent angesetzt.

Carl wollte dem Mann helfen, der schon im Sterben lag. Der Krankenhausaufenthalt und die Bestrahlung schienen nichts zu bewirken, aber Carl, damals ein junger Arzt, sagte dem Mann, er könne mehr tun als nur passiv dazuliegen und immer kränker zu werden. Er habe nichts zu verlieren. Der Mann hörte sich eine Weile an, was der überzeugende, positiv eingestellte Arzt ihm über die Fähigkeit des Verstandes erzählte, den Körper zu beeinflussen, und wie das Immunsystem arbeitete, um den Krebs aus dem Körper zu vertreiben. Um sein Befinden zu bessern, mußte er nur lernen, sich in einen meditativen Zustand zu versetzen und sich seinen Krebs, die Bestrahlung und die Reaktion der weißen Blutkörperchen so lebhaft wie möglich vorzustellen.

Der Mann erklärte sich bereit, sich dreimal am Tag zwischen zehn und fünfzehn Minuten Zeit dazu zu nehmen. Er sollte sich entspannt und bequem hinsetzen und sich auf seine Körpermuskeln konzentrieren. Beim Kopf anfangend sollte er bis zu den Füßen nacheinander jeden Muskel bewußt lockern. In diesem entspannten Zustand sollte er sich vorstellen, an einem angenehmen, stillen Ort zu sitzen – unter einem Baum, an einem Fluß oder irgendwo, wo er es schön fand. Daraufhin sollte er sich den Krebs in irgendeiner beliebigen Form denken.

Als nächstes bat Simonton ihn, sich die Bestrahlung als Millionen von winzigen Energiekügelchen vorzustellen, die alle auf den Körperteil gerichtet waren, in den der Krebs eingedrungen war. Die normalen Zellen in diesem Bereich würden ebenfalls betroffen sein, aber sie konnten das aushalten, weil die Strahlen nur die Krebszellen abtöteten. Dann sollte er sich ausmalen, wie seine weißen Blutzellen herbeiströmten und die schwachen Krebszellen überwältigten, sie mit den abgestorbenen und sterbenden forttrugen und aus seinem Körper hinausschleusten. Er sollte sich vorstellen, wie der Krebs allmählich abnahm und er wieder gesund würde.

Die Resultate waren spektakulär. Die Bestrahlungen schlugen außergewöhnlich gut an, der Mann zeigte fast keine negativen Reaktionen an Haut und Schleimhaut von Mund und Kehle. Nach der Hälfte der Behandlungen konnte er bereits wieder essen. Er nahm an Kraft und Gewicht zu. Der Krebs verschwand allmählich. Zwei Monate später waren keine Anzeichen für die Krankheit mehr vorhanden.

Der Patient war ein Geschäftsmann. Er war daran gewöhnt, Anordnungen zu erteilen, die auch ausgeführt wurden. Er hörte sich an, was Simonton zu sagen hatte, und vertraute ihm. Daß er den weißen Blutkörperchen in seinem Körper befehlen konnte, die Krebszellen loszuwerden, war für ihn keine besondere Sache: Als Simonton ihm gesagt hatte, es sei möglich, ihnen genau das zu befehlen, was er von ihnen verlangte, nahm er die Autorität problemlos an. Das war doch genau so, wie im Büro Anordnungen zu erteilen, die selbstverständlich ausgeführt wurden.

Anschließend an die Remission des Krebses beschloß der Patient, die Visualisierungen auch gegen seine Arthritis einzusetzen, die ihm schon jahrelang zu schaffen machte. Er stellte sich vor seinem inneren Auge vor, wie die weißen Blutzellen über seine Arm- und Beingelenke glitten und allen Abfall fortbrachten, bis die Gelenke wieder glatt und geschmeidig wurden. Seine Arthritis-Symptome nahmen allmählich ab, kehrten zwar von Zeit zu Zeit wieder, aber er konnte nun wieder regelmäßig angeln gehen. Dann beschloß er, mit Visualisierungen sein Sexualleben zu verbessern, und löste damit das Problem seiner Impotenz, die ihm seit zwanzig Jahren zu schaffen machte. Als Simonton mit einem Buch an die Öffentlichkeit ging, waren sechs Jahre vergangen, und der Krebs dieses Patienten war immer noch in Remission, das heißt, die Krankheitserscheinungen gingen weiter zurück, der Mann war potent und von seiner Arthritis nur wenig beeinträchtigt.

So groß der Einfluß der Visualisierungen von Simonton auf ihn auch gewesen war – auch auf den Arzt hatten sie eine ungeheure Wirkung. Als ich mit ihm über diesen Patienten sprach, erinnerte ich mich an J.B. Rhine, den Vater der Parapsychologie, der die Außersinnliche Wahrnehmung (ASW) ins allgemeine Vokabular eingebracht hatte. Er sprach über die spektakulären ASW-Fähigkeiten seiner ersten Testperson. Das Schicksal hatte beiden Männern zu Beginn ihrer Karriere ein ungewöhnliches Testobjekt zur Verfügung gestellt. Andere mochten an ihnen zweifeln oder sie sogar lächerlich machen – was sie anfangs für eventuell möglich gehalten hatten, wurde ihnen durch ein außergewöhliches Testergebnis bewiesen.

Die Phantasie und das Immunsystem

Bei Visualisierungen machen wir uns es zunutze, daß die Phantasie über die Zellebene auf den Körper einwirken kann. Ich wurde durch das verbreitete Problem der Warzen offener für die These von einer Verbindung zwischen Verstand und Körperzellen. Ehe man Warzen von Hautärzten entfernen ließ, wandten Erwachsene wie Kinder alte Hausrezepte an, die alle für irgend jemandem einmal gewirkt hatten: Ob es Sumpfwasser bei Neumond war oder ein uringetränktes Band, das man eng um den befallenen Finger wickelte – egal was die Phantasie hervorbrachte, die Warze fiel ab. Warzen sind nicht bösartig, aber sie sind Tumore, anomale Zellwucherungen an Stellen, an die sie nicht gehören.

Jeder, der zu Entspannung und Meditation fähig ist, kann Visualisierungen einsetzen, indem er dem Körper eine Geschichte in Bildern erzählt – und ein Drama für die weißen Blutkörperchen entwirft, in das sie eingreifen müssen. Die weißen Zellen kreisen im Körper umher und erhalten uns gesund, indem sie auf Bakterien, Viren und andere infizierende Organismen reagieren. Sie befassen sich mit Allergien, mit Impfungen und mit der Widerstandskraft gegenüber Krebs. Immunzellen lernen, eindringende Organismen zu erkennen, und spezialisieren sich.

Man kann sich diese weißen Zellen als gute Soldaten vorstellen, die Eindringlinge angreifen und vernichten. Von dem Videospiel *Pacman* angeregt, kann man sich die weißen Blutzellen als »Pacmänner« vorstellen, die durch die Gänge huschen und die bösartigen Zellen, die schwarz und rund sind, einfach verschlucken. Man kann sie auch als Putzkommando betrachten, das mit den anomalen und absterbenden Zellen aufräumt, die durch Bestrahlung oder Chemotherapie geschwächt wurden. Oder man sieht die weißen Zellen als eine Art Reinigungsschaum an, der alle schlechten Zellen auflöst. Das sind alles wohlerprobte und wahre Bilder.

Die wirksamsten Vorstellungen sind diejenigen, die wir instinktiv als richtig empfinden, die ganz allein auf uns zugeschnitten, für uns geschaffen oder an uns angepaßt scheinen. Zum Beispiel klappt es bei Rambo-Filmfans immer gut, Schlacht- und Kampfszenen als Metaphern zu nutzen und sich Konflikte zwischen den unschlagbaren T-Zellen und den Krebszellen auszumalen. Frauen, die diese Visualisierung als »Gemetzel« ablehnen, mögen diese Art von Filmen gewöhnlich nicht.

Nachdem ich über Gebete als Mittel nachgedacht hatte, anderen Menschen heilende und schützende Energie – oder Engel – zu schicken, fielen mir die mittelalterlichen Theologen ein, die darum stritten, wie viele Engel auf einer Nadelspitze tanzen könnten. Plötzlich konnte ich mir die weißen Zellen als Millionen von winzig kleinen Schutzengeln vorstellen, die mich behüteten, indem sie mein Körpergewebe durchkreisten, die erkannten, was nicht in meinen Körper gehörte, und es vertrieben. Vielleicht kommt dieses Bild dem nahe, was sich genau dort abspielt. Vielleicht ist ein Engel eine bestimmte Ener-

173

giemenge, die wir beeinflussen oder durch Visualisierungen oder Gebete so ausrichten können, daß sie uns beschützt und heilt. Vielleicht sind sie die Botschaften, die das Immunsystem der weißen Zellen aktivieren oder dazu anregen können, sich um uns zu kümmern.

Man kann es Skeptikern kaum zum Vorwurf machen, wenn sie nicht daran glauben, daß das komplexe Immunsystem durch bewußte Denkübungen gerichtet oder gar beeinflußt werden kann. Ich hätte ebenso reagiert – wenn ich nicht selbst erlebt hätte, wie Visualisierungen wirken. Als ich hörte, wie Simonton sie bei der Krebsbehandlung einsetzte und welche Wirkung Gedanken oder Emotionen auf die Entwicklung von Krebs haben können, ergab das für mich nicht nur einen Sinn, sondern folgte auch logisch aus dem, was ich selbst als Körperreaktion auf Metaphern und Bilder beobachtet hatte.

Visualisierungen und physiologische Veränderungen

In einem Einführungskurs in Hypnose sollten wir uns vorstellen, einen Kontrollraum im Kopf zu haben. Wir sollten diesen Raum betreten und würden an den Wänden Tafeln mit vielen Schaltern sehen. Jeder Schalter kontrollierte den Strom der Schmerzgefühle in einem bestimmten Körperteil. Wenn wir einen Schalter betätigten, würde der Schmerz in dem Körperteil abgestellt, und dieses Glied – zum Beispiel ein Arm – würde taub. Um das auf die Probe zu stellen, stachen wir uns mit Nadeln in den Arm und empfanden keinerlei Schmerz. Ich lernte an mir selbst, daß man im leichten Trancezustand dem Körper befehlen kann, etwas zu tun, indem man sich ein Bild vorstellt, das dem Körper die Anweisung gibt.

Im gleichen Kurs sollten wir uns vorstellen, eine Hand in einen Eimer mit Eiswasser zu tauchen und die andere in einen Eimer mit warmem Wasser: Daraufhin wurde die eine Hand kälter, die andere wärmer. Es bestand ein tatsächlicher Temperaturunterschied zwischen beiden.

174

Da ich bereits gelernt hatte, wie Vorstellungskraft und Physiologie Hand in Hand gingen, hielt ich die Idee für sehr sinnvoll, das Immunsystem durch Visualisierungen zu mobilisieren.

Es ist einen Versuch wert

1984 wurde bei dem Schriftsteller Reynolds Price ein großer Tumor in der Wirbelsäule festgestellt: Er war so dick wie ein Bleistift, grau, zwanzig Zentimeter lang und zog sich vom Haaransatz am Nacken abwärts. Man konnte ihn nicht operativ entfernen. Die Form erinnerte ihn an einen Aal. Nachdem er ein Tonband von Simonton über den Einsatz von Visualisierungen zur Aktivierung der körpereigenen Selbstheilkräfte gehört hatte, versuchte er stundenlang, seine Immunzellen zu mobilisieren. Er malte sogar bunte Bilder von seinem »Aal« und betrachtete die Zeichnungen, um sich dann mit geschlossenen Augen die weißen Zellen vorzustellen, wie sie dieses Aalbild überfielen und verzehrten:

Nicht, daß ich großes Vertrauen in die Methode hatte. Manchmal hatte ich das Gefühl, in meinem Gehirn spule sich ein herausgeschnittener Schnipsel von Disneys Film »Fantasia« ab, der Kampf der guten Mäuse gegen die bösen.

In solchen Phasen war ich immer nahe daran, das allgemeine Mißtrauen der Ärzte zu teilen, daß alternative Therapien nichts weiter sind als nutzloses Schattenboxen. Aber diese Übungen waren sicher harmlos, und niemand sah mir zu oder lachte über meine Vorstellungen. Die Visualisierungen nahmen Zeit in Anspruch, von der ich allerdings reichlich hatte, und bei einer schweren, aber unsichtbaren Krankheit kann zuviel Zeit ein ebenso vernichtender Feind sein wie die Krankheit selbst. Ich würde heute, Jahre später, solche Visualisierungen immer noch allen Menschen empfehlen, die von Renegaden-Zellen belagert werden – ob es Krebs ist, eine hartnäckige Tuberkulose, andere mikrobiologische Krankheiten, Autoimmunkrankheiten wie Gelenkrheuma und Multiple Sklerose oder sogar Aids. Ich würde nicht behaupten, daß die Methode unweigerlich oder häufig »funktioniert«, aber mir hat sie vermutlich sehr gut getan. Sie hat zwar nicht die Krebszellen zerstört, mir aber eine meditative Gelassenheit und ein verläßliches Gefühl gegeben, meine Gedanken im Griff zu haben.

Visualisierungen bei Herzkrankheiten

Die Heilung von Herzkranzgefäß-Problemen ist das Arbeitsgebiet von Dean Ornish. Sein Programm aus Streßreduktionstechniken, Selbsthilfegruppen und Ernährungsumstellung erzielte eine Verbesserung der Herzfunktion, verhütete Herzanfälle und half, bereits bestehende Herzfehler zu beseitigen. Auch er war von den Veränderungen in der Handtemperatur beeindruckt, wenn sich jemand vorstellte, die eine Hand in Eiswasser zu legen, die andere in heißes Wasser, eine Wirkung, die durch die Blutgefäße herbeigeführt wird, die entweder mehr Blut in die Hand leiten und diese wärmer werden lassen oder den Blutfluß einschränken, was die Oberflächentemperatur absenkt. Wenn eine Visualisierung es jemandem ermöglichte, den Blutfluß zu seinen Händen zu steuern, überlegte Ornish, konnte man vielleicht auch Patienten befähigen, den Blutfluß zum Herz zu verstärken.

Ornish beginnt seine Anweisungen an die Patienten stets mit der Bemerkung »Ihr Körper reagiert auf Bilder in Ihren Gedanken« und erklärt dann Schritt für Schritt, wie man visualisiert. Die einzelnen Bilder überläßt er den Patienten. Ein Mann stellte sich vor, wie er mit einer Flaschenbürste die Gerinnsel in seinen Herzkranzgefäßen entfernte, andere benutzten Bilder von Drehflügeln, Jetreinigern und Bohrern.

Manchen Patienten »verschrieb« Ornish eine bestimmte Visualisierung, weil sie leicht anzunehmen war und die Seele dieser Person ansprach. Je stärker die Patientin oder der Patient sich jedoch selbst an dem Prozeß beteiligt, um so wirksamer scheint er mir zu verlaufen. Der eigene Entwurf von Bildern bezieht einen stärker in den Prozeß von Krankheit und Behandlung ein und wie der Heilprozeß des Körpers dabei helfen kann. Wie ein Graphiker oder Schriftsteller wird man aufgefordert, die Krankheit, die Behandlung und die Heilreaktion des Körpers in die verbale und visuelle Sprache der Metapher zu übertragen und sich vorzustellen, daß man wieder gesund wird. Nehmen wir an, Ihr Leben hinge davon ab, daß Sie für jemanden eine Serie von Zeichnungen anfertigen. Stellen Sie sich vor, das wären Ihre einzigen Anweisungen. Seele und Körper müssen hier zusammenarbeiten, und die einzige Autorität, die ein bestimmtes Bild als richtig akzeptiert, ist die innere. Man stellt dabei fest, daß man ein inneres Wissen hat, dem man allmählich vertraut. Dieses Vertrauen ist ebenso wichtig, wie einer Heilmethode zu folgen oder eine wirksame Visualisierung zu erzeugen.

Affirmationen

Die Geschichte von dem kleinen Zug demonstriert aber auch die Anwendung einer weiteren Kopf-Körper-Technik, der sogenannten Affirmationen. Die kleine Lokomotive (und damit das Kind) sagt immer wieder anspornende Worte vor sich her. Die Worte haben einen Rhythmus wie eine Trommel oder der Herzschlag: »Ich glaub, ich schaff's, ich glaub, ich schaff's.« Die Botschaft ist eine Affirmation, und die Wiederholung einer Affirmation mitten in einem Problem kann Körper und Seele beeinflussen. Eine Affirmation ist aber auch eine Geschichte, die man sich selbst erzählt und die von einem selbst handelt, oftmals, noch ehe sie wirklich geschieht; es ist eine Geschichte, die Einfluß auf die Art des Ausgangs der realen Situation haben wird.

Affirmationen sind ständig wiederholte, positive Sätze, die wir hersagen. Sie können einfach sein wie die Sätze des kleinen Zugs: »Ich glaub, ich schaff's, ich glaub, ich schaff's«. Er wiederholt sie, statt sich darauf zu konzentrieren, wie groß der Berg, wie schwer die Ladung, wie schwierig die Aufgabe oder wie klein und unerfahren er selbst ist, oder ob ihm der Brennstoff ausgehen könnte. Statt Wut auf die Ladung zu empfinden oder sie mit anderen zu vergleichen, sagt der kleine Zug nur:

»Ich glaub, ich schaff's.« So funktionieren Affirmationen. Sie programmieren die jeweilige Situation positiv um und rechnen fest mit dem Erfolg.

Wiederholungen verändern tatsächlich die Gehirnstruktur. Der Physik-Theoretiker David Bohm und der Psychologe John Welwood sind der Überzeugung: »Jeder Gedanke, der machtvoll und voll starker Emotionen ist und mit dem Gefühl absoluter Sicherheit wiederholt ausgesprochen wird ... hinterläßt im Gehirn ›Rillen‹ ... Bei Experimenten mit radioaktiven Suchern, bei denen festgestellt werden sollte, was sich im Gehirn abspielt, zeigte sich, daß jede Idee und jedes Gefühl eine radikale Umverteilung des Blutes im Gehirn bewirkt. Wenn ständig Blut an die gleichen Stellen geleitet wird, wachsen dort mehr Zellen und dafür weniger anderswo. Durch sehr eindringliche Gedanken entstehen sehr starke Synapsen.«

Affirmationen sind bewußte Versuche, das Gehirn zu programmieren, oftmals als Gegenmittel gegen negative Aussagen, die ursprünglich aus Wut oder Angst vor Eltern und anderen Autoritätsfiguren ausgesprochen wurden, die man dann bei sich wiederholt, aber auch, um dem eigenen Pessimismus entgegenzuwirken und eine alte »Rille« nicht noch tiefer werden zu lassen. Affirmationen müssen mit Überzeugung und Gefühl ausgesprochen werden – am besten laut vor einem Spiegel. Anfangs fühlt man sich dabei wie ein Schauspieler, der seine Rolle probt, um überzeugender zu wirken. Es ist eine Übung, zu der man Disziplin braucht. Wie bei Meditation oder Visualisierung (oder dem Einhalten einer bestimmten Diät oder sportlichen Betätigung) muß man sich verpflichten, für die Affirmationen eine gewisse Zeit und Ausdauer aufzubringen, damit sie Erfolg haben.

Louise L. Hay und ihre Affirmationen

Seit ich als Co-Leiterin mit Louise L. Hay zu einer Konferenz über Heilung und Verjüngung in Italien eingeladen wurde, interessiere ich mich für Affirmationen und ihre Funktionsweise.

Hays Autobiographie war für mich eine der anregendsten Geschichten über die Überwindung von Widerständen, unter anderem auch von Krebs, an die ich mich erinnern kann. Ihre Kindheit war von emotionaler Vernachlässigung, Armut und dem Durchleben von Traumata gekennzeichnet, sie wurde mit fünf von einem Nachbarn vergewaltigt (der dafür ins Gefängnis wanderte), doch man warf ihr vor, die Tat zugelassen zu haben. Sie wurde emotional, körperlich und sexuell mißbraucht. Sie lief mit fünfzehn von zu Hause und der Schule fort, wurde mit sechzehn ungewollt schwanger und gab das Kind zur Adoption frei.

Ihr Erwachsenenleben verlief auf ähnliche Weise, bis sie auf die »Church of Religious Science« stieß und dort Metaphysik und Heilen studierte. Drei Jahre später schloß sie die Ausbildung ab und arbeitete als kirchliche Therapeutin. Anschließend begann sie die Ausbildung zur Predigerin, hatte Klienten, hielt Vorträge und schrieb an ihrem ersten Buch über die metaphysischen Ursachen von körperlichen Krankheiten. Da stellte sie fest, daß sie Krebs hatte.

Um sich zu heilen, begann sie eine Psychotherapie und konnte dort nicht nur all die angestauten Gefühle des erlittenen Mißbrauchs äußern, sondern auch ergründen, warum ihr Menschen in ihrem Leben immer wieder so etwas angetan hatten; ihr Verständnis und ihr Mitgefühl für diese wandelte sich zu Vergebung. Sie zog einen Ernährungsberater hinzu, reinigte und entgiftete ihren Körper mit einer Diät, die vorwiegend aus grünem Gemüse bestand, und unterzog sich einer Reihe von Darmspülungen. Weil sie überzeugt war, sie müsse sich selbst lieben und schätzen, um den Krebs zu überleben, stellte sie sich häufig vor den Spiegel und sagte Dinge wie: »Louise, ich liebe dich, ich liebe dich wirklich«, was für sie anfangs sehr schwer war. Doch sie blieb dabei und stellte bald fest, daß sie sich nicht mehr so oft innerlich mit Vorwürfen überhäufte wie zuvor. Mit diesen Affirmationen vor dem Spiegel und anderen Übungen ging es ihr langsam besser.

Louises Überzeugung lautete:»Wenn ich das Krebsgeschwür operativ entfernen lasse und mich von den seelischen Mustern löse, die den Krebs herbeigeführt haben, dann kommt er bestimmt nicht wieder. Wenn der Krebs oder eine andere Krankheit zurückkehren, dann liegt das meiner Überzeugung nach nicht daran, daß man ›nicht alles ausgeräumt hat‹, sondern daran, daß der Patient sich seelisch nicht geändert hat. Er oder sie wiederholen die gleichen Muster, vielleicht in einem anderen Körperteil.« Louises Entscheidungen in der Frage, was sie tun mußte, und ihre Hartnäckigkeit dabei hatten Erfolg. Ihr Krebs verschwand und ist bis heute nicht zurückgekehrt.

Die Programmierung positiver Gedanken

Wie ein Flugzeug, das langsam ins Trudeln gerät, kann eine Krankheit die Gedanken deprimieren, und diese Gedanken können wiederum den Heilprozeß des Körpers dämpfen – eine Kreiselbewegung, die allmählich immer weiter abwärts führt.

Affirmationen sind einfache Mittel, um die kritischen und verurteilenden Worte auszugleichen, die uns immer wieder durch den Kopf gehen und durch die wir uns selbst mit Vorwürfen überhäufen, wenn wir krank und verletzlich sind, die alles noch schlimmer machen, weil wir uns selbst schlecht finden. Sie stellen einen bewußten Versuch dar, positive Botschaften an die Stelle derjenigen zu setzen, die wir ansonsten immer wieder durchspielen und die uns niedergeschlagen und angstvoll machen.

Auch wenn das Konzept von Affirmationen als schlicht angesehen werden kann, heißt das nicht, daß sie auch einfach zu vollziehen sind. Wenn Sie sich einmal dazu entschieden haben, sich selbst durch Affirmationen zu helfen, könnten Sie etwa mit der positiven Aussage anfangen »Ich verdiene eine gute Gesundheit« oder: »Ich bin liebenswert«. Man stellt aber sofort fest, wie schwer so etwas auszusprechen ist. Ein Teil in Ihnen findet Affirmationen vielleicht lächerlich. Susan, eine Ärztin, mit der ich befreundet bin, vertraute mir an, daß sie sich auch dann noch sehr albern vorkam, wenn sie ganz allein war. Doch sie blieb dabei, bis sie glaubte, was sie sagte. Seitdem sind zehn Jahre vergangen, und heute stellt sie sich jedesmal, wenn sie ängstlich oder mit negativen Gedanken aufwacht, vor den Spiegel und spricht ihre inzwischen gut eingeprägten Affirmationen, um dies auszugleichen.

Wirksame Affirmationen

Jan Adrian veranstaltete Workshops über Affirmationen, ehe man bei ihr Brustkrebs diagnostizierte. Daraufhin rief sie Konferenzen ins Leben, auf denen zu Heilungsreisen und zum Thema »Krebs als Wendepunkt« gearbeitet wurde. Sie erkannte wie Louise L. Hay instinktiv, daß sie ihre Gedankenmuster ändern mußte, um den Krebs zu besiegen. Damit ihr Leben sich änderte und der Krebs tatsächlich zum Wendepunkt wurde, mußte sie ihre grimmige Perspektive ändern, aus der heraus sie das Leben als einen Kampf betrachtete und alles als schwer einschätzte. Sie wußte, daß Affirmationen funktionieren, sie wußte aber auch, daß jedes Wort sorgfältig ausgewählt sein mußte. Daher dachte sie sich die folgende Affirmation für sich aus: »Mein Leben wird immer leichter, erfüllender und schöner.« Wie bei meiner Freundin Susan, die nur schwer einen Satz mit »Ich bin …« beginnen konnte, saß Adrian mit den Affirmationen fest, in denen es hieß »Mein Leben ist …«, ehe dies wirklich zutraf. Doch sie konnte voller Überzeugung aussprechen: »Mein Leben wird …«

Adrian schlägt vor, daß man sich seinen schwierigsten oder negativsten Gedanken vornimmt und einen Satz konstruiert, der dessen Gegenteil aussagt: Das wird zur Affirmation – oder zum Rezept. Damit eine Affirmation wirkt, betont Adrian die drei Vs: Verbalisieren, Visualisieren und Vitalisieren. Man spricht die Affirmation laut aus – und verbalisiert das, das man glauben will. Dann »sieht« man sich selbst als Bestätigung, man visualisiert sich in der Situation, als sei sie bereits eingetreten. Daraus entwickelt sich das Gefühl, was man empfinden würde, wenn das Bestätigte schon eingetreten wäre, und das vitalisiert einen wiederum. Adrians Erfahrung nach beeinflussen die richtigen Affirmationen Körper und Seele. »Man kann förmlich sehen, wie die Menschen von innen heraus zu strahlen beginnen.«

Affirmationen stellen sich oft als das heraus, was wir von geliebten Menschen gern hören wollten, aber nun zu uns selbst sagen. Mit Affirmationen können wir uns bald selbst so sehen und schätzen, wie andere uns schon immer hätten schätzen sollen. Wir ersetzen die negativen, pessimistischen Worte, die wir uns sonst immer sagen, durch positive, unterstützende, optimistische.

Die Macht der Phantasie

Ich stelle mir Affirmationen und Visualisierungen als Zugang zur Macht der Phantasie vor, die Generator und Transformator in einem ist, eine Kraft, die voraussieht und prägt, was wir werden, was wir schaffen und leisten. Immer wenn wir etwas Neues und Schwieriges versuchen, müssen wir es uns vorstellen können, damit es möglich wird. Die Kombination aus Inspiration und Hartnäckigkeit erbringt spürbare Erfolge. Heilungen vollziehen sich kaum anders, besonders bei einer lebensbedrohlichen Krankheit. Hier werden zum Beispiel die Haltung und die Worte des Arztes entweder zur starken Hilfe oder aber zum Hindernis dabei, die Gesundheit wiederzuerlangen.

Ärzte haben eine Fähigkeit, die dem »grünen Daumen« von Gärtnern entspricht. Ein Arzt, der auch Heiler ist, bedient sich der Kraft der positiven Vorstellung und umgekehrt. Er appelliert an die angeborene Heilkraft der Natur, indem er durch

Worte und Haltung vermittelt, daß alles, was die Medizin vorschlägt, ob Bestrahlung oder Operation, helfen wird oder heilt; dies wird tatsächlich durch ihre positive Erwartung verstärkt. Diese Botschaft wird in emotionsgefärbten Bilder vom Kopf an den Körper weitergeleitet, und der Körper reagiert.

Das gleiche geschieht, wenn wir Visualisierungen und Affirmationen einsetzen. Wir selbst schreiben das Skript und produzieren die emotionsgeladenen Bilder, die den Heilprozeß verstärken, wir zentrieren die Energien von Verstand und Körper auf die Möglichkeit positiver Resultate.

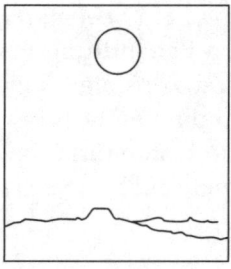

11.
Rituale als Seelenereignisse

Rituale bezeichnen die größeren, kollektiv beachteten Pforten für Anfang und Ende: Es sind die Feste zu Geburtstagen, Silvester, Taufen, Verlobungen, Hochzeiten, bestandenem Examen, Pensionierung und solche, die an andere Ereignisse erinnern. In den letzten Jahren haben immer mehr Frauen, die ihren Körper als heilig empfinden und die körperlichen Übergänge ehren, begonnen, etwa die erste Menstruation der Töchter oder die eigene Menopause zu feiern, die zusammen mit der Mutterschaft die drei biologischen Phasen im Leben einer Frau ausmachen. Diese körperlichen Initiationen, die man auch die Blutmysterien nennt, verändern Körper und Psyche der Frau; jede leitet eine bedeutsame nächste Lebensphase für sie ein.

Eine lebensbedrohliche Krankheit stellt ebenfalls einen Übergang und eine Initiation in eine andere Lebensphase dar, der körperliche Veränderungen vorausgehen. Der Ausbruch der Krankheit bringt Krisen und Ereignisse mit sich, die körperliche und spirituelle Folgen haben. Es finden größere Rollenwechsel statt, und bei allen Betroffenen besteht ein großes Bedürfnis nach emotionaler und spiritueller Fürsorge: All das macht diese von der Medizin verwaltete Situation vielleicht zu einer Phase, in der ein Ritual Wichtiges für die Seele bewirken kann. Es ist zum Beispiel ein Seelenereignis, zu einer Operation oder einer anderen Behandlung ins Krankenhaus zu gehen, die Leben oder Tod zur Folge haben kann, und Rituale, die dem Beachtung zukommen lassen, geben uns die psychologische und spirituelle Unterstützung, die bei diesem Übergang helfen kann, Körper und Seele zusammenzuhalten.

Das Urbedürfnis nach Ritualen

Wenn ein Ritual ein Ich-Du-Element enthält, läßt dies Göttlichkeit zu, die die Teilnehmer sowohl miteinander als auch mit einem größeren Mysterium verbindet. Dadurch wird das Triviale zum Ewiggültigen. In psychologischen Begriffen könnte man auch sagen, daß ein archetypisches Reich betreten wird. Mit einer gewissen rituellen Erfahrung können wir ein Ritual bereits damit beginnen lassen, daß wir eine Anrufung aussprechen, uns an den Händen fassen, den Kopf senken oder eine Kerze anzünden.

Der Wunsch nach einer zeremoniellen Anerkennung der Ereignisse entsteht beim Menschen in Krisenzeiten, wenn man spirituelle Hilfe braucht, um eine Situation umzugestalten oder sich einem Schicksal zu stellen. Er will dann ein Sakrament empfangen oder ein Ritual schaffen, um Gnade zu erbitten oder Heilung zu bewirken.

Die Bedeutsamkeit von bewußt geschaffenen Ritualen – im Unterschied zu traditionell verankerten – ist von deren symbolischen Potential und der Fähigkeit abhängig, Gefühle anzurühren und das Heilige anzurufen. Für ein persönliches Ritual braucht man zunächst die feste Absicht, weiter darüber nachzudenken. Wenn der Prozeß kreativ ist und der Ritus machtvoll sein soll, sagt einem die Seele schon, wofür das Ritual steht und wer daran teilnehmen soll. Was andere früher dazu geschaffen haben, kann als Anregung dienen.

Patricia hatte man beispielsweise vor der Chemotherapie gesagt, sie müsse damit rechnen, daß ihr das Haar büschelweise ausfallen würde. Freundinnen hatten ihr Perücken und Hüte geliehen oder geschenkt, die sie schon voher ausprobieren konnte (genau wie wir Jahre zuvor, in unserem »früheren Leben« zu klein gewordene Babysachen untereinander ausgetauscht hatten). Dies stellte eine praktische Vorbereitung dar. Auf einer gänzlich anderen symbolischen und spirituellen Ebene plante sie, ihre Freundinnen und Freunde zu einem Heilritual zusammenzurufen. Da hörte sie, daß viele Frauen sich vor der Chemotherapie die Haare abschneiden oder abrasieren, statt darauf zu warten, daß sie ausfallen. So übernahm sie in dieser Situation die Kontrolle. Einige gestalteten den Vorgang zu einem Ritual. Mit dieser Vorstellung freundete Patricia sich spontan an.

Viele Frauen schneiden sich instinktiv das Haar ab, wenn sie stark sein müssen; auch das wirkte als Bestätigung dafür, es zu einem symbolischen, ermächtigenden Ritual zu machen. Ein buddhistischer Freund erzählte Patricia, daß ein kahlrasierter Kopf einer buddhistischen Tradition zufolge ein Zeichen für Erleuchtung sei, und auch das ergab einen Sinn. Patricia hörte von einer Frau, die beschloß, dieses Opfer mit der Freundin zu teilen; in einem gemeinsamen symbolischen Akt schnitten sie ihr langes, schönes Haar ab. Nonnen schneiden sich in vielen Orden bei der Einsegnung die Haare ab. Dies ist ein Akt von archetypischer Bedeutung, der sehr persönlich und individuell ist. Damit ein neugeschaffenes Ritual tief berührt, muß es archetypische und persönliche Elemente in sich vereinigen.

Patricias Ritual war schlicht, feierlich und auch spontan komisch. Sie bat ihre engsten Freundinnen dazu. Sie hatte in ihrem Haus einen heiligen Ort geschaffen, einen Steinkreis mit einer Kerze in der Mitte. Wir Freundinnen stellten uns dort auf, faßten uns an den Händen und riefen spirituelle Hilfe für das an, was getan werden mußte. Patricia dankte uns für unser Kommen, für unsere Liebe und Unterstützung, und sagte uns, warum sie sich zu diesem Ritual entschlossen hatte. Einige trugen vor, was sie über die Bedeutung des Haarabschneidens wußten; wir waren alle unsicher und voller Ehrfurcht von dem, was uns bevorstand.

Wenn sie es wirklich tat, konnte sie es nicht wieder unge-
schehen machen. Wie würde es sein? Wie würde sie aussehen?
Nun herrschte Energie im Kreis; es war in der Tat ein heiliger
Raum, und die Verwandlung, bei der wir zugegen sein würden, hatte in ihr bereits begonnen. Unsere Freundin saß, und
wir standen, aber sie wirkte groß – ihre Haltung ließ sie groß
erscheinen. Später sagte sie, sie habe sich geliebt und angenommen gefühlt, aber gleichzeitig auch angeregt, befreit und
geängstigt durch das, was geschehen würde.

Patricia bat ihre erwachsene Tochter, die so etwas noch niemals getan hatte, ihr das Haar abzuschneiden. Zuerst wurde es
mit der Schere gekappt, dann rundum mit einem elektrischen
Rasierapparat auf einen Zentimeter Länge gekürzt. Ihre
Freundinnen waren für sie der Spiegel – wir zeigten ihr, was
wir sahen: Mut, Schönheit und einen schön geformten Schädel.
Sie sah mit dem kahlrasierten Kopf wie ein Baby aus, wie ein
buddhistischer Mönch, eine Elfe, wie Nefertiti – oder wie ihr
neues Selbst. Es herrschten Lachen und Erleichterung, und es
war für alle ein spirituelles und ermächtigendes Ereignis, wie
wir unsere frisch rasierte, tapfere Freundin unterstützten. Es
war gleichzeitig ein Ritual und eine Party.

Rituale vor einer Operation

Oft rührt es uns an, wenn wir hören, was andere vor uns getan
haben, und häufig spüren wir intuitiv, was für uns davon richtig wäre. Dies gilt für viele Frauen vor einer Brustamputation,
denen andere sagten, sie sollten sich die Zeit nehmen, den Verlust zu akzeptieren, den sie erleben würden. Sie sollten sich an
die Freuden und Schmerzen im Zusammenhang mit der Brust
erinnern und an die erfüllten und unerfüllten, echten und symbolischen Aspekte ihres Lebens, die die Brust darstellt. Sie
könnten der Brust für das Opfer danken, das sie bringt. Wenn
zwischen der Frau und ihrem Partner oder Liebhaber eine Ich-
Du-Beziehung besteht, gehört zu diesem rituellen Ausdruck
auch ein Liebesakt, der sich zum letzten Mal auf die Brust kon-

zentriert. Man kann ihn mit Kerzen, Blumen, Salbei oder Weihrauch, Champagner und an einem besonderen Ort begehen.

Ein solches Ritual kann auch in der Ungestörtheit des eigenen Badezimmers stattfinden. Die Frau streichelt etwa ihre Brust (oder den Bauch, wenn es sich um eine bevorstehende Gebärmutterentfernung handelt), denkt nach und erinnert sich daran, wie sie ihre Brust oder den Uterus empfunden hat; sie ist dankbar oder trauert um das, was sie durch dieses Organ erfahren hat oder nicht. Der Liebesakt, Schwangerschaft, Stillen, Lust und Schmerz, positives und negatives Selbstbild, alles, was es war und darstellte, kommt ihr da in den Sinn, und in der stillen Erinnerung oder einem stummen Dialog mit dem Körperteil, der geopfert werden wird, ist auch dies ein Ritual, das vielleicht Tränen und Gebete bei ihr auslöst. Das Wissen darum, was andere Frauen in dieser Situation unternommen haben, kann andere inspirieren, Frauen wie Männer, den Sinn rituell zu akzeptieren und den Verlust vor der eigentlichen Operation bewußt zu bewältigen.

Rituelle Elemente

Rituale sind äußerer Ausdruck von innerem Erleben. Manche sind sehr privat und werden nur mit intimen Freunden geteilt. Zu anderen gehören viele Menschen: Freundinnen und Freunde, Angehörige und verwandte Geister versammeln sich, um einen bedeutsamen Übergang zu bezeugen, anzuerkennen und zu fördern. In Frauen-Selbsthilfegruppen oder Freundeskreisen ist es verbreitet, sich aus bestimmten Gründen zu versammeln, etwa vor einem Krankenhausaufenthalt, und zwar ausdrücklich, um der Freundin zu helfen. Daraus entsteht oft unweigerlich ein Ritual.

Es ist gleich, was den Ort sonstiger gesellschaftlicher Treffen zu einer heiligen Stätte macht, solange es das rituelle Gefühl verstärkt: Der Klang einer Glocke, ein Moment der Stille, ein Gebet, ein Gedicht oder Musik bilden die schlichten Anfänge.

Dann wird der Sinn der Zusammenkunft erklärt: einer Freundin oder einem Freund zu helfen, das Kommende durchzustehen und zur Heilung und Unterstützung beizutragen. Auch Geschichten können einen Teil des Rituals bilden. Wenn Sie als Person im Mittelpunkt stehen, hängt es von den anderen Anwesenden ab, wieviel Sie preisgeben. Wenn Kinder, Angehörige und andere Menschen da sind, die Ihnen wichtig sind, die aber nicht unbedingt zu jenen Menschen gehören, vor denen Sie Ihre Seele ausbreiten möchten, fällt das Gesagte vielleicht nicht so offen aus wie vor den allerbesten Freundinnen. Es könnte eine Beschreibung der Ereignisse dazugehören, die Sie an diese Schwelle geführt haben. Sie könnten Symptome schildern oder was der Arzt Ihnen über die Diagnose mitgeteilt hat und was Sie zu erwarten haben. Sie könnten Wut und Trauer ausdrücken oder von der Scham und der Angst sprechen, die angesichts dieses Übergangs vorherrschen. Sagen Sie, was Ihnen an dieser Stelle wichtig ist.

Wenn eine Gruppe zu einem Ritual zusammenkommt, unterscheidet sich dies in der Form von einer Selbsthilfegruppe. Das Ritual konzentriert sich auf eine einzige Person und ein bestimmtes Ereignis. Sie haben den anderen Menschen vielleicht schon mitgeteilt, welch starken Gefühle Sie angesicht des Bevorstehenden empfinden. Und wenn Sie Ihnen nun sagen, was passieren wird und was das für Sie bedeutet, ist es etwas, das Sie bereits gründlich überlegt und bearbeitet haben. Auf der Schwelle zu einer unbekannten und riskanten Erfahrung machen Sie sich die Liebe und die Unterstützung anderer zunutze und suchen die Quellen davon auch in sich selbst.

Es ist wichtig, sich nun an vergangene Prüfungen und Krisen erinnern zu können, die man überlebt hat, aus denen man lernte und an denen man reifte. Dann kann das, was Ihnen nun bevorsteht, im Kontext des Lebens betrachtet werden. Sie sind die Heldin oder der Held Ihrer eigenen Geschichte. Sie setzen Ihre Reise fort. Sie stehen vor einem besonders bedeutsamen Übergang, und die Menschen, die Sie lieben, müssen darüber Bescheid wissen, aber auch erfahren, was Sie nun von ihnen brauchen.

Die Teilnehmerinnen und Teilnehmer an Ihrem Ritual sind vielleicht gleichzeitig Ihre Zeuginnen. Sie haben Ihnen vielleicht etwas zu sagen, sie geben Ihnen symbolische Objekte, die Sie begleiten sollen und Eigenschaften darstellen, die Sie jetzt brauchen. Sie wollen vielleicht auch, daß sie etwas Symbolisches von Ihnen haben, während Sie Ihren Abstieg vornehmen, etwa bunte Freundschaftsbänder für das Handgelenk (wie man heute ein rotes Band trägt, um Aids-Kranke zu unterstützen).

Das Ritual kann mit einem Gebet enden, mit einer Handberührung, mit Musik oder einem Lied, mit ausgewählten oder spontan vorgebrachten Worten. Was immer es sinnvoll macht, was immer Ihre persönliche Gemeinschaft zusammenbringt, alles, was hilft, ist richtig für ein freies Ritual aus dem Herzen.

Reisemetaphern

Der Aufbruch zum Krankenhaus zu diagnostischen Tests, in den Operationssaal, in die Arztpraxis zur Chemotherapie, ins Radiologiezentrum zur Bestrahlung, ohne zu wissen, was einem dort begegnet, was man vorfindet oder wie man darauf reagiert, kann wie der Aufbruch zu einer Reise ins Ungewisse oder die Begegnung mit einer unbekannten Macht sein. Ist sie freundlich oder feindselig? Andere Menschen können uns nur ein Stück des Wegs begleiten, und dann sind wir allein. Selbst wenn sie noch neben uns stehen und uns die Hand halten, sind wir allein mit unserem Risiko.

Es ist schwer, genau zu erkennen, was man von anderen erwartet, aber wenn man sich entweder selbst gut kennt oder zuvor auf dieser Reise war, hat man vielleicht genaue Vorstellungen davon, was man braucht und was man nicht braucht. Das können Gebete sein, Anrufe, Besuche, Hilfe mit den Kindern, Besorgungen, die Versorgung mit Lebensmitteln oder die Vertretung bei der Arbeit.

Wenn Sie mit einer lebensbedrohlichen Krankheit zur Behandlung ins Krankenhaus gehen, gehört zur Vorbereitung

auch, daß Sie die Verantwortung für die Möglichkeit übernehmen, vielleicht nicht zurückzukehren, und daß Sie entsprechende Entscheidungen treffen, solange Sie dazu in der Lage
sind. Können Sie alle wichtigen Dinge für diesen Fall vorher
regeln? Haben Sie ein Testament gemacht? Sind Vorkehrungen
für die Kinder getroffen? Haben Sie jemandem eine gültige
Vollmacht darüber erteilt, eventuell künstlich lebensverlän-
gernde ärztliche Maßnahmen nach Ihrer Maßgabe zu verhindern? Haben Sie sich die Zeit genommen, um ganz offen mit jemandem zu sprechen, der die Verantwortung übernimmt,
wenn Sie nicht mehr da sind?

Diese Dinge und die Menschen, denen Sie dies anvertrauen,
verdienen Ich-Du-Gespräche, die zu heiligen Momenten und
rituellem Austausch werden. Es geht darum, anderen die Sorgen anzuvertrauen, die einem am Herzen liegen. Wie können
Sie ausdrücken, was auf der Seelenebene geschieht, wenn Sie
persönliche und rechtliche Angelegenheiten regeln? Wie,
wenn nicht mit Ihrem Vertrauen, Versprechungen, der Hoffnung, daß dieser Fall nicht eintritt, mit einem Ausdruck von
Liebe und Anerkennung, einem Seelengespräch, gemeinsa-
mem Beten, einem symbolischen Akt.

Als Inanna sich auf den Weg in die Unterwelt machte, begleitete Ninshubur sie ein Stück des Wegs. Inanna gab ihr genaue
Anweisungen, was sie tun sollte, wenn sie selbst nicht zurückkehrte, und sagte dann: »Geh nun, Ninshubur – und vergiß
nicht die Worte, die ich dir aufgetragen habe.« Ninshubur ver-
gaß sie nicht, und als Inanna nach drei Tagen nicht zurückkehrte, führte sie genau aus, was Inanna ihr aufgetragen hatte.

Das zu tun, was hilft, weil du es willst und kannst, ist die Essenz eines Freundschaftspaktes zu beiderseitigem Nutzen. Für
viele starke, unabhängige Menschen ist es schwer, auf der Seite
der Empfänger zu stehen. Wenn die Krankheit als Seelenerfahrung betrachtet wird, ist es möglich, eine Lehre daraus zu ziehen, Hilfe anzunehmen und Dankbarkeit zu empfinden – wie
Inanna. Für jemanden, der sich stets freiwillig zur Verfügung
stellt und mit dessen emotionaler Unterstützung und prakti-
scher Hilfe man stets rechnen kann, auch wenn es zum Opfer

wird, kann die Lektion darin bestehen, die Hilfe zu geben und dankbar dafür zu sein, daß man dazu in der Lage ist. Geben und Nehmen sind auf der Seelenebene gleich wichtig. Liebe und Vertrauen fließen in beide Richtungen.

Parallelen zur Initiation

Operationen haben bestimmte Parallelen zu Stammesinitiationen. Man wird aus der normalen Umgebung, aus seinen Beschäftigungen und dem Freundeskreis herausgeholt und auf eine Prüfung vorbereitet. Vor der Operation wie auch vor vielen Initiationsritualen muß man fasten – zur Operationsvorbereitung gehört stets die Abkürzung »NPO«, Initialen der lateinischen Worte, die bedeuten: »Nichts durch den Mund.« Am Morgen wird man in den Operationssaal gebracht, der wie ein Zeremonialraum vorher gereinigt wurde. Man wird auf den Operationstisch gelegt und wie für ein Opfer eingehüllt und vorbereitet. Man ist von Ärzten und OP-Schwestern umgeben, einer besonderen »Kaste« von Menschen, die lange Kittel, Masken und Kopfbedeckungen tragen und eine besondere Ausbildung und Privilegien verkörpern – wie die Angehörigen einer Priesterkaste. In der Narkose verliert man das Bewußtsein, betritt eine andere Welt und weiß nicht, was genau passiert, das einen so verändert. Wenn die Operation, die Zeremonie, vorbei ist, wird man aufgeweckt und darüber informiert, was geschehen ist. Man hat sich einer Transformation unterworfen und ist nicht mehr derselbe Mensch.

Im Anschluß an die Operation macht man eine Genesungsphase durch, in der die Ernährung vorgeschrieben wird – von Flüssignahrung, über leichte Speisen zur Normaldiät –, einer Anordnung, die der Ernährung von Kleinkindern ähnelt. Die Mobilität ist ebenfalls einer solchen Abfolge unterworfen, vom Liegen zum Sitzen, zu den ersten Schritten mit Unterstützung und schließlich zum Alleingehen. Außerdem besteht von Seiten der Ärzte ein reges Interesse an der Darm- und Blasenaktivität, was ebenfalls an die Kindheit erinnert.

Der Operierte vollführt ein Ritual aus Tod und Wiedergeburt, ein archetypisches Muster, das die Grundlage von Stammesinitiationen darstellt, von Einführungen in Geheimgesellschaften und Religionen, in denen man an eine Wiedergeburt glaubt. In all diesen stirbt der Initiand, wird wiedergeboren und spielt eine Weile das kindliche Mitglied. Diese Ähnlichkeit und die dahinterliegenden Muster machen eine Operation, lassen wir den tatsächlichen Vorgang außer acht, zu einer rituellen Erfahrung. Deshalb sind Rituale, die einen auf diese Prüfung vorbereiten und die den Initiierten danach wiederbegrüßen, aus der Seelenperspektive sehr angebracht.

Andere medizinische oder radiologische Prozeduren sind gewöhnlich weniger dramatisch als eine Operation, aber die Anstrengungen, den Tod zu überwinden oder jemanden gesund zu lassen, sind nicht weniger einschneidend und ebenso transformierend. Sie werden ebenfalls in der Praxis oder im Krankenhaus vorgenommen, aber man geht anschließend wieder nach Hause. Wenn man ein starkes Medikament einnimmt oder eingespritzt bekommt, besteht eine rituelle Parallele zu dem Betreten eines Tempels und dem Empfang eines Sakraments, das einen von innen heraus ändern wird. Auch hier bestehen Risiken, denn alles, was stark genug ist, um einen Menschen zu heilen, ist oft gleichzeitig so giftig, das es ihm auch schaden kann.

Die Radiotherapie wird in besonderen Räumen vorgenommen, die andere vor dem abschirmen, was man als Patientin oder Patient erhält. Man wird unsichtbarem Licht oder Strahlen mit unsichtbaren Partikeln ausgesetzt oder bekommt sogar radioaktive Teilchen eingepflanzt, die einen gefährlich für die normale Umgebung werden lassen. Viele Zellen sterben ab, damit der gesamte Körper weiterlebt.

In der griechischen Mythologie versprach Zeus einmal unwiderruflich, einer sterblichen Frau alles zu gewähren, was sie sich wünschte. Von seiner eifersüchtigen Frau Hera getäuscht, bat die sterbliche Selene, Zeus so zu sehen wie Hera – in seiner göttlichen Gestalt. Er wurde zur reinen Energie, wie sie in Blitzen oder einer Atomexplosion freigesetzt wird: Er war Hitze,

Licht, Strahlung. Kein Sterblicher konnte dies aushalten. Ehe Selene starb, rettete Zeus den Fötus, mit dem sie schwanger war, nahm ihn aus ihrem Schoß und nähte – transplantierte – ihn in seinen Schenkel. Zeus in seiner göttlichen Gestalt ist die Verkörperung von ungezähmter Strahlung, die uns umbringen kann.

Dies läßt mich an starke Bestrahlungen denken, an hochdosierte Chemotherapie und die Entfernung von Basalzellen aus dem Knochenmark (die wie Fötalzellen sind). Eine solche Behandlung wird vorgenommen, weil der Patient eine tödliche Krankheit hat und die Strahlen- oder Chemotherapie in so hoher Dosierung verabreicht wird, daß sie fatal wirken kann, wenn man dem Patienten nicht vorher die Basalzellen entfernt, um sie anschließend wieder einzupflanzen. Die Zellen retten den Patienten wie den Fötus, den Zeus Selene abnahm und der in einem anderen Mythos als Gott Dionysos in die Unterwelt zog und seine Mutter ins Leben zurückholte.

Ein Ritual im Operationssaal

Vor einigen Jahren mußte meine Freundin Anthea ins Krankenhaus, um sich mit einer größeren Operation einen gutartigen Tumor aus dem Darm entfernen zu lassen. Es war die Art von Geschwulst, die häufig zu Bösartigkeit neigt, und obwohl die Biopsie keine Krebszellen festgestellt hatte, sagte man ihr, es bestünde die Möglichkeit, daß diese sich in einem anderen Teil des Tumors bereits entwickelt haben konnten. Sie bat mich um Beistand und Begleitung ins Krankenhaus. Dort erlebten wir einen glücklichen Zufall – oder eine Synchronizität –, weil ich dort gerade Kontakt zu einer Radiologin aufgenommen hatte, mit der ich in meiner Praktikumszeit befreundet gewesen war. Die Ärztin erzählte mir von einem guten Freund, der der beste Chirurg für eine solche Operation sei, und ich machte als Ärztekollegin und Freundin einer Freundin einen Termin für Anthea aus und begleitete sie dorthin. Ich erwähne all diese Einzelheiten, weil das, was ich im Operationssaal als Ritual plante, nur mit seiner Zustimmung geschehen konnte: Es war nötig, daß ich glaubwürdig war und er meinem Vorschlag wohlwollend begegnete, denn er lag außerhalb der Norm und mochte albern oder seltsam erscheinen.

Anthea hatte ein starkes Gefühl für den Symbolcharakter ihres Tumors und verstand ihre Aufnahme ins Krankenhaus als eine Ausagierung des Inanna-Mythos. Am Morgen der Operation holte ein Pfleger sie ab, sie legte sich auf den Wagen und wurde in meiner Begleitung durch den Gang und in den Lift geschoben und auf die Etage der Operationsvorbereitung gebracht. Dort legte ich OP-Kleidung an und betrat mit ihr den Operationssaal. Wir waren uns des Inanna-Mythos bewußt und betrachteten jede Tür, die wir durchschritten, als ein weiteres Tor.

Im OP wurde sie auf den Operationstisch gelegt und verhüllt; der Anästhesist gab ihr das Narkosemittel und legte einen Schlauch zur Beatmung; die Lampen wurden auf die Stelle gerichtet, wo der Schnitt erfolgen würde. Der Chirurg und sein Assistent, in Masken, langen Gewändern und mit Handschuhen, nahmen ihre Position auf beiden Seiten des Tisches ein. Dann wandte sich der Arzt zu mir und sagte:»Was immer Sie tun wollen, Sie können es jetzt tun.«

Ich sagte:»Sie wissen, daß Sie als Ärzte und Chirurgen hier sind. Ich möchte etwas darüber sagen, was die Operation emotional und spirituell bedeutet. Wir befinden uns in einem rituellen Raum, gleich einem Tempel oder einer heiligen Stätte, die besonders vorbereitet und gereinigt wurde. Alle in diesem Raum tragen besondere Gewänder. Die Patientin hat gefastet, ist gereinigt und liegt nun bewußtlos auf einem Tisch, der auch ein Altar sein könnte. Sie wartet auf das, was hier geschehen wird, und vielleicht stehen Leben und Tod in der Schwebe. Ein Teil der Patientin wird herausgenommen und geopfert, damit sie gesund bleibt. Für Anthea steht dieser Tumor für das emotionale Leid, das sie seit der Kindheit erlebt hat: Eine Manifestation von Ablehnung, Enttäuschung und unausgedrückten Gefühlen, die bösartig geworden sind. Der leidende Teil in ihr hat diesen Schmerz übernommen. Wenn er herausgenommen und anschließend in die Pathologie gebracht wird, möchte sie die Überreste mitnehmen und vergraben, damit er zum Teil der Erde wird.«

Dann schlug ich vor, einen Moment innezuhalten, um den Chirurgen und die Instrumente zu segnen. Darauf folgte ein Augenblick vollständiger Stille im Operationssaal. Dann nahm der Chirurg ohne ein weiteres Wort ein Skalpell und machte den ersten Schnitt.

Es ist gut möglich, daß in religiös orientierten Krankenhäusern routinemäßig eine Schweigeminute eingehalten oder ein Gebet gesprochen wird. Doch ich hatte so etwas noch nie erlebt. Für mich bedeutete es das Übertreten einer Schwelle. Als Medizinstudentin und Praktikantin hatte ich immer nur alles abgeschrubbt und die Klemmen gehalten. Die Chirurgen waren im Operationssaal gewöhnlich Autokraten, und manche waren bekannt dafür, zu fluchen und die Instrumente auf den Boden zu werfen, wenn eine Schwester ihnen aus Versehen etwas Falsches reichte.

Für den Patienten ist es leichter, Gebete und Meditationen mit in den Operationssaal zu bringen. Vor der Narkose kann man darum bitten, daß alle einen Moment schweigen, um zu beten. Das ist schon vorgekommen. Man kann auch in Vorgesprächen darum bitten oder darauf bestehen. Auch Chirurgen schätzen göttliche Hilfe, und wenn der OP voller Engel ist – wenn man um Engel bittet –, bedeutet das einen Trost.

Postoperative Rituale der Transformation

Der Tumor wurde entfernt, ehe er bösartig werden konnte. Anthea erhielt den Rest dessen, was man ihr aus dem Darm herausgeschnitten hatte – auch wenn man dies als höchst sonderbaren Wunsch empfand –, um ihn in einem stillen Ritual im Garten ihres Hauses zu begraben. Ihr Tumor symbolisierte oder konkretisierte die Negativität, das Unverständnis und die Ablehnung großer Teile ihres Selbst durch ihre Familie, die sie internalisiert hatte.

Ihr Ritual folgte dem Beispiel einer kinderlosen Freundin von ihr, der die Gebärmutter entfernt worden war, obwohl sie noch im gebärfähigen Alter war. Der Verlust des Uterus, der niemals ein Kind getragen hatte, nimmt einer Frau die Möglichkeit und den Traum, jemals zur biologischen Mutter zu werden. Die Seele hat das Bedürfnis, diesen Verlust zu betrauern. Ein Ritual mit Freunden kann diesen Verlust ausdrücken und einer Frau bei der Heilung helfen. Antheas Freundin erhielt den Uterus nach der Operation und begrub ihn – zusammen mit der Möglichkeit einer Schwangerschaft – in einem Ritual, an dem ihre engen Freunde gefühlvoll teilnahmen. Anschließend pflanzte sie an der Stelle einen Baum, so daß die Moleküle ihres Schoßes, wenn sie wieder zu Erde wurden, in den Baum übergingen. Totes Gewebe, das einst ihr Uterus gewesen war, würde so in neues Leben verwandelt. Das Ritual markierte zugleich ein Ende und einen Neuanfang.

Diese Rituale nach einem Krankenhausaufenthalt sind symbolische Handlungen, die die Veränderung in der betreffenden Person einleiten sollen: die Umwandlung von Schmerz und Verlust in neues Leben. Solch ein Ritual ist symbolisches Ausagieren oder ein Dramatisieren eines Verlustes als Bestandteil des Lebens. Einen Verlust zu symbolisieren heißt, sich in das Reich von Träumen und Mythen zu begeben, wo ein Begräbnis einer Erneuerung und Wiederauferstehung vorausgeht, dem Versprechen, daß irgendwann ein neuer Frühling kommt. Als Teil des seelischen Heilprozesses ist es nicht unbedingt nötig, das entfernte Gewebe zu begraben. Für manche wird das Ritual dadurch signifikanter, andere finden die Vorstellung abscheulich. Statt dessen kann man ein Objekt aussuchen, das den Verlust symbolisiert und dem man persönliche Bedeutung und Sinn beimißt.

In den symbolischen Schichten des kollektiven Unbewußten sind die Methoden, mit denen Menschen vom Anbeginn der Zeit an das Ende des Lebens als einen Übergang in die Anderswelt bezeichneten, zu Metaphern für Ende und Anfang geworden. Metaphern erzeugen Bilder und einen archetypischen Sinn, auf die sich Rituale berufen. Der Erde, dem Meer, dem

Feuer oder den Elementen in den Zweigen eines Baums ein Symbol anzuvertrauen, kann leicht innerhalb eines persönlichen Rituals geschehen, das nicht künstlich geschaffen ist, sondern aus der Seele selbst entsteht.

An einem meiner Workshops nahm eine Krankenschwester und Therapeutin teil, deren Brustkrebs mit einer Operation und Chemotherapie behandelt worden war. Nachdem sie meinen Erzählungen über die Erfahrung meiner Freundin Anthea gelauscht hatte, äußerte sie die Absicht, am Seminarort selbst ein Ritual durchzuführen. Es gab dort einen langen leeren, privaten Strand, an dessen Rand niedriges Gebüsch wuchs. In dem Arbeitskreis sprach sie von der Bedeutung der Krebserkrankung in ihrem Leben, davon, was sie seit der Diagnose durchgemacht hatte und von ihrer Absicht, die Krankheit und alles, was sie darstellte, an dieser Stelle zurückzulassen. Sie hatte vor, den Krebs rituell dem Meer zu übergeben. Als wir uns mit ihr am Strand versammelten, erlebte sie einen Moment tiefer Wahrheit, der sie zum Weinen brachte. Doch sie konnte es noch nicht: Sie konnte sich nicht dazu durchringen, das, was sie mitgebracht hatte, tatsächlich dem Meer zu übergeben. Das war die Wahrheit. Was sie vorhatte, stieß auf unerwartete tiefe Gefühle. Ein Nein machte sich bemerkbar. Ihr Verstand hatte etwas geplant, das ihre Seele als zu früh erkannte.

Bedeutsame Rituale und tiefe Wahrheiten sind miteinander verschwistert. Rituale sind kein künstliches Spiel, bei dem man so tut als ob. Sie nehmen uns mit Körper und Seele in Anspruch. Bei solchen Gelegenheiten müssen wir der Seele Fragen stellen, bis das auftaucht, was für den betreffenden Menschen richtig ist. Ich fragte sie, ob sie das, was sie mitgebracht hatte, wieder mit nach Hause nehmen wolle. Ein klares Nein war die Antwort. Antworten auf weitere Fragen verdeutlichten, daß es nur eine Sache der Zeit war. Zu irgendeinem Zeitpunkt in ihrer Vergangenheit hatte sie sich gewünscht zu sterben, und der Krebs schien dafür ein Ausdruck zu sein. Jetzt bewegte sie sich auf eine Bestätigung des Lebens zu und nahm Änderungen in ihrem Leben vor, aber sie war noch nicht ganz bereit, diese anzunehmen und die Patientenrolle aufzugeben.

Erst als es ihrer inneren Erkenntnis nach richtig war, wurde etwas rituell am Ufer mehrere Meter tief vergraben. Dort in der Erde, im Dunkeln, würden Sand und Wasser an seiner Auflösung arbeiten; allmählich und unweigerlich würde es transformiert. Als die vorgeschlagene rituelle Handlung bestätigte, was ihre Seele bereits wußte, konnte sie fortfahren. Das kleine zeremonielle Begräbnis, das sie selbst vornahm und dem wir als Zeuginnen beiwohnten, war sehr eindrucksvoll und vor allem sinnvoll.

Chemotherapie als Ritual

Rituale verdeutlichen, was sich wirklich abspielt. Es sieht vielleicht aus wie ein Routinebesuch beim Krebsspezialisten, aber wenn man zur Chemotherapie in die Praxis geht – besonders beim ersten Mal –, ist das kein gewöhnliches Ereignis. Ein Patient, der eine intravenöse Chemotherapie erhält, wirkt vielleicht wie jeder andere Patient am Tropf, aber das ist er nicht. Man kann die Prozedur so angehen wie eine Routineangelegenheit, aber dann läßt man die Seele aus dem Spiel, verdrängt die Sache psychologisch und nutzt nicht das starke Helferpotential eines psycho-spirituellen Immunsystems.

Heilen ist eine subjektive Reaktion, nicht nur eine physiologische. Emotionen haben einen wichtigen Einfluß auf das Endokrinsystem, das wiederum das Immunsystem beeinflußt: Angst und Gelassenheit sind subjektive Zustände mit stark unterschiedlicher Physiologie.

Als ich mit Patricia und ihrer Tochter Ginna zur ersten Chemotherapie in die Praxis des Krebsspezialisten ging, wußten dies viele ihrer Freundinnen und Freunde und beteten für sie. Sie empfand eine Mischung aus Vorfreude und Angst, als ihr der Tropf gelegt und sie an eine normale Kochsalzlösung angeschlossen wurde. Als der Schlauch gelegt war und die Schwester uns allein ließ, wurde Patricia durch ein schlichtes Ritual zentriert, um sie in dem zu unterstützen, was geschah. Unsere Hände verbanden uns drei zu einem kleinen Kreis. Patricia schloß die Augen und atmete langsam und tief. Wir versuchten, unsere Atemzüge mit ihren zu synchronisieren. Ich stimmte ein stummes Gebet an und sprach dann über heilende Energie und Liebe, die durch unsere Hände in sie hineinflossen, wie wir in diesem Moment alle Liebe, Unterstützung und Gebete der Menschen, die sie liebten, empfingen und an sie weiterleiteten. Ich sah, wie ihr Gesicht friedlich wurde und sie nun natürlich langsam und leicht atmete. Es war, als hätten wir Hilfe in den Raum eingeladen und bekommen.

Als die Krankenschwester zurückkehrte, hatte sich die Atmosphäre verändert. Patricia war bereit, die Chemotherapie offen und gelassen zu empfangen. Das eine starke Mittel hatte eine wunderbare rote Färbung, die andere Flüssigkeit war champagnerfarben. Sie wurden nacheinander, mit einer Pause dazwischen, verabreicht. Ich schlug Patricia vor, die rote Flüssigkeit als starke, wirksame Moleküle zu betrachten, die rasch an jene Körperstellen vordrangen, an denen sich der Krebs angesiedelt hatte, während die anderen Körperzellen sich eher zurückhielten, wenn diese roten Moleküle vorbeihuschten, wie von einem Magneten zu den bösartigen Zellen hingezogen. Ich erinnerte sie daran, daß Rot ihre Lieblingsfarbe war und Lebensblut, Vitalität, Leidenschaft, Intensität und Wärme symbolisiert. Zwischendurch erhielt sie ein antiemetisches Mittel, um Übelkeit und Erbrechen zu verhindern. Dann begann man mit dem zweiten Medikament, das ebenfalls durch den Tropf verabreicht wurde. Diesmal sollte sie die nun gelblichen Moleküle auf ihren Krebs richten. Es waren kristallklare, glänzende Teilchen, die die Krebszellen vergiften sollten. Anschließend würden diese schwächer werden und absterben, damit Patricia weiterleben konnte. Die Medikamente würden ihr helfen, denn sie kämpften auf ihrer Seite.

Zu diesem Zeitpunkt kam ihr Sohn in den Raum, hörte uns zu und nahm auch teil; jetzt waren wir zu viert, mit ihm am Fußende hatte sich unser Kreis ausgeweitet. Der anfänglich kleinere Zirkel hatte einen heiligen Raum umschlossen, nun waren die Wände des Zimmers dessen Grenze. Wir unterstützten Patricia durch Berührungen und mit dem Herzen. Auch die Schwester wurde durch ihre respektvolle Haltung einbezogen. Der rituelle Raum blieb unangetastet, auch wenn sie den Tropf überprüfte, erklärte, was sie hineingab, und unsere Fragen beantwortete. Wir plauderten aber auch und lachten. Wenn der Seelenraum einmal geschaffen und empfunden wird, muß man nicht mehr so feierlich bleiben.

Wenn man allein zur Chemotherapie geht, ist es auch ohne ein eigenes Zimmer möglich, einen Raum der Heilung zu schaffen, indem man einfach die Augen schließt, sich durch die Atmung zentriert und Frieden in den Körper fließen läßt. Man erzeugt einen Schutzraum um sich, indem man Bilder und Gefühle in Verstand und Seele aufsteigen läßt. Vielleicht stellt man sich in einem Heilzirkel vor, umgeben von Menschen, die einen lieben, aber nicht da sein können. Vielleicht malt man sich auch eine gänzlich andere, schöne und tröstende Umgebung aus, in der freien Natur oder anderswo. Man kann einen Gegenstand mitbringen, der einem etwas bedeutet und den man anfassen kann. Man wiederholt etwa einen Text für sich oder geht eine vorbereitete Visualisierung durch. Außerdem kann man immer und überall beten.

Diese Rituale fordern die Seele dazu auf, sich an der Heilung des Körpers durch physiologische *und* spirituelle Mittel zu beteiligen. Die gleiche rituelle Haltung und die Herstellung eines Schutzraums können bei einer Bluttransfusion oder wenn man starke Medikamente wie Antibiotika oder Steroide einnimmt wichtig sein, denn beides kann auch eine orale Verabreichung begleiten. Alles, was aus medizinischen Gründen unternommen werden muß, hat ohne Angst mehr Erfolg: wenn sich Verstand und Seele auf das konzentrieren, was dieses Medikament ausrichten will.

Der Zauber ritueller Worte

Rituale müssen nicht mehr als einen Augenblick dauern, etwa, wenn zwei Menschen sich auf einem schmalen Pfad im Himalajagebirge begegnen, die Handflächen in der universalen Betgeste aneinanderlegen, den Kopf neigen und »Namaste« sagen, oder wenn ein Katholik die Kirche betritt, das Knie beugt und mit den Worten »Im Namen des Vaters, des Sohnes und des Heiligen Geistes« das Kreuzzeichen schlägt. Rituale versetzen uns für einen Augenblick oder für länger aus dem gewöhnlichen Geisteszustand heraus in eine heilige Zeit. Zu Ritualen gehören Worte: Vertraute Worte, die mit Ritualen oder Religionen verbunden werden, haben Kraft. Vielleicht hat man ihnen zuvor nur halb zugehört, aber jetzt, mitten in einer Krise, gewinnen sie große Bedeutung. Die Seele lauscht.

Als meinem sterbenden Vater der 23. Psalm laut vorgelesen wurde, hatte dies eine starke Wirkung auf ihn: »... und ob ich schon wanderte im finstern Tal«. Dies geschah in der Küche mehrere Monate vor seinem Tod, und es war sein jüngster Bruder Daniel, ein Priester, der ihn vorlas. Mein Vater war in jener Schwellenphase, in der die Ärzte nichts mehr für ihn tun konnten und es nur noch eine Frage der Zeit war, wann er starb:

Der Herr ist mein Hirte, mir wird nichts mangeln.
Er weidet mich auf einer grünen Aue und
führet mich zum frischen Wasser.
Er erquicket meine Seele.
Er führet mich auf rechter Straße
um seines Namens willen.
Und ob ich schon wanderte im finstern Tal,
fürchte ich kein Unglück;
denn du bist bei mir,
dein Stecken und Stab trösten mich.
Du bereitest vor mir einen Tisch
im Angesicht meiner Feinde.
Du salbest mein Haupt mit Öl
und schenkest mir voll ein.
Gutes und Barmherzigkeit werden mir

folgen mein Leben lang,
und ich werde bleiben
im Hause des Herrn immerdar.

Als Anthea für ihre Operation ins Krankenhaus ging, dachte
sie an den Abstieg Inannas als einen Mythos, den sie metaphorisch ausagierte. Als Mitbegründerin einer spirituellen Organisation für Frauen war sie oft dazu aufgerufen, für andere Rituale abzuhalten. Nun transformierte sie den eigenen
Krankenhausaufenthalt und die Operation durch ein Ritual,
von dem ich nur einen Teil beschrieben habe. Schritt für Schritt
verwob sie ihre persönliche Geschichte mit der Inannas und
gab dem Krankenhausaufenthalt eine symbolische Bedeutung.

Sie bat eine Freundin, sie zu begleiten und an dem Ritual
teilzunehmen, ehe sie die Tore durchschritt – oder zumindest
die Pforte. Anthea trug eine Halskette und symbolische Kleider, die sie ablegte, während ihre Freundin ein Gedicht von
Starhawk über Inanna las. Hier ein Teil des viel längeren Ge-
dichts:

Deine großen Leistungen,
alles, was du tust,
um deinen Wert zu beweisen,
die Embleme deiner Macht
bedeuten hier nichts.
Sie lösen sich,
fallen klirrend zu Boden.
Die Schlange reibt sich an ihnen,
ihre Haut platzt auf,
sie streift sie ab
und gleitet frei heraus.
Wie ein Haufen Lumpen
liegt sie nun da,
wie auch du alles ablegtest.
Das Tor öffnet sich …

Starhawks Inanna-Gedicht war für Anthea vor Betreten des
Krankenhauses ein magischer Text. Das nächste Gedicht begann mit den Worten: »Das zweite Tor heißt Angst.« Dieses Tor
durchschreitet jeder Patient.

Die Angst verschwindet nicht,
aber du gehst auf sie zu,
nackt,
und das Tor öffnet sich …

Als ich am Morgen der Operation mit Anthea in ihrem Krankenzimmer wartete, war ich mit dem Vorlesen an der Reihe.
Dieses Inanna-Gedicht betonte die Notwendigkeit, tief zu atmen und zu rufen, die Stimme zu finden und Lärm zu schlagen. »Um dieses Tor zu durchschreiten, mußt du singen.«
Dann kamen die Pfleger mit einem Wagen, halfen Anthea hin-
auf, und man rollte sie durch den Gang auf den Lift zu, während ich neben ihr herging. Die Operationsvorbereitungen und
Flüssigkeitsmangel machten Antheas Mund sehr trocken,
wenn hier also jemand sang, würde ich es sein.

Der Lift war leer. Nur der Pfleger, meine Freundin und ich
warteten auf ihn. Das war ein Glück für mich, denn nach der
jahrelangen medizinischen Ausbildung fühle ich mich als Ärztin in einem Krankenhaus in meinem Element; aber zum ersten
Mal an einem solchen Ort ein Ritual zu vollziehen, war etwas
ganz anderes. Ich wußte ein Lied, einen Vers aus dem Bürger-
rechtlerlied »We shall overcome«. Ich hatte erst vor kurzem
eine Sendung über einen Vorfall in Mississippi gesehen, bei
dem dieses Lied gesungen wurde, und mir waren die Tränen
in die Augen gestiegen. Es war an einem Abend, als sich die
Leute im Keller einer Kirche trafen, um Wähler zu registrieren.
Die meisten von ihnen waren schwarz. Da hörten sie, wie Wagen draußen vorfuhren, dann laute Stimmen von Weißen und
bellende Hunde; die Lichter in der Kirche verlöschten. Sie
saßen im Dunkeln, voll Angst vor dem, was als nächstes passieren würde. Da begann einer zu singen, und alle stimmten
ein und sangen: »We are not afraid, we are not afraid, we are
not afraid today. Oh deep in my heart, I do believe, we are not
afraid today.«

Als sie mit lauter Stimme diese Zeilen sangen und wiederholten, wurde das Lied Wahrheit. Die Angst löste sich auf, und
wie als Reaktion darauf geschah ein Wunder. Die Männer stiegen wieder in ihre Wagen und fuhren fort. Daher sang ich die

gleichen Worte: »We are not afraid ...«, als wir in den Lift roll-
ten und die Türen sich schlossen.

Dieses Lied bewegt uns genau wie der 23. Psalm, wenn wir
es hören oder singen, besonders in Zeiten der Krise und der
Veränderung. Es sind Bestätigungen dessen, was wir glauben
und was wir wollen. Sie sind mit Erinnerungen und einem vergangenen Sinn verbunden und haben aus sich heraus die
Macht, uns emotional und spirituell anzurühren. Vielleicht
läßt sich dies dadurch erklären, daß sie sich auf Archetypen
stützen oder eine morphologische Schwingung herbeiführen.
Egal aus welchem Grund, Rituale werden verstärkt, wenn eine
solche Musik und solche Worte dazu benutzt werden.

Alltägliche Lebensrituale

Es gibt auch viele schlichte beruhigende Handlungen zwischen Menschen, die ebenfalls Rituale darstellen. Wenn zwei
Ich-Du-Gefährten räumlich voneinander getrennt werden und
sich der oder die eine im Krankenhaus oder Rehabilitations-
zentrum befindet und der andere zu Hause, können der Gute-
nacht-Anruf als letzte Verbundenheitshandlung des Tages und
der Morgenanruf gleich als erste ein solches Ritual darstellen.
Vertraute Worte der Liebe am anderen Ende: daß man füreinander da ist, daß man sich verbunden fühlt, sind rituelle
Worte. Solange Rituale Zusammengehörigkeit ausdrücken
und in einer sinnvollen Situation stattfinden, versetzen sie uns
in einen Kontext und geben uns spirituelle Nahrung, wenn wir
etwas Schwieriges vor uns haben oder unsere Zusammengehörigkeit »in guten wie schlechten Zeiten« erneut bestätigen
müssen. Die Einschlafrituale von Ich-Du-Paaren ähneln den
Ritualen der Kinderzeit, die ebenfalls Ich-Du-Augenblicke
sind, in denen das Kind sich geliebt fühlt, mit denen man die
Liebe zu ihm bestätigt und es dem sicheren Schlaf der Nacht
überläßt.

Opfer oder Sündenbock

Rituale können auch dazu dienen, ein größeres Ereignis auf symbolische Weise anschließend noch einmal zu durchleben. Rituale helfen uns zu trauern, bereits eingetretene Veränderungen zu feiern oder den Abschluß eines Übergangs zu begehen. Rituale werden dann zum Bestandteil des Prozesses, in dem man sich von der Vergangenheit löst und weitergeht. Mit diesen Gedanken brachte ich einmal mehrere Pfund Ton mit in eine Klausur und einen Workshop, den ich für Frauen leitete, die sich von einer Krebskrankheit erholten. Sie konnten mit dem Ton den Teil ihres Körpers darstellen, der wegen des Krebses entfernt oder behandelt worden war. Sein tönernes Abbild sollten sie in einem persönlichen Ritual benutzen können.

Beim Formen des Tons kommen vergessene und verdrängte Erinnerungen, Gedanken und Gefühle an die Oberfläche. Manchmal scheinen die Hände die Masse unbewußt zu formen, und erst wenn die Skulptur fertig ist, weiß der Verstand, was sie darstellen soll. Als die Frauen sich anschickten, Darstellungen ihrer Brüste oder ihrer Gebärmutter zu formen, die ihnen fortoperiert worden waren, tauchten bei vielen Gefühle für das Organ selbst auf, oder es entstand ein innerer Dialog zwischen der Frau und dem jeweiligen Organ, der sehr erhellend sein konnte. Dabei entwickelte sich teilweise Reue oder Dankbarkeit. Manche Frauen stellten fest, daß sie diesen Teil ihres Körpers mißachtet, vernachlässigt oder sogar gehaßt hatten. Besonders wenn es sich um eine Krebsoperation handelte, kam ihnen oft spontan der Gedanke an ein Opfer. Dieser Körperteil wurde geopfert, damit der »Rest« des Körpers weiterleben konnte. Der operativ entfernte Teil kann auch der symbolische Sündenbock gewesen sein. In alten Ritualen war der Sündenbock das Opfertier, auf das die Menschen ihre Ängste, Sünden oder das projizierten, was immer die Gemeinschaft »loswerden« wollte. Wurde es gebannt, nahm es alle ihm zugeschriebene Negativität mit sich.

Wenn eine Brust oder der Uterus entfernt wird, kommen unwillkürlich Gefühle bezüglich der Fortpflanzung, der Sexualität, der Sinnlichkeit und der eigenen Weiblichkeit an die Oberfläche. Die Bedeutung eines entfernten Uterus und die Trauer darum hängen mit der Freude oder dem Leid der Frau bei Schwangerschaft und Geburt oder Abtreibung zusammen. Wie eine Frau den Verlust einer Brust empfindet, ist abhängig davon, ob diese ein geliebter oder vernachlässigter Körperteil für sie war, eine Quelle sinnlicher Lust für sie und andere, ob sie einmal Kinder hätte stillen wollen, was nun nicht mehr möglich ist, oder ob sie ihre Kinder einst stillte. Es wird nicht nur ein Teil von ihr entfernt, sondern auch die Rolle, die dieser spielte und nun nicht mehr spielen kann.

Metaphern können hier Sinngebung ausdrücken. Gibt es eine symbolische Entsprechung zwischen dem geopferten Körperteil und der Seele? Um metaphorisch zu denken, muß man Ereignisse im Wachleben wie Träume betrachten. Was symbolisiert dies? Was ist das für eine Metapher oder Analogie? Wenn ich träumte, dieser Teil von mir würde krank oder entfernt, was würde das bedeuten? Wenn der Verlust dieses Körperteils ein Preis wäre, den ich für etwas zahle, was wäre das? Wenn dieser Körperteil geopfert würde, damit ich weiterlebe, was fange ich dann mit meinem Leben an? Was würde eine Gesundung bedeuten? Wie kann diese Krankheit ein wichtiges Kapitel in meiner Lebensgeschichte darstellen? Welche Bedeutung kann ich in dem erkennen, was jetzt mit mir geschieht?

Bei solchen Fragen muß ich mich meinem Inneren zuwenden, denn da warten die Antworten. In jedem Menschen gibt es den Wunsch, die eigene Geschichte zu leben und nicht nur den Erwartungen anderer an uns zu entsprechen. Oft gibt uns eine lebensbedrohliche Krankheit die Anregung, einen verlorenen Sinnfaden zu finden, der unser persönlicher Mythos ist und der Daseinsgrund unserer Seele. Wozu sind wir hier? Was sollen wir hier lernen? Wen wollten wir lieben? Was wollten wir heilen?

Antworten auf Seelenfragen

Die Meditation und das Ritual sind miteinander verwandt – Gebete sind oft Bestandteile von Ritualen, und Rituale versetzen uns in einen meditativen Zustand. In einer solchen Meditation erhalten wir die Antworten auf Seelenfragen. Ich empfinde diese Empfänglichkeit als einen Zustand der Stille und Gelassenheit. Es ist, als würde man darauf warten, daß die aufgewühlten Wasser eines Teichs sich wieder beruhigen, bis er spiegelglatt und klar wird. Nun kann man sehen, was auf seinem Grund liegt. Es ist, als würde man am Rand einer Waldlichtung stehen: Sobald man sich beruhigt hat und empfänglich wird, erkennt man, daß das scheue Kaninchen oder das Reh, das man aus den Augenwinkeln entdeckt hat, sich nähert. Gnosis, Gefühle, Intuitionen, Einsichten, Bilder, Erinnerungen und der Faden von Bedeutung und Sinn, der uns mit ihnen verbindet, sind die wilden, kostbaren instinktiven Enthüllungen unseres eigenen Wesens, das sich uns zu erkennen gibt, wenn wir in der Meditation Antworten auf Seelenfragen suchen. Die Seele gibt sich selbst ebenso preis wie die Natur, wenn wir uns nach innen wenden, unsere Gedanken zur Ruhe bringen – und warten.

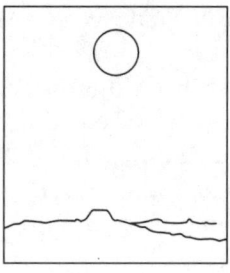

12.
Anderen helfen – sich selbst helfen

Ich kann mich nicht mehr genau daran erinnern, wann mir klar wurde, daß nichts in meinem Leben vergeudet wird, daß alles, was mich jemals tief betroffen hat, irgendwann eine empathische Verbindung zu dem herstellen wird, was mir jemand erzählt. Dies war mehr als nur eine Einsicht. Es bedeutete, daß auch mein Leiden einen Sinn hatte, daß alles, was ich erlebt hatte, irgendwann verwandelt würde, wenn es mir möglich wäre, jemandem dadurch zu helfen. Anfangs erkannte ich nur, wie dies für uns in der Psychotherapie Anwendung fand, dann erkannte ich, wie es auf Menschen zutraf, die ihr Leid in kreative Arbeit umsetzen – in Dichtung, Malerei, Drama und Prosa – und die Essenz ihres eigenen Lebens dazu heranziehen. Dann erkannte ich, daß es auf jeden zutraf: Bei jedem, der gleichzeitig die Einzigartigkeit seines eigenen Leidens und dessen Universalität erkennen kann, nimmt das mitfühlende Verständnis zu und spiegelt sich in seinen Handlungen und Beziehungen zu anderen. Wenn wir für uns und andere fühlen und daraufhin etwas tun, entwickelt sich die Seele sprunghaft.

Menschen, die entweder ihr eigenes Leid verleugnen oder narzißtisch glauben, sie allein hätten es schwer, können das

Leid anderer nicht mitfühlen. Dieser Mangel behindert ihre persönliche Entwicklung.

Auf der Seelenebene führt Mitgefühl dazu, daß man anderen hilft; es führt zu kreativer Arbeit, die emotionale Tiefen anrührt und ausdrückt, und zu Gemeinschaftlichkeit. Mitgefühl bringt uns auf natürliche Weise dazu, daß wir uns um andere genau so kümmern, wie wir es uns für uns selbst wünschen, und einander lieben.

Mitgefühl als Wendepunkt

Menschen, die eine lebensbedrohliche Krankheit überstehen, die zum Wendepunkt in ihrem Leben wird, haben – abgesehen von der körperlichen Krise – eine verwandelnde Seelenerfahrung erlebt. Ob sie vollständig genesen oder ihre Krankheit auf unbestimmte Dauer zurückgeht – anschließend haben sich ihre Prioritäten geändert. Folge davon ist eine Zunahme an Kreativität oder ein Dienst an anderen als Ausdruck ihres Mitgefühls und der Verbundenheit mit der Menschheit, aber auch eine neue Wertschätzung von Familie und Freunden und eine größere Anteilnahme an ihrem Leben. Ich sehe oft, wie Dankbarkeit und der Dienst am anderen »von Herzen«, aus der Seele kommen und wie Liebe zu anderen, für sich selbst und das Leben miteinander verknüpft werden, wenn eine lebensbedrohliche Krankheit zum Wendepunkt für die Seele wird.

Menschen, die eine schwere Krankheit überstehen, sind dankbar für das Leben und ihre Gesundheit und haben oft das Gefühl, wegen einer bestimmten Aufgabe verschont worden zu sein. »Gott hatte noch etwas für mich zu tun«, sagen manche, die dem Tod nur knapp entronnen sind. Das Gefühl, noch etwas zu tun zu haben, vielleicht auch zu wissen, was das ist, kommt ebenfalls aus der Seele. In Begriffen der Jungschen Psychologie hat dies mit der Individuation zu tun, weil es aus dem erwächst, wer wir sind und was wir aus der Erfahrung, aus unseren Freuden und Leiden gelernt haben. Ein Individuationsweg ist persönlich und einzigartig. Gleichzeitig aber ist jeder

Individuationsweg eine archetypische Reise. Die zugrundeliegenden Muster sind allgemeinmenschlich. Der Prozeß hängt mit der universalen Sehnsucht danach zusammen, das zu tun, wofür wir hergeschickt wurden.

Das Leben als fruchtbarer Boden

Wenn wir von einem Abstieg ins Tal der Todesschatten wieder nach oben kommen, wenn wir uns von den Qualen einer schweren Krankheit erholen, hat der Körper überlebt. Nun stellen sich die Seelenfragen: Was wird sich aus dieser Erfahrung ergeben? Wie wird sie mein Leben verändern? Welchem Zweck diente sie? Wie kann sie dazu beitragen, das Leben zu einem fruchtbaren Boden zu machen?

Ein Leben mit einem fruchtbaren Boden, einem Sinngrund, zu leben heißt, gleichzeitig Erde und organischer Gärtner zu sein. Wir werden zu fruchtbarer Erde, wenn die Samenkörner in uns sich entwickeln und wachsen, wenn wir vergangene Erfahrungen »kompostieren«, sie als »Dünger« für unser Leben nutzen und uns um das Stückchen Land kümmern, das uns gehört. Das Leben hat einen Sinn, wenn wir gebären und uns um das neue Leben aus unserem Körper, Verstand oder unserer Seele kümmern, wenn wir unsere Talente entwickeln, uns und andere unterstützen und für sie da sind, wenn wir schätzen, was wir haben. Das ist ein Leben als fruchtbarer Boden, als Sinngrund.

Der Psychologe Erik Erikson beschrieb in seinem Modell der Lebensstadien den Zwiespalt der Lebensmitte als »Schöpfung oder Stagnation«. Wenn man metaphorisch denkt wie ich, heißt die Frage: Ist es ein Leben mit fruchtbarem Boden oder ein Ödland? In einem Ödland gibt es kein neues Leben, keine Flüssigkeit, nichts Grünes und Saftiges. Es ist psychologisch gesehen ein abgestorbener, depressiver Boden, eine emotionale und spirituelle Landschaft, in der seelische Übel oft als Sucht beginnen und sich dann zu Krankheiten auswachsen.

Die Wiedervereinigung mit Persephone als Rückkehr der Gesundheit

Nachdem ihre Tochter Persephone von Hades in die Unterwelt entführt worden war und alle Bemühungen der Göttin Demeter gescheitert waren, setzte sie sich niedergeschlagen in ihren Tempel. Als Göttin des Korns war sie die großzügigste aller Gottheiten, ein mütterlicher Archetyp, der die Fruchtbarkeit der Erde beeinflussen konnte. Aber nun war es Demeter egal, ob die ganze Erde starb. Nichts wuchs mehr. Es gab keine grünen Schößlinge, keine Blüten, kein neues Leben. Die Welt wurde zu Ödland.

Wenn Persephone nicht zu Demeter zurückgebracht würde, würde auch nichts mehr wachsen. Da eine große Hungersnot drohte, die Menschheit zu vernichten, sorgte sich Zeus darum, daß dann niemand mehr da sein würde, der ihn anbetete. Daher schickte er Hermes aus, um Persephone zurückzubringen.

Demeter saß trauernd in ihrem Tempel, als sie draußen das Geräusch einer Kutsche hörte. Wir können uns vorstellen, wie sie sich fühlte, als ihr klar wurde, daß es Hermes war, der ihre Tochter zurückbrachte. Sie eilte aus dem Tempel und stürzte auf Persephone zu, die geglaubt hatte, ihre Mutter nie wiederzusehen, und nun aus der Kutsche sprang. Als Persephones Füße die verdorrte Erde berührten, sprossen Gras und Blumen unter ihr auf. Der Frühling war zurückgekehrt.

Die Rückkehr des göttlichen Kindes ist metaphorisch gesehen das, was eine Depression oder einen Abstieg in die Unterwelt der Krankheit beendet. Freude, Unschuld und Jugend kehren in die Seele zurück. Der Frühling bedeutet die Wiederkehr der Gesundheit und das Wachsen der Kreativität.

Wenn die Rückkehr von Gesundheit und Vitalität von Dankbarkeit und Mitgefühl für andere begleitet wird, die immer noch leiden, kann daraus der tiefe Wunsch entstehen, anderen zu helfen. Wenn man dann einen Weg findet, anderen zu dienen, entwickelt sich daraus ein schöpferisches Leben, ein Leben mit fruchtbarem Boden.

Krankheit als lebensverändernder Übergang

Wenn eine Krankheit tatsächlich zu einem Wendepunkt wird, folgt darauf nicht bloß eine Rückkehr zu dem, was vorher war. Die Krankheit bildet vielmehr einen lebensverändernden Übergang. Das kann sich als sehr ungewöhnlicher Wechsel darstellen, wie in Albert Schweitzers Leben: Schweitzer wurde mit Anfang Vierzig schwerkrank, und seine Gesundheit wie seine Zukunft standen auf dem Spiel. Nach zwei Operationen erholte er sich jedoch vollständig. Aber nicht nur seine Gesundheit war wiederhergestellt, sondern er war auch spirituell und psychologisch transformiert und wollte nun die Leiden anderer heilen. Bald darauf gründete er ein Krankenhaus in Afrika, um die Eingeborenen zu versorgen, die sonst keinerlei ärztlichen Beistand hatten. Schweitzer beschrieb seine Krankheit als eine Initiation zu der später von ihm gegründeten »Brüderschaft der vom Schmerz Gezeichneten«: Jene, die aus Erfahrung wüßten, was physische Schmerzen und körperliches Leiden bedeuten, gehörten weltweit zueinander. Sie seien durch ein unsichtbares Band miteinander verknüpft. Einer wie der andere kenne die Schrecken des Leidens, das Menschen auferlegt wird, und einer wie der andere kenne auch die Sehnsucht danach, schmerzfrei zu sein. Wenn jemand von Leid errettet werde, dürfe er nicht denken, er sei nun frei und könne sein Leben da wieder aufnehmen, wo er aufgehört hat, um die Vergangenheit völlig zu vergessen. Er sei nun ein Mensch, dessen Augen für Schmerzen und Leiden geöffnet seien, und er müsse helfen, diese beiden Feinde zu überwinden (so weit der Mensch dies in seiner Gewalt habe) und anderen genau die Rettung bringen, die er selbst genossen habe. Der Mensch, der mit Hilfe eines Arztes eine schwere Krankheit überstanden habe, müsse denen beistehen, die sonst niemanden hätten. Wenn jemand durch eine Operation vor dem Tod oder quälenden Schmerzen gerettet werde, müsse er seinen Teil dazu beitragen, damit die sanfte Narkose und das nützliche Messer auch da ihre Arbeit beginnen könnten, wo Tod und quälende Schmerzen noch ungebrochen herrschten. Die Mutter, die es ärztlicher Hilfe verdanke, daß sie ihr Kind noch bei sich hat und es nicht in der kalten Erde liegt, müsse helfen, damit dieses Schicksal auch der armen Mutter, die noch nie einen Arzt gesehen hat, erspart bliebe. Wenn die Todesqualen eines Menschen ohne die Hilfe eines Arztes schrecklich gewesen wären, müßten diejenigen, die das Totenbett umstanden, mit dafür sorgen, daß andere den gleichen Beistand erhalten könnten.

Norman Cousins beschreibt, wie er auf dieses Postulat bei Schweitzer stieß und sich bei ihm eine Erkenntnis breitmachte. Cousins war zehn Jahre alt gewesen, als man ihn mit Tuberkulose in ein Sanatorium geschickt hatte. »Meine Schmerzen rührten nicht von der Krankheit her, sondern von der Einsamkeit. Es war der Schmerz, von allem abgeschnitten zu sein, was im Leben warm, sinnvoll und fröhlich war.«

Nachdem Cousins gesundet war, schrieb er: »Auch nachdem ich die Tatsache voll akzeptieren konnte, daß ich nun wieder ein normales Leben führen konnte, fühlte ich mich ständig verpflichtet, irgend etwas zurückzuzahlen. Das Gefühl von Schuld war viel mehr als nur ein intellektueller Gedanke. Es saß tief in meiner Brust, und es war mir nicht möglich, es zu ignorieren. Von dem Moment an, als ich das Sanatorium verließ und auf meinen kleinen Sonntagsplatz neben der Pforte zurückblickte, wußte ich, daß mein Leben unerträglich würde, wenn ich nicht eine Möglichkeit fände, diese Schuld zurückzuzahlen, die ich nicht genau definieren konnte, die ich aber sicherlich mein ganzes Leben lang mit mir herumtragen würde.«

Ich bekam die Fotokopien von Schweitzers Text von Beth, einer Psychiaterin, die sich die Mitgliedschaft in dessen Gemeinschaft durch einen psychiatrischen Krankenhausaufenthalt verdient hatte. Sie hatte weder Operationsnarben noch Verkapselungen, die sich auf Röntgenbildern der Lungen gezeigt und ihre frühere, verheilte Tuberkulose angedeutet hätten; die Ursache für ihren Schmerz waren emotionale Wunden. Als sie ihr Medizinstudium begann, konnte sie die verwirrenden Gefühle, die sie in Jahren des Mißbrauchs und der Isolierung in ihrer Kindheit abgeschottet hatte, nicht mehr unter Kontrolle halten. Sie wandte sich an ihre innere Weisheit, um zu erkennen, was sie brauchte, und wies sich selbst in eine geschlossene Psychiatrieabteilung ein, wo das Chaos und die Selbstzerstörung, die in ihr tobten, unter Beobachtung gehalten werden konnten. Nach dieser Erfahrung konnte sie ihr Medizinstudium fortsetzen und dann die Psychiaterausbildung beginnen. Sie wurde zu einer sehr guten, ungewöhnlich sensiblen Psychiaterin mit einem tiefen Pflichtgefühl. Sie fühlt sich besonders zu schwierigen, verstörten Patienten hingezogen, deren Ausagieren, Selbstzerstörung und Symptome auf einen Mißbrauch in der Kindheit hindeuten. Es sind überwiegend Frauen, die psychotisch wirken, deren Krankheiten aber der Ausdruck von traumatischen Streßsyndromen sind – psychologische Kriegsopfer.

Im eigenen Leiden mitfühlend sein

Doch nicht nur nach einer Genesung, sondern auch mitten im Leiden selbst kann eine Verschwisterung mit anderen Kranken zustandekommen. Für viele Menschen, die lange im Krankenhaus auf einer bestimmten Station oder Etage bleiben, wird diese mit ihren Gängen, Warteräumen und Schwesterzimmern zu einem kleinen Dorf, das von Patienten, regelmäßigen Besuchern und Personal bevölkert ist. Als mein Vater mit Krebs im Krankenhaus lag, wurden ihm die Gesichter der anderen Besucher allmählich immer vertrauter, und er lernte nach und nach die Umstände der anderen Patienten kennen. Als eine Freundin nach der Operation wieder zu gehen imstande war und ich sie auf dem vorgeschriebenen Spaziergang begleitete, war es, als wenn wir in einem Dörfchen auf der Hauptstraße auf- und abgingen. Anfangs war sie an einen Tropf gebunden, der an einer Stange auf Rollen hing, an die sie sich wie an einen Spazierstock klammerte. Die Vorbeigehenden nickten ihr zu, lächelten und sagten manchmal ein paar aufmunternde Worte.

Je länger der Krankenhausaufenthalt dauert, um so stärker wächst das Gefühl von Gemeinschaft. Sorge und Mitgefühl für andere entstehen mitten aus den eigenen Schwierigkeiten.

Wenn die lebensbedrohliche Krankheit zu Selbstmord führen könnte, wird die Psychiatriestation zum Dorf. Auf allen Stationen dieser Art bilden sich rasch Beziehungen: Jeder Neuzugang und jede Entlassung verändern die Bevölkerung. Die Patienten lernen einander kennen, besonders, wenn es eine therapeutische Gemeinschaft oder Gruppenarbeit gibt.

Das Schicksal, das man mit anderen im Krankenhaus teilt, ist die erste Ausdehnung der Seele. Darüber hinaus entsteht Mitgefühl für alle anderen, die auf ähnliche Weise leiden, und über die Schweitzer schreibt. Und darauf folgt das Mitgefühl für alle Lebewesen, die den Planeten mit uns teilen. Dieses transpersonelle Element – die innere, spirituelle Erfahrung von Verbundenheit mit einem größeren Ganzen – wirkt wahrhaft transformierend.

Die Transformation von Ereshkigal

Der Autor Stephen Levine ist für seine Arbeit mit Sterbenden und seine Trauerarbeit mit Überlebenden bekannt. Er erzählt von einer Frau, die mit Knochenmetastasen ins Krankenhaus eingeliefert wurde, einem Krebs, der in die Knochen eindringt und schreckliche Schmerzen verursacht. Sie war in ihrem Leiden die Verkörperung von Ereshkigal, die Inanna mit solchem Haß begrüßte, daß diese tot umfiel. Wenn Blicke töten könnten, hätte diese Patientin viele Menschen umgebracht.

Ihr Lebensstil und ihre Beziehung zur Welt waren von einer Art, daß sie gnadenlos jeden verurteilte, mit dem sie in Kontakt geriet. Sie war eine zähe Geschäftsfrau und eine schwierige Mutter gewesen – so schwierig, daß sie nun zwar offensichtlich an Krebs starb, aber keines ihrer Kinder sie besuchen wollte, denn sie waren so oft aus ihrem Herzen und ihrem Leben verstoßen worden.

Die Frau hatte ihre Enkelkinder nie gesehen. Allen Schwestern, Ärzten oder Besuchern, die ihr Zimmer betraten, schlug Wut und Beleidigung entgegen. So blieb sie gewöhnlich in ihrem Unglück allein, erging sich in Selbstmitleid und gab allen anderen die Schuld für ihre Qualen.

Sie war ein Abbild der leidenden Ereshkigal, die allein vor sich hinstöhnt: »Oh, mein Inneres.«

Levine beschreibt die transformierende Erfahrung, die sie erlebte und die als eine profunde Initiation in die von Schweitzer begründete Gemeinschaft betrachtet werden kann:

Eines Abends, nach sechs Wochen in diesem Krankenhaus, litt sie unter schrecklichen Schmerzen, doch statt sich gegen sie aufzubäumen, ließ sie sich in sie hineinfallen, und da veränderte sich etwas in ihr.

Sie gab momentan nach und ließ zu, daß die Schmerzen sie durchrasten; nun widersetzte sie sich nicht mehr so, als stamme das Leiden von außen oder sei die Schuld eines anderen, sondern überließ sich den Schmerzen wie einem Teil ihres Selbst. Später sagte sie, daß sie sich in diesem Augenblick – als die turbulenten Wasser ihres lebenslangen Widerstandes und ihrer Leiden durchbrachen und sie überfluteten, als sie auf der Seite lag und ungeheure Schmerzen in Rücken, Hüften und Beinen litt – nicht als Frau im Krankenhaus sah, sondern als eine Eskimofrau, die im Kindbett stirbt. Einen Moment später sagte sie, sie sei eine Schwarze aus Biafra, die, schwach vor Hunger und Auszehrung, ein verhungerndes Kind an einer schlaffen Brust säugt. Im nächsten Moment war sie eine andere Frau, die in der gleichen Fötusstellung neben einem Fluß lag. Ihre Wirbelsäule war bei einem Sturz gebrochen, und sie würde allein sterben. Bild um Bild stieg vor ihrem inneren Auge auf, die sie als die Leiden von ›zehntausend schmerzgeplagten Menschen‹ beschrieb.

Die Verwandlung, die in diesem Augenblick begann, war bemerkenswert. Ihr Herz wurde offen für die Leiden anderer, wie auch ihr eigenes und dafür, wie der eigene Schmerz mit dem anderer verbunden ist. Levine beschreibt sie als eine völlig andere Frau:

In den nächsten sechs Wochen bis zu ihrem Tod wurde ihr Zimmer im Krankenhaus zu einem Heilzentrum. Viele Schwestern verbrachten ihre Pausen dort, denn es war ein Ort, von dem ganz offensichtlich Liebe ausstrahlte. Innerhalb von einer Woche hatte sie ihre Kinder um Vergebung gebeten und sie angefleht, in ihr Leben zurückzukehren; die Enkel, die sie nie gesehen hatte, saßen auf ihrem Bett und spielten ›mit Oma ... und ihren weichen kleinen Händen‹.

In diesen sechs Wochen nahmen die Schmerzen in ihrem Körper ab, während sich der Schmerz in ihrer Seele auflöste und ihr Herz sich öffnete, um immer mehr Leben in sich hineinzulassen, immer mehr von allem, was lebt, und um den Leiden aller Lebewesen mit Gnade und liebevoller Freundlichkeit zu begegnen. Wir erlebten in diesem Zimmer einen der bemerkenswertesten Heilvorgänge, die wir je gesehen hatten. Ihr Körper verfiel zwar zusehends, und sie bewegte sich langsam, aber sicher auf den Tod zu, doch sie starb so geheilt, wie wir es kaum je erlebt hatten.«

Ihre Heilung war offensichtlich nicht körperlicher Natur, sondern eine ungeheure innere Verwandlung, die sie spirituell und emotional gesunden ließ. Mitgefühl war die Heilkraft, die ihre Isolierung durchbrach und ihr Herz für andere öffnete. Es heilte die Abgelöstheit, die Illusion, sie sei allein. Ich habe den Eindruck, daß die Erfahrung dieser Frau keineswegs einzigartig ist, auch wenn bestimmte Bilder, die sie erlebte, allein ihre waren. Viele Menschen erleben mitten in großem Leid ähnliche transzendierende Augenblicke, und das führt zu Mitgefühl für das Leiden anderer und zu dem Wunsch zu helfen.

Ich selbst erlebte eine solche Transformation bei einer Geburt gegen Ende der Wehen, als mich tiefe Schmerzwellen in immer längeren Kontraktionen durchfuhren. An einem bestimmten Punkt wußte ich instinktiv, daß das, was ich erlebte, alle Frauen vom Anbeginn der Zeit an erlebt hatten, daß ich trotz meiner Ausbildung und Leistungen nicht anders war und zu ihnen gehörte. Zusammen mit dem Schmerz, der mich wellenartig durchfuhr, entstand eine neue Verschwisterung, eine Verbindung zu allen Frauen: Es war meine Initiierung in die Frauenbewegung.

Die Auflösung des Panzers um Seele und Herz

Stephen Levines Bericht über diese Frau und ihre Verwandlung erinnerte mich an Ebenezer Scrooge in Charles Dickens' »Weihnachtslied«. Scrooge ist ein geiziger, gemeiner und unglücklicher reicher Mann, eine archetypische Gestalt, wie man sie bei Menschen aller Altersgruppen findet, die voller Groll und Bitterkeit sind. Er empfindet für nichts und niemanden

Bindung oder Zuneigung, ist zu zynisch, um Weihnachten zu feiern und betrachtet Bob Cratchits und Tiny Tims Festtagsstimmung als albern und ohne Sinn für Realität. Als der Geist der vergangenen Weihnachtsfeste ihn in einer Zeitreise zurückführt, damit er sich selbst sieht, wie er als junger Mann war, begegnet er Menschen, die er einst liebte und die ihn liebten, und er gerät in Kontakt zu den Gefühlen, die er einst hatte, was ihm ermöglicht, sein Herz zu öffnen und von einfachen Freuden und der Wärme von Bob Cratchits Familie angerührt zu werden. Er ist völlig entsetzt, als der Geist der künftigen Weihnachtsfeste im zeigt, was mit ihnen geschehen soll, und ist bereit, alles in seiner Macht Stehende zu tun, um Tiny Tim vor dem Tod zu retten und die Sorgen von seiner Familie fernzuhalten. Als er erkennt, daß es nicht zu spät für ihn ist, um Veränderungen vorzunehmen, die sie beschützen, ist er erleichtert und dankbar. Zum Schluß feiert ein glücklicher, freundlicher Scrooge das Weihnachtsfest mit den Cratchits.

Scrooge lebt als Sinnbild in Menschen, die keine Liebe für andere oder von anderen empfinden können. Wenn »Scrooge« einen harten Panzer um seine Seele bildet, wird er zur harten Nuß, die geknackt werden muß, um die inneren Eigenschaften der Unschuld, der Verletzlichkeit, des Vertrauens, der Bindung an andere, der Liebenswürdigkeit und der Bereitschaft zur Liebe freizusetzen, mit denen wir als neugeborene Seelen diese Welt betreten.

Wenn Seele und Herz eines Menschen von einem Panzer umgeben sind, der aufgebrochen oder aufgelöst werden muß, geschieht dies durch Emotionen und Gefühle, die oft mit Trauer ihren Anfang nehmen: Trauer um einen Verlust, Enttäuschungen, Verrat und alle möglichen Traumata, die wie eine Naturgewalt durch den Körper strömen und mit Tränen und Schluchzen aufwallen, die aus solchen Tiefen herzurühren scheinen, daß man sich fragt, woher sie nur kommen. Man entblößt dabei seine Seele, ist wie neugeboren, offen für die Gefühle für andere und für das eigene Selbst. Dann rückt ein innerer Zeuge für diese Trauer ins Bewußtsein, ein beobachtendes Selbst, das Mitleid mit dem eigenen Leiden und den

Leiden anderer empfindet; wenn Seele und Persönlichkeit sich verbünden, wird das, was man tut und was man ist, verbunden und integriert. Gefühle, Worte und Taten verschmelzen. Wenn eine lebensbedrohliche Krankheit eine solche Umwandlung erzeugt und Psyche und Körper geheilt werden, wird eine Arbeit, in der Mitgefühl zum Ausdruck kommt, oft zum Bestandteil des neuen Lebens und kann sogar zum Element der Heilung selbst werden.

Scrooge wurde mitleidig – genau wie die mythische Ereshkigal und Stephen Levines Patientin –, als sich die Mauern aus Bitterkeit und Einsamkeit auflösten, die sie von den anderen trennten. Mitgefühl erzeugt Mitgefühl: Mitleid mit anderen beginnt mit der Fähigkeit, die eigenen Verletzungen, die eigene Reue und Trauer zu fühlen. Solange es nicht sicher ist, Gefühle zu zeigen, werden diese zurückgehalten und verdrängt. In Familien, in denen Tränen verspottet werden und das Ideal besteht, alle Schmerzen zu verleugnen, muß man als Erwachsener dazu initiiert werden, in Kontakt mit solchen Gefühlen zu treten. In einer Umgebung, in der Mitgefühl und Sicherheit herrschen, ist dies leicht möglich. Für Männer der Männerbewegung geschieht dies in Zusammenkünften, in denen Männer sich an ihre Kinderjahre erinnern und ausdrücken können, was sie da empfanden: Kummer um die distanzierte, mißhandelnde oder nichtexistente Beziehung zu ihren Vätern.

Manchmal regt eine lebensbedrohliche Krankheit – ob bei einem selbst oder anderen – diesen Prozeß an, die eigenen Gefühle zu empfinden, statt sie weiterhin zu betäuben. Wenn sich die Schleusentore der Emotionen öffnen, entsteht oft auch Mitgefühl, ein Gefühl von gemeinsamer Menschlichkeit.

Gegenseitige Hilfe

Lawrence LeShan behauptet, daß man die physischen, psychologischen und spirituellen Aspekte eines Menschen behandeln muß, damit er gesund wird und bleibt und damit der Krebs zu einem Wendepunkt wird. Hinsichtlich der spirituellen Reife sagt er: »Ich betrachte einen Patienten nicht als gesund, bis er nicht einige Zeit und Arbeit verwendet, sich auch um andere Menschen zu kümmern und nicht nur um sich selbst und die eigene Familie. Ehemalige Patienten von mir arbeiten bei Männer- und Frauengruppen und bei Umwelt- und Friedensorganisationen mit.« Eine seiner Patientinnen meinte, diese Arbeit befriedige einen Teil in ihr, von dem sie nie etwas geahnt hätte. Motivation und Wahl der Arbeit müssen aus dem Gefühl von Mitleid entstehen, aus Sorge um andere und aus der Befriedigung, die daraus entsteht. Der Antrieb ist rein spirituell.

Caryle Hirshberg und Marc Ian Barasch zitieren Madame Guo Ling, die Begründerin des Krebspatienten-Vereins, einer Selbsthilfeorganisation mit rund 40.000 Mitgliedern in China. Sie behauptet, daß das »Zurückgeben« an die Gesellschaft einen wichtigen Teil der Heilung ausmacht. Ihre Organisation entstand wie Albert Schweitzers Krankenhaus in Lambarene aus ihrem eigenem Leid und ihrer Genesung. Man hatte bei ihr einen unheilbaren gynäkologischen Krebs festgestellt, sie mehrfach erfolglos operiert und zum Sterben nach Hause geschickt. Ihre bemerkenswerte Gesundung beruht teilweise auf dem Erlernen und der Praxis einer alten Kampfkunst, auf Visualisierungen und Bewegungen von vitaler Energie, die man heute als Guo Ling Qi Gong kennt.

Ein weiteres Beispiel für die Motivation zu dienen ist Elaine Nussbaum. Sie beschrieb dies so: »Ich weiß, daß ich etwas zurückgeben will; ich möchte andere ansprechen, lehren, ermutigen, inspirieren und denen eine Hoffnung bieten, die leiden. Ich will Menschen helfen und ihnen die Verzweiflung und das Leid ersparen, das ich erlitt, ihnen die Tatsachen meiner makrobiotischen Heilung mitteilen und eine Alternative für eine degenerative Krankheit anbieten.«

Elaine Nussbaum begann damit, indem sie ein Buch schrieb. Nach der Gesundung von dem Uterussarkom, das sich bis in ihre Wirbelsäule und in die Lungen ausgebreitet hatte, kehrte sie auf die Schulbank zurück und machte ihren Magister in Ernährungswissenschaften. Sie arbeitet nun schon seit über einem Jahrzehnt als Ernährungsberaterin. Obwohl die Schmerzen und das Leiden, das sie und ihre Familie durchmachten, in der Vergangenheit liegen, bezieht sie sich stets darauf, wenn sie andere berät. Sie ist ganz offensichtlich der lebendige Beweis für andere Menschen, daß eine Heilung möglich ist. Ihre heutige Arbeit wäre nicht möglich, wenn sie nicht den Abstieg zu Schmerzen und lebensbedrohlicher Krebskrankheit vollzogen hätte und zurückgekehrt wäre.

Mitfühlend handeln

Im Oktober 1989 war ich eine von sieben Psychiatern und Psychologen (die anderen waren Daniel Goleman, Stephen Levine, Daniel Brown, Jack Engler, Margaret Brenman-Gibson und Joanna Macy), die drei Tage lang Gespräche mit Seiner Heiligkeit, dem vierzehnten Dalai Lama führten, der in der gleichen Woche den Friedensnobelpreis erhielt. Man hält ihn für die Inkarnation oder Manifestation des göttlichen Mitgefühls und für einen *bodhisvatta* – eine Seele, die in einem früheren Leben Erleuchtung erlangte und sich freiwillig wieder inkarnierte, um anderen zu helfen. Aktiver Dienst an anderen ist das Kernstück der Bodhisvatta-Lehre. Diese Gespräche bestärkten meine Gedanken dahingehend, daß Leiderfahrungen und Mitgefühl untrennbar mit aktiver Beteiligung verbunden sind.

Ich fragte ihn, ob es ausreiche, einfach mitfühlend zu sein, oder ob wir auch aus Mitgefühl handeln müßten? Er erwiderte, es reiche nicht, mitfühlend zu sein, man müsse handeln. Wenn in der Welt etwas verändert werden müsse, wenn Mängel durch Mitgefühl behoben werden müßten und einem wirklich daran liege, etwas für andere zu tun – dann reiche es nicht, einfach nur mitfühlend zu sein. Das bringe nicht viel. Man müsse sich aus Mitgefühl heraus engagieren und aktiv beteiligen.

Im weiteren Gespräch erwähnte Daniel Brown die Ergebnisse einer sozialpsychologischen Untersuchung über altruistisches Verhalten, derzufolge sich Menschen in Situationen, in denen sie anderen helfen könnten, nur selten einmischen und sie einfach ignorieren; jene, die etwas täten, handelten eher aus Entrüstung als aus Liebe. Er wies darauf hin, daß Überlebende von Kindesmißbrauch, die eine Heilung von ihrem Trauma erfahren, mit Entrüstung reagierten und sich dann engagierten.

Entrüstung und Mitgefühl können Hand in Hand gehen. Gesellschaftlich engagierte Menschen seien oft empört über Verletzungen des Anstandes oder von Prinzipien und hätten Mitgefühl mit den Opfern. Ihr Stil ähnelt zwar nicht dem des Dalai Lama, aber wenn sie durch ihre Liebe zum Prinzip oder zu den Menschen, den Tieren oder der Natur motiviert sind, herrscht hier eine grundsätzliche Ähnlichkeit vor. Das Gegenteil von Mitgefühl ist Gleichgültigkeit.

Der Wunsch, das Leid anderer zu lindern, ist gemeinsames Kennzeichen der Mitglieder der Albert Schweitzerschen Gemeinschaft. Viele Berufe entstanden aus dem Wunsch, das Leid anderer zu lindern. Das beschränkt sich nicht auf die ärztlichen oder anderen Helferberufe. Man muß normalerweise auch nicht seinen Beruf wechseln – obwohl das vorkommen kann. Wenn man sich einmal dazu entschlossen hat, anderen zu helfen, indem man Leid verhindert oder lindert, bieten sich überall Möglichkeiten dazu. Viele Berufe ziehen Menschen an, die anderen helfen wollen, oft, weil sie Leid in der eigenen Familie erlebt haben und entschlossen sind, etwas zu tun.

Der Rentner, der zum freiwilligen Helfer wird, findet vielleicht erst an dieser Stelle seinen eigentlichen Beruf. Ein freiwilliger Helfer hat vielleicht auch eine bezahlte Arbeit oder verfolgt eine Karriere, weiß aber, daß er wahre Seelenbefriedigung nur in der Freiwilligenarbeit findet. Ein Manager, der sich in der Gemeinschaft engagiert, kann dafür sorgen, daß auch die Angestellten dafür Zeit haben. Arbeit, die die Seele befriedigt, hat etwas mit Respekt zu tun, mit Zuneigung zu den Mitarbeitern, mit dem Gefühl, daß man sich selbst und seine Talente gut einsetzt und etwas Gutes an Ort und Stelle tut.

Anderen zu helfen macht glücklich. Das ist eines der Geheimnisse des Lebens.

Die Saat der Erfahrung

Nachdem Demeter und Persephone wieder vereint waren, fragte Demeter: »Hast du in der Unterwelt etwas gegessen?« Falls Persephone nichts zu sich genommen hätte, würde alles so sein wie vorher – als sei nichts geschehen. Sie würde so sein wie zuvor, eine Jungfrau, Tochter ihrer Mutter, und sie konnte ihre Tage wieder damit zubringen, Blumen zu pflücken. Aber Persephone hatte in der Unterwelt Granatapfelsamen gegessen, was bedeutete, daß sie ab und zu in die Unterwelt zurückkehren mußte.

Metaphorisch bedeutet das Essen von Saatkörnern, daß Persephone die Erfahrung »eingenommen« oder integriert hatte, daß sie sich nun zwischen der Ober- und der Unterwelt hin- und herbewegen konnte – nicht mehr als Opfer, sondern als Führerin anderer. Die Integration von Leid ist ein bewußter Akt. Es bedeutet, das Geschehene zu empfinden, statt emotional benommen zu sein und zu versuchen, es zu vergessen. Das ist ein erster Schritt – nicht mehr Opfer anderer oder der Umstände zu sein. Eine Entführung in die Unterwelt kann als ein Anfang betrachtet werden, als Same einer Erfahrung, die sich zu Mitgefühl für andere auswächst und zu dem Wunsch, ihnen zu dienen.

Jemand, der gesund wird oder dessen Krankheitserscheinungen zurückgehen, ist in der Unterwelt gewesen und hat es geschafft, von dort zurückzukehren. Ob diese Unterwelt eine körperliche und seelische Verletzung war, wie Vergewaltigung oder Inzest, eine Sucht wie die nach Alkohol oder eine lebensbedrohliche Krankheit wie Krebs oder Aids – dieser Mensch hat ein bestimmtes Leid kennengelernt. Ob er nun gesund ist oder die Krankheit nur zurückgeht – wenn man dem inneren Wunsch, anderen zu helfen, folgt, lindert man Leid und wandelt Schmerzen in mitfühlende Handlungen und Dienst am anderen Menschen um. Dann war das Leiden nicht »umsonst«, es hilft einem vielmehr, den Weg zurück zu einer Arbeit und zu Beziehungen zu finden, die die Seele einbinden.

Anderen zu helfen ist auch eine Möglichkeit, einen spirituellen Weg zu verfolgen, und ist Teil des Programms der Anonymen Alkoholiker und anderer Heilgruppen nach dem gleichen Inspirationsmodell. Ein Alkoholiker wird zum »Paten« für andere. Ein Psychiatriepatient wird zum sensiblen Therapeuten. Ein Krebsüberlebender erzählt seine Geschichte und wird zum Rollenvorbild für die Hoffnung anderer. Ein Maler, Schriftsteller oder Dichter verwandelt die Unterweltserfahrung in ein kreatives Werk. Dies ist der Weg des verletzten Heilers, des verwundeten Malers oder Lehrers: die Umwandlung des persönlichen Leidens in Hilfe, Lehre oder Kreativität.

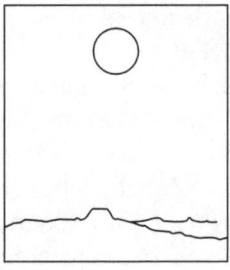

13.

Überlegungen

»Was wohl als nächstes passieren wird«, sagte ich immer wieder zu mir, als in meinem Leben für längere Zeit nichts mehr vorhersehbar war, als alles, was schiefgehen konnte, schiefging und ich immer wieder vor Überraschungen stand. Das war auf einer Reise nach Griechenland und zu mehreren griechischen Inseln. Es begann damit, daß das Boot zu klein für unsere Gruppe war und demzufolge auch die Unterkunft nicht ausreichte. Das Barometer tanzte auf und ab von den häufigen Wetterumschwüngen. Zweimal mußten wir tatsächlich den nächsten Hafen anlaufen und Schutz vor einem Sturm suchen. Und jedesmal hörte ich mich den Satz sagen: »Ich frage mich, was als nächstes passiert.« Es war eine Reise, die mit einem genauen Plan begonnen hatte, was wir tun und wo wir jeden Tag sein wollten, doch der mußte wegen »unkontrollierbarer Umstände« bald aufgegeben werden. Bei jedem unerwarteten Ereignis, von denen einige phantastisch waren und andere furchtbar, sagte ich: »Ich frage mich, was als nächstes passieren wird.« Tagelang war dieser Trip für alle ein »Höllenurlaub«, doch dann gab es einen Wendepunkt. Einige Mitglieder der Gruppe, die sehr unzufrieden waren, reisten ab, und kurz darauf erfolgte ein größerer Wetterumschwung. Die Ägäis war plötzlich glatt und wunderbar blau, und wir konnten wie Delphine im Wasser toben. Als ich mich nun im Schein der keineswegs selbstverständlich hervorgekommenen Sonne aalte, hörte ich mich wieder sagen: »Ich frage mich, was als nächstes passiert.« Auf Santorini erlebten wir einen wunderbaren Sonnenuntergang, einen ausgesucht schönen Moment, in dem ich sagte: »Das Leben könnte kaum schöner sein als jetzt.« Am nächsten Tag erlebten wir beinahe eine Katstrophe, und ich reagierte wieder mit meinem »Ich frage mich, was als nächstes passiert.«

Die gesamte Reise dauerte knapp drei Wochen, in denen ich lernte, mich zu fragen: »Was wohl als nächstes passiert?« Diese Haltung übertrug ich anschließend auf mein Leben. Ich gehe nicht mehr davon aus, alles unter Kontrolle zu haben oder daß Menschen oder Ereignisse meinen Erwartungen entsprechen. Statt dessen erwarte ich, daß das Leben noch unberechenbarer ist als das Wetter. Wenn man darüber nachdenkt und an sein Leben zurückdenkt – hätte man wirklich voraussehen können, was bisher alles geschehen ist? Gab es nicht ständig größere Überraschungen?

Die Vorhersage darüber, ob eine Naturkatastrophe geschehen und wie schwer sie ausfallen wird, gehört in den Bereich der Spekulation, aber auch, inwieweit wir für Krankheiten anfällig sind, die uns umbringen können. Ich lebe in einem Gebiet, in dem Erdbeben und Feuer dramatische Risiken darstellen; Dürrezeiten hingegen sind ein geringeres Problem. In anderen Teilen der Welt stehen die Menschen unter dem Risiko anderer Naturkatastrophen: Tornados, Hurrikans, Vulkanausbrüche, Dürrezeiten und Überflutungen. Gleich wo wir leben, an welchem Ort oder in welchem Körper – wir sind für bestimmte Naturkatastrophen oder bestimmte lebensbedrohlichen Krankheiten anfällig. Es gibt Gebiete, in denen das Risiko dafür größer ist, und genauso Individuen, für die größere Gefahren bestehen.

Auch wenn Sie momentan von einer lebensgefährlichen Krankheit bedroht sind, meine ich, daß die Haltung »Ich frage mich, was als nächstes passiert« realistisch ist, egal, was für eine Krankheit Sie haben und was man Ihnen mitgeteilt hat. Eine Prognose ist nicht mehr als eine bestimmte Erwartung, wie ein Urlaubsplan, der niemals alles berücksichtigen kann. Eine Prognose ist wie die Wettervorhersage, die sich technisch fortschrittlichster Instrumente und Daten bedient. Der Arzt sagt wie der Meteorologe etwas voraus und zieht manchmal Statistiken heran: Demnach besteht eine neunzigprozentige Chance zu überleben, eine fünfzigprozentige – oder nur eine zehnprozentige, und das ist meiner Meinung nach ebenso genau oder ungenau wie die Vorhersage von Regen oder des Zeitpunkts, an dem sich eine Naturkatastrophe ereignen wird, aber mit einem großen Unterschied: Vielleicht kann man den Ausgang des Ganzen beeinflussen.

Wenn Sie glauben, daß Sie zu dem Prozentanteil gehören, der überleben kann und will, und Sie alles dazu beitragen, kann dies tatsächlich ihr Leben verlängern. Solange Sie noch hier sind, kann es einen Durchbruch mit neuen Ergebnissen in der Medizin geben, der womöglich genau richtig für Sie ist. Vielleicht können Sie auch zwischen der Krankheit, die Sie umbringen kann, und Ihrer Fähigkeit, ihr zu widerstehen, ein Gleichgewicht herstellen, das den Krankheitsverlauf aufhält. Vielleicht entdecken Sie auch einen guten Grund weiterzuleben, den Sie vorher nicht kannten, und das bewirkt den Unterschied.

Warum gerade ich?

»Warum gerade ich?« Diese Frage taucht oft auf, wenn einen eine persönliche Katastrophe trifft. Auch eine lebensbedrohliche Krankheit löst diese Frage aus. Manchmal ist die Antwort, die dem Patienten die Verantwortung für die Krankheit auferlegt, die richtige für diesen Menschen, aber auch nur, wenn der Patient selbst zu diesem Schluß gelangt und dadurch ermächtigt wird, wie in dem Satz: *Das habe ich mir selbst zu verdanken, daher kann ich auch etwas dagegen tun.* Aber meistens ist diese Antwort nicht zufriedenstellend – sie ist simplistisch, voller

Vorwürfe und macht die Person zum doppelten Opfer: Sie muß die Krankheit erleiden und bekommt außerdem dafür noch die Schuld zugeschoben.

Auch wenn man genau weiß, daß man zu seinem Zustand beigetragen hat und sich selbst Vorwürfe macht, kann das nicht alles sein – egal was es ist –, weil andere, die sich ebenso verhielten, nicht krank wurden. Aids, Krebs, traumatische Körperverletzungen, Herzkrankheiten – alle lebensbedrohlichen und lebensverändernden Krankheiten, für die Menschen empfänglich sind, befallen nur einige und verschonen andere. Es gibt Zeiten, in denen die Schwelle für einen sehr hoch ist. Zu anderen Zeiten bleibt einem nichts erspart, und es braucht nur eine kleine Infektion, eine verzögerte Reaktion oder einen Irrtum, und das Leben steht auf dem Spiel.

Auch Job, der gute, aufrechte Mann aus dem Alten Testament, der seine Gesundheit, seine Familie und Freunde, sein Geld und seinen Platz in der Gemeinschaft verlor, bekam von Gott keine befriedigende Antwort auf seine Frage: »Warum gerade ich?«

Die weisesten und ältesten Seelen sind jedoch jene, die nicht in solchen Begriffen denken und daher nie fragen: »Warum gerade ich?« Reynolds Price zum Beispiel schrieb: »Irgendein vitaler Impuls hielt mich jedoch davon ab, die wohl häufigste und nutzloseste Frage der Welt angesichts einer Katastrophe zu stellen: ›Warum? Warum gerade ich?‹ Ich habe sie nie gestellt, denn die Antwort darauf lautet natürlich: ›Warum nicht?‹ Und ein Leben mit dem wechselhaften Glück meiner großen Familie hatte mich gegen das Bedürfnis geimpft, einen verbreiteten Anspruch vorzubringen: daß mein Schicksal ungerecht oder unfair sei. Mir waren in Kindheit und Jugend so viele Probleme in meiner Verwandtschaft bewußt, daß ich fast nie Gerechtigkeit erwartete.«

Wenn Leid eine universelle Erfahrung ist und wir das wissen, können wir weder Reichtum noch Arbeit, Liebe oder Gesundheit als selbstverständlich erwarten, noch können wir gegen Unglück, Pech oder Krankheiten wüten, als stellten sie Verletzungen eines Abkommens dar, nach dem uns solche

Dinge niemals zustoßen dürften. Leid gehört in der einen oder anderen Form zur menschlichen Erfahrung. Es ist nicht vorhersehbar, welche Form es annehmen, wie intensiv und wie lange es dauern wird, und es ist niemals gleichmäßig verteilt.

Die unausgesprochene Erwartung, daß einem nie etwas Schlimmes zustoßen darf, führt zu Sätzen wie: »Warum gerade ich?« und »Dafür muß jemand geradestehen!« Wut und Entrüstung nehmen dann als Reaktion auf eine Krankheit oder Behinderung den Mittelpunkt ein – oder es folgt eine Depression, wenn diese Gefühle gegen das Selbst gerichtet werden.

Wenn man eine weite, kluge Perspektive auf die menschlichen Lebensumstände einnimmt, wie Reynolds Price, indem man die Vielzahl von Problemen anderer erkennt, kann Wut über etwas, das einem zugestoßen ist, ebenso unangemessen wirken wie Wut über das schlechte Wetter; eine bessere Reaktion darauf wäre, den Schaden wiedergutzumachen oder sich dagegen zu schützen. Price meint dazu: »Selbst heute noch ärgert es mich, wenn bestimmte Freunde oder Therapeuten eines der schlichteren Rezepte unserer Zeit wiederholen, ich solle meine Wut herauslassen und meinen Zorn in die Welt hinausbrüllen. Wut auf wen oder was nur? Ich weiß es nicht. Auf eine hirnlose Zelle, die sich aufgrund eines fehlgeleiteten Kommandos vermehrt? Auf das Schicksal und meinen ganzen Lebensplan, falls dahinter überhaupt ein Plan steckt?«

Wut künstlich herbeizuzaubern, weil ein anderer denkt, man solle wütend sein, oder sich in Selbstmitleid zu ergehen, beides bringt dem Patienten nichts. Vergleichen wir diese Verhaltensweisen mit authentischer Wut, die Tatkraft mobilisiert, die bestätigt, daß man selbst oder ein anderer wichtig ist, an dessen Stelle man Wut empfindet. Denken wir an die ermächtigende Wut, die Vitalität ausdrückt, und an die Erwartungshaltung nach der man etwas ändern kann, das geändert werden muß. Das ist die Wut, die Inanna-Frauen ausdrücken können, die Aspekte von Ereshkigal integrieren. Es ist eine Energie, die es möglich macht, zu einem außergewöhnlichen Patienten zu werden, einem Überlebenden, der wütend werden kann, wenn es nötig ist, wenn er Wut braucht, damit etwas wieder gut wird.

Die Schuldfrage

Wenn etwas Schlimmes geschieht, neigt der oder die Betroffene leicht dazu, die »Schuld« dafür in der eigenen Familie
oder Kultur zu suchen. Damit beginnt ein destruktives Spiel
wie »Blindekuh«: Jemand muß »es« sein, muß »schuld« sein
daran. Dem Patienten hallen grausame Worte aus der Kindheit
in den Ohren wie »Das hast du dir selbst zuzuschreiben« oder
»Das war doch abzusehen«, die sich sadistisch in seinen Gehirnzellen festgesetzt haben. Man kann Vorwürfe auch in
Worte kleiden wie: »Jeder schafft sich seine eigene Realität«
oder »Das ist ein schlechtes Karma aus einem vergangenen Leben« – Bemerkungen, die, oberflächlich begriffen und durch
die Linse des Vorwurfs betrachtet, nicht mehr als New-Age-
Versionen der alten Sätze sind: »Das hast du dir selbst zuzuschreiben« und »Das war doch abzusehen«.

Ein Patient wird dann von der gleichen Last niedergedrückt
wie ein Opfer von Vergewaltigung; er wird zum Ziel von Projektionen anderer, die ihm Gründe zuschreiben, warum er nun
diese bestimmte Krankheit bekommen hat.

Vorwürfe einem Patienten gegenüber sind immer strafend.
Sie unterscheiden sich stark von objektiven Ursache-Wirkung-
Gründen, die zu Lösungen, Heilungen und zur Vorbeugung
von medizinischen und sozialen Problemen führen können.

Wenn Menschen Angst haben, daß das, was anderen zugestoßen ist, auch mit ihnen geschehen kann, distanzieren sie
sich oft von den Opfern. Wenn sie dem Opfer die Schuld geben
können, fühlen sie sich sicher oder überlegen, und genau das
ist das unbewußte Motiv. Vorwürfe sind immer eine Methode,
die Schuld jemand anderem zuzuschieben.

Nicht nur die Patienten, sondern auch deren Familien (und
ihre Ärzte) können sich verantwortlich und von daher schuldig fühlen oder anderen Vorwürfe machen. Wenn die Dinge
nicht gut laufen, wenn sich Entscheidungen rückblickend als
falsch erweisen, entstehen Schuldzuweisungen und Vorwürfe
– zumindest aber Gefühle von Reue oder Verantwortlichkeit,
die stetiges Wenn und Aber erzeugen.

Ich denke da zum Beispiel an die Wenn und die Aber im Zusammenhang mit der Krebskrankheit meines Vaters, die mit weißen Flecken in seinem Mund begann. Meine Mutter sorgte sich, es könne sich um Leukoplakie handeln, einen Krebsvorläufer, daher machte sie einen Termin bei einem Mundspezialisten aus und begleitete meinen Vater dorthin. Der Spezialist untersuchte ihn und war absolut sicher, es sei keine Leukoplakie. Er meinte, es habe das klassische Aussehen eines anderen weißen, harmlosen und oft psychogenen Belags, und da mein Vater ja der Mann einer Ärztin sei, könne er ihm eine Biopsie ersparen.

Als sich der Krebs entwickelte, gab meine Mutter sich selbst die Schuld daran, nicht auf einer Biopsie bestanden zu haben. Mein Vater beschuldigte sich vermutlich selbst, weil er geraucht hatte – nicht viel und auch nie in Gegenwart von mir oder seinen Geschwistern, vermutlich weil Rauchen in seiner fundamentalchristlichen Familie als Sünde galt. Mein Beitrag dazu war der folgende: Als der Spezialist sagte, die Ursache der Krankheit könne psychosomatisch oder streßbezogen sein, war mir klar, daß ich selbst der Hauptstreßfaktor im Leben meines Vaters war. Mein Vater hatte mir ganz eindeutig erklärt, er sei dagegen, daß ich einen Arztkollegen heiratete. Ich fand das unsinnig und teilte ihm das auch mit: Ich würde meinen Mann mit oder ohne seine Einwilligung heiraten. Hätten meine Eltern die Diagnose, die Symptome beruhten auf Streß, so bereitwillig akzeptiert, wenn ich nicht eine so rebellische Tochter gewesen wäre?

Gefangen in einem Wenn-und-Aber-Netz kann man nichts von dem ändern, was geschieht; man kann nur die Erfahrung des Verlusts und der Trauer mit Vorwürfen vergiften. Vielleicht war die Situation gar nicht so, wie wir angenommen hatten, vielleicht hatte der Spezialist völlig recht gehabt: Als er meinen Vater untersuchte, hatte er vielleicht keinen Krebs.

In Opposition gehen

Eines der ersten Opfer von Aids war ein begabter jüdischer junger Dichter, dessen Sichtweite seines kurzen Lebens fast zwei Jahrzehnte später zum Trost für meine Freunde David und Michael wurde. Das war zu einer Zeit, als noch kaum ein Arzt wußte, was Aids überhaupt ist. Während seiner Krankheit war der junge Mann oft empört über die Schwierigkeiten und Hindernisse in der ärztlichen Versorgung, über Fehldiagnosen und Fehlbehandlungen. Doch als es an der Zeit für ihn war zu sterben, war er nicht mehr wütend. Er erzählte seinen Freunden eine alte jüdische Geschichte, die dies erklären half:

»Es gibt ein großes Buch«, sagte er, »in das unsere Namen geschrieben werden, noch ehe wir geboren werden. Hinter jedem Namen stehen nur zwei Daten – der Tag der Geburt und der Tag, an dem wir sterben werden.«

David fand in dieser Geschichte ebenfalls Trost, als er als HIV-positiv diagnostiziert wurde und schließlich an Aids starb, wie auch Michael nach Davids Tod. David hat zweifelsohne sein Leben verlängert, indem er alles tat, um gegen die Krankheit und die Infektionen anzukämpfen, die er sich zuzog. Er nutzte seine ärztliche Ausbildung, um sich alle Informationen über neue Behandlungen zugänglich zu machen und sie einschätzen zu können, und probierte alles aus, was ihm Hilfe versprach.

Der Jungschen Psychologie zufolge ging David in Opposition. Seine Reaktion auf Aids war keine Entweder-Oder-Haltung, keine Entscheidung zwischen Aktivität oder Fatalität. Er faßte Beschlüsse, als läge es an ihm, wie lange er noch lebte und wie gut es ihm ging; er glaubte aber gleichzeitig, daß sein Tod nicht in seiner Macht lag. Als er feststellte, daß er HIV-infiziert war, wußte er, daß er vermutlich Aids bekommen würde, und wenn er die Krankheit bekam, würde er vermutlich daran sterben, aber das hielt ihn nicht davon ab, durch sein Verhalten beides länger abzuwehren als üblich.

Erdbeben – reale und metaphorische

»Der Boden gibt unter den Füßen nach«, dies ist ein Bild, mit dem ich die emotionale Wirkung einer unerwarteten lebensbedrohlichen Krankheit beschrieben habe. Bei einem Erdbeben bewegen sich die Schockwellen von einem Epizentrum aus, und wenn ein starkes Beben in einem dichtbevölkerten Gebiet passiert, sterben einige Menschen, aber andere überleben. Bei einem echten Erdbeben werden immer einige verschont und andere sterben, genau wie in der Metapher für eine bestimmte Krankheit von epidemischen Ausmaßen. Warum nur einige und nicht andere? Das ist keine Anklage, sondern eine Frage, die niemals ausreichend beantwortet werden kann.

Vor einigen Jahren gab es in der Bucht von San Francisco ein Erdbeben. Ein Teil einer Stadtautobahn-Überführung brach ein; mehrere Menschen kamen ums Leben, viele wurden verletzt: Einer meiner Patienten und seine Frau waren unterwegs vom Oakland-Flughafen und passierten die Stelle zehn Minuten vor dem Unglück. Sie hatten sich gefreut, als ihr Gepäck als erstes auf dem Rollband erschienen war. Später wurde ihnen klar, daß dieser Glücksfall mit dem Gepäck vermutlich den zehnminütigen Unterschied ausgemacht hatte.

Die Menschen in dem Bus der medizinischen Hochschule waren weniger glücklich. Sie fuhren genau zu dem Zeitpunkt über die Autobahn, als sie zusammenbrach, und unter den Passagieren gab es Tote und Verletzte. Es war einer von zwei Kleinbussen, die regelmäßig und zur gleichen Zeit vom Universitätscampus zur East Bay unterwegs waren. Vor dieser Fahrt sah einer der Ärzte zufällig einen Kollegen, mit dem er sprechen wollte, in den zweiten Bus steigen. Er verließ also den ersten Wagen, in dem er bereits gesessen hatte, und stieg zu seinem Kollegen in den anderen.

Nach der Überquerung der Brücke hielten die Busse gewöhnlich in Berkeley und fuhren anschließend nach Oakland. Sie wären auf direktem Weg nach Oakland gefahren, wenn niemand in dem Bus nach Berkeley gewollt hätte. Bei dieser schicksalsträchtigen Fahrt fuhr der Bus, den der Arzt verlassen hatte, direkt nach Oakland und war bereits dort angekommen, als das Erdbeben begann und die Autobahn zusammenbrach. Der Arzt wohnte in Berkeley. Wenn er den Bus nicht verlassen hätte, um bei seinem Kollegen zu sitzen, wäre dieser zuerst nach Berkeley gefahren und niemand wäre umgekommen.

Ich hörte diese Geschichte, weil er sie anderen erzählte und sie sich daraufhin verbreitete. Seine Rolle darin machte ihm verständlicherweise große Sorgen. Aber was sollte man daraus folgern? Manche Menschen werden in Naturkatastrophen und Kriegen vollständig von Leid verschont und bleiben unbetroffen, andere entrinnen nur knapp dem Tod und wissen das, andere haben keine Ahnung, wie nahe sie vor einer Katastrophe gestanden haben, andere werden verletzt, behindert oder sterben – genau wie bei lebensbedrohlichen Krankheiten im ganz normalen Leben.

Als ich am Steuer meines Autos einschlief, unterwegs zu meiner eigenen Geburtstagsfeier, und bei fünfzig oder sechzig Meilen pro Stunde einen Telefonmast um einen halben Meter verfehlte, fühlte ich mich nachher, als habe mein Schutzengel auf mich aufgepaßt. Es war eine Metapher und eine Synchronizität: Ich hatte an meinem Geburtstag noch einmal das Geschenk des Lebens erhalten.

Ein Jahr später starb Barbara St. Andrews, eine Episkopal-Priesterin, die gerade ein Manuskript zu einem Buch abgeliefert hatte, zu dem ich sie gedrängt und das ich angeregt hatte. Es war vermutlich auch nur eine Sache von einem knappen halben Meter: Sie war unterwegs zu einem Mittagessen mit Freunden, als ihr Auto von der Straße abkam und durch einen Drahtzaun brach. Der Zaun hatte Metallstützen, und eine von ihnen drang genau so in das Auto ein, daß sie Barbara tödlich traf.

Diesmal blieb mir die nicht zu beantwortende Frage »Warum gerade ich?« erspart. Warum ich und nicht Barbara?

Als junges Mädchen hatten mich zwei Geschichten sehr stark beeindruckt. Ich habe sie seitdem nicht wieder gelesen, nicht einmal jetzt, als ich mich an sie erinnerte – weil die Story, die Botschaft bei mir haften geblieben war, nicht unbedingt das, was dort stand. Die eine ist »Die Brücke von San Luis Rey« von Thornton Wilder. Es geht dort um eine Hängebrücke, die zusammenbricht und eine Handvoll Menschen mit in den Tod reißt. Bei der Rückverfolgung der Ereignisse, die einen jeden von ihnen zu diesem Schicksal führten, wird deutlich, daß dies keineswegs zufällig und sinnlos für sie war. Damals kannte ich den Begiff Synchronizität noch nicht, spürte aber instinktiv die Macht und das Geheimnis eines solchen Vorfalls, so fiktiv er auch war.

Die andere Geschichte stammte von John O'Hara. Darin geht es um einen Mann, dem gesagt wird, daß der Tod unterwegs zu ihm sei, und um diesem Schicksal zu entgehen, macht er sich in aller Eile auf den Weg nach Samarra – ein exotischer Name, der sich fest in meinem Gehirn verankert hat. Unterwegs sieht ihn der Tod und meint verwirrt zu sich selbst, wie komisch, diesen Mann hier zu sehen, wo ich doch später in Samarra eine Verabredung mit ihm habe.

Diese Geschichten sind nur Variationen des Themas, daß jeder von uns seine Zeit, vielleicht sogar seinen Ort hat, an dem er stirbt. Vielleicht haben wir alle eine vorbestimmte Lebensspanne, einen festen Zeitpunkt, zu dem wir auf die Welt kommen, und einen, an dem wir sterben; vielleicht haben wir aber auch innerhalb bestimmter Grenzen einen gewissen Spielraum. Ich meine, daß das, was wir wissen, glauben und tun, unsere Gesundheit beeinflußt und vielleicht sogar vorherbestimmt, ob wir uns von einer Krankheit wieder erholen, die uns umbringen könnte. Gleichzeitig klingen diese Geschichten aber auch wahr.

Ich bin für mich persönlich zu dem Schluß gelangt, daß der Zeitpunkt nicht wichtig ist. Wichtig ist, was wir zwischen unserer Geburt und dem Tod anfangen. Hauptsache ist für mich, ein sinnvolles Leben zu führen, egal wie lang oder kurz es ist. Wenn der Seele eine lebensbedrohliche oder eine chronische, behindernde Krankheit begegnet, dann gehört das eben zum Verlauf der Seelenreise.

Wenn meine Zeit kommt,
möchte ich bei Bewußtsein sein

Es gibt Übergänge in der Lebensmitte und im Alter. Der letzte Übergang bringt uns durch den Schleier, durch die Nebel oder über den Fluß auf die andere Seite – oder durch den Tunnel zum Licht hin. Ich hoffe, daß ich gut sterben kann, wenn meine Zeit kommt – was immer das bedeutet. Sterben werden wir alle eines Tages. Die zweite Lebenshälfte führt uns auf dieses Ende hin, und ob wir dies verleugnen oder uns damit beschäftigen, ob wir bereit sind oder nicht – der Zeitpunkt kommt.

Als ich schwanger war und wußte, daß ich irgendwann zum ersten Mal Wehen und eine Geburt erleben würde, hoffte ich ebenfalls, es gut zu schaffen. Ich hatte keine Ahnung, wie es sein würde, obwohl ich über hundert Babys mit auf die Welt gebracht hatte und wußte, mit was ich zu rechnen hatte. Ich mußte feststellen, daß es ein Riesenunterschied ist, ob man als Ärztin an einer Geburt teilnimmt oder als schwangere Frau in den Wehen. Die Frau zu sein, durch die das Kind in die Welt tritt, ist etwas ganz anderes, als dort zu stehen und dem Baby hinauszuhelfen – ein ebenso großer Unterschied, wie zwischen dem Lesen über einen Orgasmus und dem tatsächlichen Erleben. Vermutlich wird es, wenn ich mit dem Sterben schließlich an die Reihe komme, auch völlig anders sein, als anderen beim Sterben zuzusehen oder darüber zu hören.

Genau wie ich mir eine natürliche Geburt wünschte, weil ich alles bewußt erleben wollte, möchte ich im Augenblick meines Todes auch bei Bewußtsein sein. Manche Menschen wollen im Schlaf sterben, genau wie viele Frauen eine Narkose verlangen, wenn ihr Baby auf die Welt kommt. Und ebenso, wie ich wollte, daß meine Kinder auf die Welt kamen, wenn sie bereit dazu waren, hoffe ich auch zu sterben, wenn ich bereit zum Gehen bin.

Ich war beim Tod meines Vaters zugegen und sah, wie sein Gesicht für den Bruchteil einer Sekunde, ehe er seinen Körper verließ, von ungeheurer Freude überflutet wurde, und dieser Moment war ein Geschenk für mich. Seither habe ich viele ähnliche Geschichten darüber gehört, welch tiefen Frieden und welche Gelassenheit Menschen im Moment des Todes erlebten und bezeugten, als sie bereit zum Sterben waren, selbst wenn in ihrer letzten Lebensphase Schmerzen und Probleme vorherrschend gewesen waren.

Immer wieder höre ich Geschichten davon, wie sich ein Zimmer oder Haus mit unsichtbaren, aber spürbaren Präsenzen gefüllt hat, als seien andere da, die die Seele begrüßten und von einer Reise heimgeleiteten.

Lebensbedrohliche Krankheiten jeder Art stellen in jedem Alter psychologische und spirituelle Krisen dar. Wenn wir Glück haben, auf die Seelenbotschaften lauschen und anschließend wieder gesund werden, kann sich dies als eine körperliche Initiation zu einem Übergang der Lebensmitte herausstellen. Die Seelensuche in der Lebensmitte entsteht, wenn wir lange genug gelebt haben, um zu erkennen, wie rasch alles vorbeigeht, und uns eine innere Stimme sagt, daß es wichtig ist, was wir damit anfangen: Das ist es. Das ist mein Leben – kein Vorspiel oder eine Generalprobe für etwas anderes. Das Hier und Jetzt ist mit Sicherheit alles, was wir jemals haben werden.

Eine lebensbedrohliche Krankheit als Prüfung

Louise Hay, deren Bücher über Affirmationen ich bereits erwähnt habe, ist ein Beispiel für einen Menschen, der sich bereits auf dem Weg zur Genesung befand und sein Leben geändert hatte – als sie Krebs bekam. Sie hatte zwar die Schule abgebrochen, entdeckte aber später ihren Intellekt und ihre Liebe zum Lernen. Sie hatte begonnen, das zu lehren, was sie gelernt hatte, und stellte fest, daß sie zu dieser Arbeit Begabung hatte und sie liebte. Dann bekam sie Krebs. Sie hatte eine Kehrtwendung zum Besseren gemacht, doch dann wurde alles auf die Probe gestellt. Der Krebs forderte sie heraus, sich noch tiefer zu verpflichten, zu bestätigen und anzuwenden, was das Leben sie gelehrt hatte, und das tat sie auch.

Ich habe dies bei mir selbst und bei anderen erlebt, die sich bereits auf einem Seelenweg befanden und eine Arbeit ausübten, die auf ihren Überzeugungen beruhte. Ich selbst mußte beispielsweise nach meinem Buch »Göttinnen in jeder Frau« die schwere Entscheidung treffen, ob ich meinen eigenen Worten folgen sollte und konnte oder nicht.

Das Leben scheint unsere Prinzipien dahingehend, für was wir einstehen und was wir lehren, immer wieder auf die Probe zu stellen. Es ist so, als würde das Leben sagen: »Schauen wir mal, ob du wirklich meinst, was du da sagst.« Darauf erfolgt eine Prüfung unseres Glaubens, unserer Überzeugungen und Beziehungen.

Das Leben ist sehr schwer für Patienten mit einer Krankheit, die sich ständig verschlechtert, bei der auf eine langsame Erholung eine akute Phase folgt, wenn man Schübe und dann wieder ein Zurückgehen der Krankheit erlebt. Wenn der Abstieg in die Unterwelt einen Verlust nach dem anderen bedeutet und die Liste der Tätigkeiten immer länger wird, die man nicht mehr verrichten kann, wenn nicht mehr klar ist, ob man je wieder gesund wird, ist es schwer, weiterzumachen. Angesichts der Größe dieses Verlusts oder der Trauer um die vergangene Gesundheit, die wir einst selbstverständlich hinnahmen, ist das nur natürlich und angemessen. Dennoch reagieren Ärzte auf die Tränen der Patienten häufig mit der Verschreibung von Antidepressiva – oder einfach nur mit Gereiztheit und Vorurteilen.

Schluchzen ist ein Teil des Trauerprozesses. Trauer gehört zur Heilung und ist die Reaktion der Seele auf einen Verlust, eine archetypische Erfahrung, durch die im Herzen des Trauernden Verständnis reift und es sich dem Leiden anderer weiter öffnet. Ob man seine eigene verlorene Gesundheit betrauert oder die eines geliebten Menschen, man trauert um etwas Verlorenes und weiß viel besser als vorher, wie kostbar das Leben und die Gesundheit sind.

Die Rückkehr von Persephone in Begleitung Hekates

Persephone kommt am Ende der Geschichte aus der Unterwelt zurück – in Begleitung Hekates, der Göttin der Wegkreuzungen und des Zwielichts. Hekate war die weise Frau, die Alte, die Demeter tröstete, als diese von ihrer erfolglosen Suche nach ihrer Tochter zurückkehrte, und die ihr riet, herauszufinden, was wirklich geschehen war. Hekate begleitete auch Demeter zum Gott der Sonne, der alles mitangesehen hatte.

Wir erfahren aus der homerischen Hymne an Demeter, daß Hekate von dem Zeitpunkt an, als Persephone aus der Unterwelt zurückkehrt, dieser ständig vorausgeht und folgt, wo immer Persephone auch hingeht. Das ist eine kryptische Beschreibung und in körperlicher Form auch für Hekate unmöglich – aber möglich für eine unsichtbare Präsenz, ein Symbol für die Transformation, die die Rückkehr aus der Unterwelt begleiten kann.

Als Göttin der Wegkreuzungen konnte Hekate in drei Richtungen gleichzeitig blicken. Sie konnte sehen, woher wir unterwegs zu der Wegkreuzung kamen und wohin die beiden anderen Wege uns führen würden.

Ich stelle sie mir als alte Frau vor, die alle Wege und Pfade gut kennt, über die wir im Leben, im Tod und zwischen beiden gehen. Sie weiß über Vergangenheit und Zukunft Bescheid und erkennt, daß dies sie zur Personifizierung der gefürchteten und verfolgten Hexe macht, deren Vorgängerinnen die Schicksalsgöttinnen waren.

Bei jedem Abstieg und bei jeder Rückkehr aus der Unterwelt erkennen wir mehr von Hekates Weisheit, wenn wir die Erfahrung integrieren, unsere eigenen Tiefen erkennen und sehen, wie uns das Leiden in die Unterwelt der gemeinsamen menschlichen Erfahrung bringt. Es ist ein Körper- und ein Seelenwissen über diesen Zyklus aus Leben, Tod und Leben. Hekate ist der Archetyp der Hebamme, die Alte, die Babys oder neues Leben auf die Welt bringen hilft, die als Hebamme beim Sterben auch der Seele beim Übergang hilft. Ihr Akzeptieren von Geburt, Tod und Leid als integrale Bestandteile der menschlichen Erfahrung geben uns eine Perspektive.

Bei jedem Kreislauf aus Abstieg und Rückkehr erlangen wir ein Stück Hekate-Weisheit, das wir uns zunutze machen können, wenn uns ein weiterer Kreislauf hinabzieht oder wenn wir andere bei deren Abstieg begleiten. Kein Wunder, daß Hekate Persephone von dem Augenblick an begleitet, als diese aus der Unterwelt zurückkommt und ihr von da an vorausgeht und ihr folgt. Persephone kann zur Königin der Unterwelt und Führerin anderer werden, weil Hekates Weisheit sie begleitet.

In den dämmerigen Winkeln der kollektiven Erinnerung und Mythologie residieren Hekate und ihre Schwesterngestalten als Schicksalsgöttinnen, Nornen oder Wyrdschwestern. Gestalten alter Frauen werden oft mit dem Schicksal verbunden, denn sie verweben Fäden miteinander und schneiden sie ab. Wenn wir Hekate als innere Gestalt erkennen, akzeptieren wir unser Schicksal. Worte, die diese Weisheit wiedergeben, sind oft die einzigen, die Trauernde trösten – besonders, wenn ein Faden kurz abgeschnitten wurde und ein Tod zu früh erfolgte.

Die Eleusinischen Mysterien

Als Persephone zu Demeter zurückgekehrt war, schenkte die Göttin der Menschheit die »wunderbaren Mysterien, die man unmöglich übergehen, die man weder verstehen noch weitererzählen konnte«. Es handelte sich um die Eleusinischen Mysterien, die seit mehr als zweitausend Jahren vor Christi Geburt eine mystische Religion darstellten, deren Initianden den Tod nicht fürchteten.

Demeter wußte, was Leiden war, erlebte einen Verlust, tobte, hielt sich abseits, wurde depressiv, fühlte sich machtlos und verraten und trauerte. Wie die Angehörigen von Albert Schweitzers Gemeinschaft nahm sie aber, nachdem Schmerz und Verzweiflung gewichen waren, das frühere Leben nicht wieder auf, sondern half statt dessen denen, die immer noch den Tod fürchteten und litten.

Die Eleusinischen Mysterien wurden bis ins vierte Jahrhundert n.Chr. weitergetragen. Obwohl Tausende von Menschen initiiert wurden, gab keiner das Geheimnis preis, um was es sich bei den Mysterien handelte. Angesichts der menschlichen Natur wäre es wohl herausgekommen, wenn es sich um ein Geheimnis gehandelt hätte, das man weitererzählen *konnte.* Aber es war eine mystische Erfahrung – eine innere *gnosis* –, und es gab nichts zu erzählen.

In den vergangenen vier- bis fünftausend Jahren ist sowohl in den Eleusinischen Mysterien als auch anschließend im Christentum die Botschaft gleichgeblieben, daß der Tod nicht das Ende darstellt. Nur das Geschlecht der Gottheit änderte sich. Die dreifache Gottheit als Jungfrau, Mutter und Alte war in den Eleusinischen Mysterien als Persephone, Demeter und Hekate personifiziert. Im Christentum haben wir statt dessen die Dreieinigkeit von Vater, Sohn und Heiligem Geist.

Hier war es die göttliche Tochter, dort der göttliche Sohn, der aus dem Reich des Todes zurückkehrte. Die eine wurde von Hades entführt, der andere gekreuzigt und ins Grab gelegt. Beide stiegen in die Unterwelt und kehrten zurück. Sie überwanden den Tod und wurden dadurch transformiert. Die Jungfrau wurde zur Königin und Führerin durch die Unterwelt, der Sohn wurde zu Christus. Wiederkehr, Wiedergeburt oder Auferstehung wurden so für uns möglich, wenn wir auf mystische Weise die Erfahrung teilen können.

Im kollektiven Unbewußten der Menschheit – wie in diesen beiden mystischen Hauptreligionen – ist der Tod nicht das Ende. Das bewußte Ego kann zwar Angst vor dem bevorstehenden Tod haben, aber die träumende Psyche kennt diese Angst oft nicht. Träume handeln häufig von Reisen, vom Weitergehen, als gäbe es eine Rettung durch Kontinuität. Damals wie heute gab und gibt es Menschen, die wissen, daß man keine Angst vor dem Tod zu haben braucht, ob aufgrund einer todesnahen Erfahrung, ihres Glaubens oder einer inneren Weisheit – oder weil sie in einem heiligen Augenblick zugegen waren, in dem eine Seele die Welt verließ.

In der Krise liegen Chancen

Das sind nur Winke und Ahnungen,
Winke, denen Ahnungen folgen; alles weitere aber
ist Gebet, Ehrerbietung, Selbstzucht, Denken und Tun.

Einsichten aus Mythen, Träumen und Intuitionen, aus flüchtigen Blicken in die unsichtbare Realität und aus der fortdauernden menschlichen Weisheit bieten uns Hinweise auf den Sinn des Lebens und den Grund unseres Daseins. Gebet, Ehrerbietung, Selbstzucht, Denken und Handeln, dies sind die Mittel, durch die wir wachsen und einen Sinn finden.

Eine lebensbedrohliche Krankheit bringt Leid und Seelenerfahrung in unser Leben. Sie führt uns an unsere eigenen Grenzen, indem sie uns alle nebensächlichen und unbedeutenden Dinge raubt. Sie macht uns bewußt, wie kurz unser Leben ist und wie kostbar die guten Augenblicke sind; sie verbindet uns mit anderen und mit deren Leiden, die nur durch mitfühlende Taten erleichtert werden können. Wenn sie uns nicht umbringt, dann macht sie uns tatsächlich stärker.

Krisenzeiten beinhalten Chancen zu einem beschleunigten Lernen dessen, was es heißt, ein Mensch zu sein. In der Annahme, daß wir spirituelle Wesen auf einem menschlichen Weg sind, statt menschliche Wesen, die sich vielleicht auf einem spirituellen Weg befinden, können die schwierigsten Phasen unseres Lebens uns lehren und prüfen und uns oft auf einen Seelen- oder Herzensweg bringen – während wir schon dachten, wir hätten uns verirrt. Es sind Zeiten, in denen wir wieder einmal entdecken oder uns erinnern, daß dieser Menschenweg viel leichter wird, wenn wir einander lieben, die Göttlichkeit ineinander entdecken und wissen, daß wir nicht allein sind.

Danksagung

Das Erscheinungsdatum für die Originalausgabe dieses Buches war der 2. Oktober 1996. Für mich war dieser Tag etwas Besonderes, denn er sah und feierte ein neues Buch, das hinaus in die Welt ging und ein Eigenleben annahm. Ich denke an vergleichbare Feiern, bei denen im alten Griechenland die Geburt eines Kindes verkündet und gefeiert wurde. Dies fand auch erst nach der tatsächlichen Geburt statt. Man trug das Neugeborene an diesem Tag dreimal um Hestias heiliges Feuer. Als Göttin der Feuerstätte und des Tempels war ihre Essenz im Feuer der runden Herdstelle zu finden – ein Bild, das mir einfiel, als ich das Symbol meines Originalverlags, Scribner, auf der Innentitelseite erblickte: eine Flamme in einem Kreis.

Man hat mich mit großer Herzlichkeit in die Familie der Scribner-Autoren aufgenommen. Mein Dank gilt Leigh Haber, meinem Lektor, dessen Vorschläge sehr wertvoll und dessen Begeisterung ansteckend waren, seiner Assistentin Kristina Nwazota, John Fontana für die wunderschöne Umschlaggestaltung der Originalausgabe, Jennifer Dossin und Margery Cantor für die Innengestaltung; Susan Moldow, meiner Verlegerin, weil sie dieses Buch von Anfang an unterstützte und sich für das Gemälde von Georgia O'Keeffe auf dem Schutzumschlag einsetzte, sowie Pat Eisenmann, Roz Lippel und Sharon Dynak für ihre jeweiligen Beiträge.

Mein Dank geht auch an Jan Adrian, deren visionäre Arbeit die Konferenzen mit dem Titel »Heilungsreisen: Krebs als Wendepunkt« ins Leben rief und unterstützte, mit der Hilfe von Anna Kreck, Merrily Bronson und Mickey Angello. Ihre Einladungen, vor Hunderten von krebskranken Frauen über Krebs als Seelenerfahrung zu sprechen, brachte mich dazu, dieses Buch zu schreiben. Weitere Menschen trugen auf verschiedene Weise zu diesem Buch bei: Ich danke Patricia Ellerd Demetrios, Ann Chappell, Jan Lovett-Keen, Beth Milwid, Mollie Schardt, Michael Steele, Anthea Francine, meinem Vater Joseph Shinoda, meiner Mutter Megumi Y. Shigoda, meinem Sohn Andre Bolen, Dwight McKee, Betty Grayson, Betty Karr und vielen anderen ungenannten Menschen, die mir ihre Geschichten erzählten.

Wie habe ich mich gefreut, als ich erfuhr, daß der zweite Oktober im katholischen Kalender der Schutzengeltag ist. Ich hielt das für einen Segen, was Synchronizitäten ja immer sind, und nur jemand, dessen Geburtstag auf diesen Tag fällt, konnte mir das mitteilen. Da ich überzeugt davon bin, daß sich, wenn wir für jemand anderen beten, ein Engel auf dessen Schultern setzt, erscheint vielleicht auch für Sie mit diesem Buch ein Schutzengel. Denn es ist wie ein Gebet: Es will helfen und heilen, will, daß Sie sich nicht so sehr fürchten; es will Sie ermuntern, der Weisheit hier zu vertrauen. Es ist wie die Kommunikation von einer Seele zur anderen, und Schutzengel können sehr wohl auch solche Absichten begleiten.

Literatur

Bohm, David und John Welwood: »Issues in Physics, Psychology and Metaphysics: A Conversation«, in: *The Journal of Transpersonal Psychology*, Bd. 12, Nr. 1 (1980)

Bolen, Jean Shinoda: *Göttinnen in jeder Frau. Psychologie einer neuen Weiblichkeit*, München 1996

Bolen, Jean Shinoda: *Tao der Psychologie. Sinnvolle Zufälle*, Basel 1989

Bolen, Jean Shinoda: *Auf der Suche nach Avalon. Eine Frau entdeckt ihre Spiritualität*, München 1996

Byrd, Randolph C.: »Positive Therapeutic Effects of Intercessory Prayer in a Coronary Heart Unit Population«, in: *Southern Medical Journal* 81/7 (Juli 1998)

Carlson, Richard und Benjamin Shield: *Was ist heilen? Berühmte Heilerinnen und Heiler antworten*, München 1994

Cousins, Norman: *Albert Schweitzer's Mission*, New York 1985

Dalai Lama u.a.: *Words in Harmony. Dialogues in Compassionate Action*, Berkely 1992

Dossey, Larry: *Heilende Worte. Die Kraft der Gebete und die Macht der Medizin*, Südgellersen 1995

Duda, Deborah: *Für Dich da sein, wenn Du stirbst*, München 1997

Eliot, Thomas Stearns: »Little Gidding« und »The Dry Salvages« aus den »Four Quartets«, in: *Gesammelte Gedichte*, Frankfurt/Main 1988

Frankl, Viktor E.: *... trotzdem Ja zum Leben sagen. Ein Psychologe erlebt das Konzentrationslager*, München 1994

Gawain, Shakti: *Stell dir vor. Kreativ visualisieren*, Basel 1986

Grossarth-Maticek, Ronald und Helm Stierlin: *Krebsrisiken und Überlebenschancen. Wie Körper, Seele und soziale Umwelt zusammenwirken*, Heidelberg 1998

Hay, Louise L.: *Gesundheit für Körper und Seele*, München 1989

Head, Phil: »I Immediately Took Action«, in: Wholey, Dennis (Hrsg.): *When the Worst That Can Happen Already Has*, New York 1992

Hirshberg, Caryle und Marc Ian Barasch: *Gesund werden aus eigener Kraft. Spontanheilung bei Krebs*, München 1997

Kim, Tae Yun: *Die Kraft des stillen Meisters. Die Entdeckung des inneren Selbst*, München 1997

Klopfer, Bruno: »Psychological Variables in Human Cancers«, in: *Journal of Projective Techniques* 21 (1957)

Kushner, Tony: *Angels in America*, New York 1992/1993

Lapierre, Dominique: *Ihr seid die Hoffnung*, München 1991

Lerner, Michael: *Wege zur Heilung. Das Buch der Krebstherapien aus Schul- und Alternativmedizin,* München 1998

LeShan, Lawrence: *Diagnose Krebs. Wendepunkt und Neubeginn. Ein Handbuch für Menschen, die an Krebs leiden, für ihre Familien und für ihre Ärzte und Therapeuten,* Stuttgart 1993

Lindbergh, Anne Morrow: *Muscheln in meiner Hand,* München 1989

Lopez, Barry: *Krähe und Wiesel,* Buxtehude 1993

Nussbaum, Elaine: *Recovery: From Cancer to Health through Macrobiotics,* Tokio 1986

O'Regan, Brenden und Caryle Hirshberg: *Spontaneous Remission: An Annotated Bibliography,* Sausalito 1993

Oliver, Mary: »The Summer Day«, in: *House of Light,* Boston 1990

Ornish, Dean: *Die Ornish Herz-Diät,* Stuttgart 1993

Ornish, Dean: *Revolution in der Herztherapie,* Stuttgart 1993

Ornish, Dean: *Stress, Diet and your Heart,* New York 1982

Pert, Candace: »Neuropeptides, Aids and the Science of Mind-Body Healing«, Interview mit Bonnie Horrigan, in: *Alternative Therapies in Health and Medicine,* Bd. 1, No. 3 (Juli 1995)

Petit, Charles: »A Soldier in the War of Aids«, in: *San Francisco Chronicle,* 21. Januar 1996, Beilage S. I, 3

Piper, Watty: *A Little Engine That Could,* New York 1930

Price, Reynolds: *Ein zweites Leben. Die Überwindung der Krankheit,* Frankfurt 1995

Schweitzer, Albert: *Zwischen Wasser und Urwald,* München 1995

Siegel, Bernie S.: *Prognose Hoffnung. Liebe, Medizin und Wunder,* München 1998

Simonton, Carl O.; Simonton-Matthews, Stephanie; Creighton, James L.: *Wieder gesund werden. Eine Anleitung zur Aktivierung der Selbstheilungskräfte für Krebspatienten und ihre Angehörigen,* Reinbek 1992

Spiegel, David: »A Psychosocial Intervention and Survival Time of Patients with Metastatic Breast Cancer«, in: *Advances. The Journal of Mind-Body Health,* Bd. 7, Nr. 3 (Sommer 1991)

Starhawk: *Mit Hexenmacht die Welt verändern,* Freiburg 1991

Thompson, Keith: »Myths as Souls of the World«, Besprechung von *Inner Reaches of Outer Space* von Joseph Campbell, in: *Noetics Sciences Review* (Winter 1986)

Walker, Barbara G.: *Die geheimen Symbole der Frauen. Lexikon der weiblichen Spiritualität,* München 1997

Walker, Barbara G.: *Die spirituellen Rituale der Frauen. Zeremonien und Meditationen für eine neue Weiblichkeit,* München 1998

Wall, Kathleen, Ferguson, Gary: *Rituale für Lebenskrisen,* München 1996

Weil, Andrew: *Spontanheilung. Die Heilung kommt von innen,* München 1995

Weiner, Susan und Helene Smith: »A Tale of Two Sisters«, in: *Ways of the*

Healer, San Francisco Program of Medicine & Philosophy, California-Pacific Medical Center (1994/1995)

Wolkenstein, Diane und Samuel Noah Kramer: *Inanna: Queen of Heaven and Earth,* New York 1983

Woodman, Marion: *Leben aus der Kraft der Göttin. Eine psychologische Studie über die Neugeburt des Weiblichen,* Interlaken 1988

Jean Shinoda Bolen
Göttinnen in jeder Frau

Psychologie einer neuen Weiblichkeit
440 Seiten, Festeinband

In jeder Frau manifestieren sich im Laufe des Lebens ver-
schiedene mythologische Göttinnengestalten, die arche-
typische Verhaltens- und Rollenmuster verkörpern und die
Persönlichkeit der Frau bestimmen.
Hera, Aphrodite, Athene, Hestia, Demeter, Persephone und
Artemis sind die Archetypen einer neuen Psychologie der
Weiblichkeit, mit der Jean Shinoda Bolen eine Brücke schlägt
zwischen der feministischen Bewegung und der Lehre
C. G. Jungs und das Wesen der Frauen – auch für Männer –
verstehbarer macht.

Barbara G. Walker
Die geheimen Symbole der Frauen
Lexikon der weiblichen Spiritualität
728 Seiten mit zahlreichen s/w-Abbildungen, Festeinband

Viele der althergebrachten spirituellen Symbole und sakralen
Objekte wurzeln in frühen, weiblich zentrierten Kulturen,
wurden jedoch im Laufe der Geschichte vom Patriarchat
umgedeutet, so daß die meisten der ursprünglichen Inhalte
dabei in Vergessenheit gerieten; heute fordern die Frauen ihre
alten Symbole wieder für sich zurück.

Barbara G. Walker beleuchtet in über 700 Artikeln und zahlreichen Illustrationen Herkunft, Form und Inhalt dieser
Symbole und zeichnet ihre wechselvolle Deutungsgeschichte
bis zu ihren matriarchalen Ursprüngen nach. So wird dieses
Lexikon zu einem Nachschlagewerk der weiblichen Spiritualität und einem Schatz der geheimen Symbole der Frauen.

SPHINX

Barbara G. Walker
Die spirituellen Rituale der Frauen

Zeremonien und Meditationen für eine neue Weiblichkeit
296 Seiten, Festeinband

Rituale entsprechen einem elementaren Grundbedürfnis des Menschen und sind integraler Bestandteil jeder Religion, werden jedoch seit Jahrhunderten ausschließlich von Männern gestaltet und zelebriert.
Barbara G. Walker regt deshalb die Frauen zu eigener Kreativität an: Ihre Vorschläge zur Gestaltung von Ritualen, Zeremonien und Meditationen fördern eine neue spirituelle Sensibilität gegenüber der äußeren Umwelt und der inneren Selbstsicht als Frau und lehren, daß Frauen für sich und ihre spirituellen Bedürfnisse selbst einstehen müssen.

SPHINX